WISSENSCHAFTLICHE BEITRÄGE AUS DEM TECTUM VERLAG

Reihe Philosophie

WISSENSCHAFTLICHE BEITRÄGE
AUS DEM TECTUM VERLAG

Reihe Philosophie

Band 34

Roland Mierzwa

Künstlerische, philosophische und theologische Archäologie zum „religionslosen Christentum“ nach Dietrich Bonhoeffer

Namen, die was sagen

Tectum Verlag

Roland Mierzwa

Künstlerische, philosophische und theologische Archäologie zum „religionslosen Christentum" nach Dietrich Bonhoeffer. Namen, die was sagen
Wissenschaftliche Beiträge aus dem Tectum Verlag:
Reihe: Philosophie; Bd. 34

ISBN: 978-3-8288-4279-3

ISSN: 1861-6844

E-Book: 978-3-8288-7186-1

Umschlaggestaltung: Tectum Verlag, unter Verwendung des Bildes #270972149 von takiwa | shutterstock.com

Druck und Bindung: Docupoint, Barleben

Printed in Germany

Besuchen Sie uns im Internet
www.tectum-verlag.de

Bibliografische Informationen der Deutschen Nationalbibliothek
Die Deutsche Nationalbibliothek verzeichnet diese Publikation in der Deutschen Nationalbibliografie; detaillierte bibliografische Angaben sind im Internet über http://dnb.d-nb.de abrufbar.

Einleitung

Dietrich Bonhoeffer hat mit seiner „Formel“ des „religionslosen Christentum“ einen Gedankenimpuls geliefert, den man nach meiner Einschätzung weiterverfolgen sollte, wenn man Ausschau halten will nach einem zukunftsfähigen Christentum. Eine Studie des Buches gräbt daher zunächst einmal die Wurzeln dieses Gedankenganges von Dietrich Bonhoeffer gründlich aus.

Aber es wird das bonhoeffer´sche „religionslose Christentum“ weiter gedacht und bei Impulsen in der Philosophie, Kunst und Theologie nach qualitativen Aussagen gesucht, die dazu beitragen können, diesem Gedankengang mehr Farbe zu verleihen und einem/einer „religionslosen Christen/Christin“ ein Antlitz zu schenken.

So wäre es von großer Bedeutung für ein „religionsloses Christentum“, wenn dieses radikal emphatisch wird. Philosophische Impulse liefern Shaftesbury, Schopenhauer und Todorov und einen künstlerischen Impuls Jan Koblasa. Arthur Schopenhauer wird noch einmal gelesen und so ein „warmes“ sprich emphatisches Mitleidsverständnis entdeckt. Tzvetan Todorov problematisiert eine ambivalente Dimension der Empathie, macht aber mit der Entdeckung des Blickes als Anfang von Anerkennungserfahrungen einen wesentlichen Ausgangspunkt für ein emphatisches Verhalten aus. Und die Skulptur „Lamento Hiob“ von Jan Koblasa ist aus purer Empathie für die Klage aus einem menschlichen Leid heraus entstanden – vielleicht dem eines suizidal verfassten Menschen, wie es sich in Hiob 3 zeigt?

„Religionsloses Christentum“ wird die Reich-Gottes-Verkündigung sehr stark beachten müssen, wenn zu seinem Selbstverständnis das „Dasein-für-Andere“ gehört. Deswegen wird noch einmal der historische Jesus und seine Reich-Gottes-Verkündigung befragt, aber auch mit Martin Luther King, ein origineller Botschafter der Gegenwart der Reich-Gottes-Theologie, dargestellt. Entscheidend ist, dass das Reich-Gottes in Kämpfen und Wehen kommt und dass die Adressaten des Reich-Gottes diejenigen sind, die sich nicht mehr umdrehen, wenn sie mal die Hand an den Pflug gelegt haben. Das Eingehen in das Reich-Gottes wird den Armen, Witwen, Zöllnern, Prostituierten usw. verkündet. Die scheinbar gut Situierten, die Ehrwürdigen und Etablierten scheinen hier leer auszugehen. „Religionsloses Christentum" wird also anders „soziologisch" zusammengesetzt sein, als bisherige Gemeinden.

Unter den „anonymen Christen", ein Gedankenspiel von Karl Rahner, wird man ebenfalls Bürger des „religionslosen Christentum" finden – siehe aber auch bei Ausführungen von Shaftesbury. Diese „anonymen Christen" praktizieren Nächstenliebe ganz praktisch ohne einer großen Religion anzugehören, reagieren allergisch auf das Einfordern einer dogmatischen Glaubenstreue und einem Buchstabenglauben. „Zeichen gelebter Solidarität und Barmherzigkeit" gilt es zu setzen und nicht über einen theistischen-trinitarischen Gott zu reden, sich durch das Reden zum „Gottesbesitzer" zu machen. Ihr „Glauben" steht in Relationen der Barmherzigkeit, Zärtlichkeit, Empathie, Gerechtigkeit und Für-Sorge.

Der Gedanke der „rettenden Liebe" von J.H. Wichern kann, wenn er einen „Aufklärungsprozess" durchgemacht hat, ein „strukturelles" Moment für sich entdeckte, dem „Mit-einander" beim Aufhelfen eine moderne Gestalt gibt, das „dazwischen-Gehen" für sich entdeckte, für die Gegenwart fruchtbar gemacht werden, um zum Beispiel die „Verzweiflung", die beim Prekariat oft anzutreffen ist, bekämpfen zu können. „Religionslose Christen", wenn sie in einem solchen Sinne die „rettende Liebe" praktizieren, können dann eine echt Not wendende Tätigkeit hinsichtlich des Prekariats an den Tag legen.

„Religionslose Christen" leben im Sinne von Erich Fromms Gedankenvorschlag orientiert an einer Haltung des „Seins", allerdings ergänzt um eine „christliche" Haltung, die den „Gotteskomplex" (vergl. H.E. Richter) überwunden hat und das „Sterblich-Leben" für sich entdeckt hat – also nicht mehr in Ängsten vor dem Tod verhaftet ist. Erst dann ist das, was Fromm anregt, wirklich leb-bar.

„Religionsloses Christentum" wird sich darin ausdrücken, dass es die Hoffnung nicht verliert. Apokalyptik ist hier ambivalent. Es gibt eine Apokalyptik ohne Hoffnung, es gibt eine Apokalyptik verzweifelter Hoffnung und es gibt eine Apokalyptik als Hoffnung. Zu dieser Apokalyptik führt die Diskussion von Jürgen Moltmanns Ausführungen hin. Wenn Gott den Schöpfungsentschluss einmal fasste, den Willen zum Leben äußerte, dann ist zu hoffen, dass er seiner Schöpfung treu bleibt. Darauf ist zu hoffen, das hoffen „religionslose Christen", gänzlich frei von Angst und frei von einer vor Angst triefenden Apokalyptik.

Die Tiefenbohrungen in diesem Buch versuchen diesbezüglich Aspekte zu entbergen, die tief verborgen in den verschiedenen theologischen, philosophischen und künstlerischen Entfaltungen schlummern. Es werden scheinbar nicht zu verbindende Ansätze in diesem Buch so quer gelesen, damit „Samenkörner der Wahrheit" für das bonhoeffersche Gedankenexperiment zum „religionslosen Christentum" fruchtbar gemacht werden können. Selbst die Kritik Enrique Dussels an einer „Herrschafts-Moral", die zu einer Abschottung gegenüber Ansprüchen der Armen führt, kann in diesem Zusammenhang als Element eines „religionslosen Christentum" herbeigeholt werden, weil dadurch dem „Dasein-für-Andere" gedient wird.

Wenn Shaftesbury manchmal mehr „moralischen Sensus" bei sogenannten Atheisten ausmacht und Bonhoeffer die „kirchliche" Religion gewissermaßen verlässt und tatsächliche Christentum außerhalb der „Salonkirche" zu entdecken glaubt, dann wird deutlich, dass das „religionslose Christentum" anders „soziologisch" verfasst sein wird. Es stellt sich die Frage: Kann man es eher bei (Christlichen) Basisgemeinschaften finden, die auch non-religiöse Menschen in ihren Gemeinschaften zulassen können?

Das abschließende Kapitel thematisiert Jesus Christus ganz anders, wenn es ein Jesus Christus im Horizont des „religionslosen Christentum" sein soll. Dieser Jesus ist ein Prototyp; er ist ein Prototyp für eine Art der Liebe und der Barmherzigkeit im Zwischenmenschlichen, wodurch er transparent auf den „ge-wussten" und „ge-glaubten" Gott wurde. Er war als Märtyrer ein Prototyp. Aber innerhalb eines „religionslosen Christentum" wird nicht ausgeschlossen, dass es noch einmal Söhne und Töchter Gottes in der Geschichte geben wird können, die in ebenso unvergleichlicher Weise transparent auf Gott hin sind. Der Blick auf diese wird allerdings ausgeblendet durch die spezifische Erzählung des Jesus Christus der Bibel.

Dezember 2018

Inhaltsverzeichnis

1. 500 Jahre Verdeckung Lateinamerikas – zwei Perspektiven. Ein Vergleich der Anliegen von Enrique Dussel und Tzvetan Todorov[1]

1.1. Vorbemerkungen

1492 – dieses Datum steht nicht nur nur für einen praktischen und theoretischen Paradigmenwechsel in der Weltgeschichte. Zum ersten Mal ist Weltgeschichte real in der Geschichte der Welt. Die vier entscheidenden Kontinente sind aufeinander bezogen und zwar konkret. Alle Weltgeschichte davor ist retrospektiv zur Weltgeschichte erklärt worden. Dieses Datum steht auch für den Beginn der Conquista, in deren Hauptzeit (die ersten 80 Jahre) von den vor der Ankunft der Europäer in Amerika lebenden etwa 57 Millionen Menschen knapp 48 Millionen zum Opfer fielen (vergl. Rottländer, 1990, 223). Geistig-geistliche Eroberung nannten die Akteure des 16. und 17. Jahrhunderts jenes epochale Ereignis (vergl. Delgado, 1991, 13) und versuchten damit diesen Vorgang positiv zu besetzen. Man betrachtet diese Zeit als den Anbruch der Moderne. Noch heute wird ein Mythos der Moderne gepflegt, der in ihr einen Siegeszug der praktisch-kritischen Vernunft sieht. Die Schattenseite dieses Aufbruchs zur Moderne, nämlich deren Gewaltdimension, als das irrationale Moment der Moderne, wird aber zu oft übergangen oder verklärt. Selbst Habermas, so kritisiert Enrique Dussel, übergeht dieses Schlüsselereignis der Moderne, wenn er die Entdeckung der Subjektivität in die Aufklärung verlegt (Vorlesung: Eurozentrismus, vom 21. Oktober 1992 an der J-W-G-Universität, Frankfurt/Main). Diese wenigen Vorbemerkungen machen deutlich, das Thema der Conquista/Moderne wird kontrovers diskutiert. Unübersehbar sind die Wortmeldungen und vielschichtig

1 Erstellt 1993

die Interpretationen. Zwei prononcierte Autoren – T. Todorov und E. Dussel – der Debatte habe ich daher herausgegriffen, um Positionen zu vergleichen.

1.2. Gemeinsamer Ausgangspunkt – Verschiedene Anliegen

Mit der „Kategorie des/der Anderen" ist ein weiteres Element in die Diskussion gelangt, das unser Verantwortungsgefühl stärken und damit die internationale Solidarität vertiefen kann. Diese Kategorie ist von ähnlicher Bedeutsamkeit wie die Installation der 3. Generation der Menschenrechte in international verbindlichen Regelungsmechanismen sowie die Ausformulierung der „Option für die Armen" durch die Kirche in Lateinamerika für die Katholische Soziallehre.

Alle drei Kategorien/Optionen visieren die Situation der Marginalisierten weltweit, vor allem aber in der „Zwei-Drittel-Welt", an. Alle drei Optionen/Perspektiven versuchen angesichts zunehmend verschärfter existenzieller Bedingungen in den Entwicklungsländern Erkenntnisperspektiven für die Problemlagen zu vertiefen und Handlungsoptionen für Lösungsansätze zu eröffnen. Hierbei bedeutet die „Kategorie des/der Anderen" der logische Fortschritt bzw. die philosophisch-theologische Vertiefung der zuvor benannten Solidarkategorien.

Während die 3. Generation der Menschenrechte noch einen stark europäischen Zuschnitt darstellte so bedeutete die „Option für die Armen" eine vorwiegend aus der Peripherie formulierte Perspektive, die in der „Kategorie des/der Anderen" auf die anthropologischen und theologischen Grundstrukturen des Miteinanders radikal vertieft werden.

Die Sprengkraft der „Kategorie des/der Anderen" liegt vor allem in einer verstärkten Aufnahme des Freiheitsverständnisses des Menschen und der Stärkung der Dynamik menschlicher Beziehungen gegenüber verfestigten Strukturen, insbesondere „Strukturen der Sünde".

Die Zahl der Autoren, die diese Kategorie mittlerweile rezipiert, ist lang. Dennoch fallen immer wieder drei Namen häufiger auf, auf die man sich bezieht. In einem aktuellen Artikel zeigt Juan Carlos Scannone (1992) die entscheidende Gemeinsamkeit und Genealogie der Philosophen Levinas, Dussel und Todorov auf: „Die Kategorie des Anderen – (…) – hatte bereits 1972 Enrique Dussel von Emmanuel Levinas übernommen, und auf den Indio angewandt. In der letzten Zeit wurde sie durch das Buch von Tzvetan Todorov verbreitet, dessen Untertitel lautet: ‚Das Problem des Anderen'" (S. 265). Da aber diese offensichtliche Gemeinsamkeit bei näherem Hinsehen Unterschiede aufweist, zunächst ein Blick auf die Anliegen der drei.

1.3. Emmanuel Levinas

Levinas will die Ursprungserfahrung von Moralität rekonstruieren (vergl. Lesch, 1991, 181). Daher ist es für ihn entscheidend, nicht eine normative Ethik zu entwerfen, sondern das „Ethische" der Beziehungen, als Sprache vollzogen (dire)[2], herauszuheben und zu entbergen. Für dieses Projekt steht das Programm: Im Denken des Anderen die Andersheit des Anderen wahrzunehmen[3]. In diesem Programm wird der Andere nicht wie in der abendländischen Philosophie als Ontologie auf das ‚Selbst'[4] reduziert sondern als immer schon da entborgen (vergl. Klehr, 1991, 9). Allerdings zwingt für Levinas die Gegenwart eines Dritten zur Angabe von gerechten Maßstäben für das Sozialverhalten, um die unendliche Verantwortung für den anderen mit endlichen Möglichkeiten realisieren zu können (vergl. Lesch, 1991, 185). In der Gegenwart eines Dritten wird auch der Verweis auf die Spur[5] Gottes

2 „Levinas unterscheidet innerhalb der Sprache zwei Dimension: ‚Dire': das ethisch unmittelbare, wortlose Sich-Bedeuten und Mir-Bedeuten des Antlitzes, das alle Thematisierung und Kommunikation erst ermöglicht (sprechen als Geschehen der Eröffnung des Anderen); ‚Dit': das Ausgesagte, die vollzogene, objektivierende und objektivierbare Rede (die als solche schon wieder Teil der Seinsordnung ist)" (Bruder, 1992, 5, Anm. 5 nach T. Wiemer, 1988, 77).

3 Vergl. dazu den Titel des philosophischen Fachgesprächs mit Emmanuel Levinas, dokumentiert in Band 31 der Hohenheimer Protokolle in Verbindung mit dem Vorwort des Akademiedirektors Dr. Gebhard Fuchs (1991, 8).

4 „Das französische ‚L'Autre' ist daraufhin offen, den Anderen oder das Andere zu bezeichnen; ebenso wie ‚le Meme' der Selbe oder das Selbe bedeuten kann" (Bruder, 1992, 6, Anm. 9).

5 „Mit der Metapher der Spur (…) wird im wesentlichen immer dasselbe ausgedrückt: die zeitliche Entzogenheit des Unendlichen, seine Diachronie in Bezug auf das Endliche" (Bruder, 1992, 18, Anm. 56).

gemacht. Für nähere Ausführungen dazu verweise ich auf den fortlaufenden Text.

1.4. Enrique Dussel

Das Anliegen von E. Dussel ist sicherlich sehr treffend mit einer „Ethik der Befreiung“ (Schelkshorn, 1992) bzw. einer „Philosophie der Befreiung“ (Dussel, 1977/1989) zu bezeichnen. Im Mittelpunkt steht hierbei das Vorhaben der Befreiung vom Eurozentrismus der philosophischen Deutungen aller Lebenswelten bzw. von Eurozentrismus vieler auf ein Zentrum zu hierarchisierter Lebenswelten. Dieses fasst Schelkshorn sehr treffend zusammen, in einer „De-struktion“ der europäischen Philosophie und einer Neudefinition des weltgeschichtlichen ‚Ortes‘ Lateinamerikas (vergl. Schelkshorn, 1992, 31-64 sowie E. Dussel in seiner Vorlesung an der J-W-G-Universität zu Frankfurt, vom 21.10.1992). Folie für dieses Programm ist die „Logik der Anderheit“ (Schelkshorn, 1992, 69ff.), bei der er sich ausdrücklich auf E. Levinas bezieht. Für E. Dussel ist diese Logik, die auf personale Nähe zielt und damit auf die Neubildung von Sinn, eine ursprüngliche westlich-christliche Erfahrung - nämlich dass ich von Antlitz zu Antlitz erkenne (vergl. Ex 33,11 und 1 Kor 13,12) (E. Dussel, 1986/1988, 18). Der Mensch wird in der Begegnung von Angesicht zu Angesicht in den ethischen Status seines Seins gesetzt. Das bedeutet einerseits den „schöpferischen Einbruch“ der „analektischen Praxis des Anderen als Autonomen und Freien in meine Welt“ und andererseits Befreiung infolge des Wortes des/der Anderen zu einer völlig neuen analektischen Praxis[6], insofern der-/diejenige aus seiner/ihrer Selbstverschlossenheit

6 Weil E. Dussel sich gegen einen Zugang zum Ethischen von der Norm her wehrt (vergl. auch das Anliegen von E. Levinas zum Problemkreis einer normativen Ethik), die normative Ebene der Ethik aber nicht preisgeben will, führt er die analektische Praxis ein. Das Entscheidende an der analektischen Praxis ist die Frage nach der Art und Weise wie ich auf den anderen zugehe. Sie ist für ihn die angemessenste Weise, um das Ethische des „von Antlitz zu Antlitz“ zu bewahren, nämlich die Exteriorität des Anderen. Analektische Praxis bedeutet: Unter der Vorannahme eines wahrhaft ana-log und dis-ting getrennten Sein versucht man das Gemeinsame, im Wort, zu finden, um dann von dort (dem Gemeinsamen) das Dis-tinkte zu erschließen, im

heraustreten darf zum Dienst für den/ die Andere(n) (vergl. H. Schelkshorn, 1992, 79).

Letztlich geht E. Dussel über die Levinas'sche Kategorie der Andersheit hinaus. „Levinas bleibt gleichsam ekstatisch vor dem Anderen, dem Absoluten, der liturgisch verehrt werden soll, aber er zeigt uns nur schlecht oder nichts darüber, wie man ihm ernsthaft dienen, wie man ihn geschichtlich befreien, wie man eine ‚neue Ordnung' konstruieren soll (von der uns Rosenzweig spricht). Wir schulden also Levinas die Beschreibung der ursprünglichen Erfahrung, aber wir müssen ihn überwinden, zurücklassen in dem, was die Einsetzung der Vermittlungen betrifft... Der Andere vergegenwärtigt sich [nach Levinas] als absolut anders, schließlich ist er zweideutig, absolut unverständlich, inkommunikabel, uneinholbar, man kann ihn nicht befreien (retten). Der Arme pro-voziert zwar, aber schließlich bleibt er für immer arm, elend" (E. Dussel zitiert nach: H. Schelkshorn, 1992, 97). „Es genügt nicht, das Wort des/der Anderen bloß zu verstehen, auch wenn dies bereits eine ethische Option impliziert; dem Verstehen muß der effektive Dienst, die reale Arbeit (habodah), letztlich die Befreiung des/der Armen aus Elend und Unterdrückung folgen" (ders., 103). Erster Dienst ist daher für E. Dussel, „den ‚Armen' hier und jetzt konkret zu entdecken" (Dussel, 1986/1988, 64). Eine weitere diagnostische Maßnahme sieht er in der Suche nach Kategorien, die helfen, die Strukturen der Sünden zu entdecken (hierzu zählt er seine Fetischismusthese), den Teufel enttarnen (so in einem Seminar zur Vorlesung an der J-W-G- Universität vom 25.11.1992).

Doch zur Diagnose muss die Therapie treten. Obgleich für Dussel diagnostische Mittel noch nicht zureichend geklärt sind (so im Seminar vom 25.11.1992), um *die* Therapie verordnen zu können, sieht er eine entscheidende Möglichkeitsbedingung der Therapie: Den eschatologischen Rest der Exteriorität des/der Anderen, derer sich keine Herrschaft bemächtigen kann. Diesen Rest zu befähigen aus dem

---

Lernen in der Welt des anderen. Analektische Praxis stellt sich damit jenseits des „Horizonts der Totalität", wie er beispielsweise in der Hegelschen Philosophie des „Absoluten Geistes" besteht (vergl. z.B. Dussel, 1977/1989, 173ff.). Juan Carlos Scannone weist auf eine Rezensionstradition des Ausdrucks „Analektik", ausgehend von B. Lakebrink über ihn selbst zu E. Dussel und Ph. Secretan hin (vergl. ders., 1991, 382, Anm. 29).

Herrschaftssystem auszuziehen, d.h. die ursprüngliche Begegnung von Angesicht zu Angesicht wiederherzustellen ist für ihn ein erster Therapieschritt. Relevante Chancen zu dieser Befähigung räumt er unter prophetischem Handeln ein, einem Handeln, das unter einem eschatologischen Vorbehalt gegenüber Ge-setzten steht (vergl. H. Schelkshorn, 1992, 117ff., 161ff.; Dussel, 1986/1988, 81f., 94f., 216). Maßgabe des Handelns ist der Imperativ „Befreie den Armen!".

1.5. Tzvetan Todorov

Tzvetan Todorov teilt zwar die „Kategorie des Anderen" mit E. Levinas und E. Dussel, akzentuiert aber seine Motivation ganz neu. Sein „Hauptinteresse ist weniger das eines Historikers als das eines Moralisten" (Todorov, 1985, 12). Hierbei geht es ihm um die Gegenwart, nicht um einer exakte Rekonstruktion des vergangenen Geschehens. Es geht ihm um die moralische Lehre der Vergangenheit für heute und morgen[7]. Eine gute Konkretion dieses Anliegens findet sich in seiner europäisierten Reformulierung der Las Casas'schen Unheilsprophezeihung. Dort wird aus einem „Gott wird seinen Ingrimm und Zorn über Spanien ausgießen" ein Hinweis auf die gesamteuropäische Verstrickung in die Kolonialgeschichte: „Gott wird seinen Zorn über Europa ausgießen" (ders., 1985, 289).

Mit dieser hermeneutischen Abgrenzung, wenn sie gegenüber E. Dussel gemeint ist, erfasst er jedoch nur einen Teil des Dussel'schen Anliegens. Betrachtet man den 1. Abschnitt (17-102) der „Allgemeinen Einleitung zur Geschichte der Kirche in Lateinamerika" (Band I/1 des Gesamtwerkes), dann sieht man bei Dussel ein umfangreiches hermeneutisches Anliegen: Den ‚Armen', als Bezugspunkt, von dem her der Sinn der historischen Fakten interpretiert wird. Todorov hingegen interpretiert die historischen Fakten dahingehend: Was für ‚moralische' Überzeugungen kommen bei den Conquistatoren zum Ausdruck und welche Konsequenzen hat das für den Armen. Damit gewinnt bei

7 In Übereinstimmung mit Levinas zitiert er (1985, 295): „Unsere Epoche ... ist Handeln für eine kommende Welt, Überwindung der eigenen Zeit – Selbstüberwindung, die eine Epiphanie des anderen fordert".

T. Todorov der „Arme"/"Andere" nur sekundär an Bedeutung. Ganz im Gegensatz zum Hauptanliegen von Dussel – ein neue Achsenzeit (in Anlehnung an den Sprachgebrauch von Jaspers) zu rekonstruieren (vergl. das Anliegen der Vorlesungen an der J-W-G-Universität vom 25.11.-16.12.1992), d.h. von den Anderen eine eigenständige Theologie, Philosophie und Kultur zu ent-bergen, aus der Ver-deckung herauszuheben – wird ‚der/die Andere' von T. Todorov nur dahingehend herausgearbeitet, um den Egozentrismus und die Wertehaltung der Europäer zu beschreiben (vergl. bei T. Todorov, 1985, 56). Damit wird die „Kategorie des Anderen" mehr zum Instrument für sein moralistisches Anliegen als zur eigenständigen Größe. Peter Rottländers Analyse der „traditionsgeleiteten Rationalität der Atzteken" (1990, 223f.) nach T. Todorov kann diese Ver-Objektivierung nur schwerlich wettmachen. Man muss daher mit Matthias Proske fragen, „ob er den anderen wirklich entdeckt, wenn er ihn zum Objekt seines Diskurses macht, mittels dessen eine Veränderung des Handelns dem Fremden gegenüber aufgezeigt werden soll" (Proske, 1990, 36).

Über die Skizze der Conquistatoren, die deutlich macht, dass ihr Verstehen der Anderen nur kalkulierend und zum Zwecke der Herrschaft eingesetzt wurde, kommt er zu einer moralistischen Forderung: „Ein Dialog, bei dem niemand das letzte Wort hat, bei dem keine Stimme den anderen auf den Status eines einfachen Objekts reduziert und bei dem jeder seinen Vorteil daraus zieht, daß er außerhalb des anderen steht" (Todorov, 1985, 295). Er favorisiert damit Verstehensprozesse, die darauf verzichten, den anderen durchschauen zu können. Mit dem damit indirekt formulierten Recht auf Undurchschaubarkeit stimmt er wiederum mit E. Dussel und E. Levinas überein. Allerdings besteht auch hier wieder ein Unterschied, während Levinas und Dussel das Recht auf Undurchschaubarkeit aus der Exteriorität des/der Anderen gewinnen so Todorov aus der Aufdeckung des instrumentalistischen Charakters des Verstehens der Europäer, also gerade nicht von der Exteriorität des/der Anderen her (vergl. z.B. ders., 1985, 48f.).

1.6. Die „Kategorie des/der Anderen“

1.6.1. Emmanuel Levinas

In der Prioritätensetzung der Philosophie von Levinas zur „Kategorie des Anderen“ zeigt sich seine Abgrenzung von der Praxis normativer Ethik besonders deutlich: Das Andere steht vor dem Selben, die Differenz vor der Identität, die Unendlichkeit vor der Totalität, das Geben vor den Be-greifen sowie die Diachronie vor der Synchronie. Entgegen Vorstellungen von einer Seinstotalität macht er daher deutlich, dass „der Andere“ sich im Letzten eines jeden Könnens, eines jeden Verstehens und Ergreifens, einer jeden Beschreibung und Thematisierung sowie eines jeden wissenden und erkennenden Zugriff entzieht – unverfügbar bleibt. Das wird im Begriff des „Antlitz“ (visage) zum Ausdruck gebracht.

Diese Unverfügbarkeit, diese Ent-zogenheit ist zugleich auch ein Akt des Widerstandes, den jeder Andere aus sich heraus leistet. Dieser Widerstand spricht sich aus als: „Du wirst mich nicht töten“ bzw. „Du wirst mich leben lassen“. Er hebt heraus, dass das ursprüngliche Verhältnis der Menschen zueinander ein Ethisches ist und als Sprache sich vollzieht (1988, 68, 117, 118, 199 sowie 1982/1986, 75).

In diesem Widerstand tritt das Antlitz ohne wenn und aber in meine Gegenwart ein, ohne jedoch Teil meiner Gegenwart zu werden. Man hat keine Wahl vor der Gegenwart dieses Antlitz'es, man ist ganz allein mit diesem konfrontiert. Damit wird deutlich, die Subjektivität ist bestimmt durch seine Beziehung zur Exteriorität. Ausgangspunkt der Subjektivität ist daher nicht das „Selbst“ sondern der „Andere“, das Antlitz des anderen Menschen. Das geht sogar soweit, dass Levinas „Subjektivität“ als „Unterworfenheit“ beschreibt[8]. Das ist so zu verstehen, dass in dem Maß der Unterworfenheit unter den anderen der Andere in mir zum Leben kommt, der Andere sich sagen (dire) kann und mich damit in eine Verantwortung ruft, die meine Subjektivität erweckt. Diese Verantwortung besagt erstens: Sei verantwortlich für die

8 Das ist leichter im französischen Originaltext nachzuvollziehen, wenn man das französische Wort für Subjekt (sujet) liest und dazu die Übersetzung von Unterwerfung (assujettissement) betrachtet.

Bedingungen des „von Antlitz zu Antlitz"; zweitens: Seit verantwortlich „für-den-Anderen" (für die Freiheit, den Schmerz, den Leib, die Fehler etc. des Anderen); drittens: Sei verantwortlich für das Wort des Anderen.

In dieser Verantwortung ist niemand ersetzbar, d.h. sie ist nicht übertragbar. Das Subjekt ist für den Verantwortungszusammenhang der jeweiligen Beziehung verantwortlich (vergl. zu den bisherigen Ausführungen Wenzler [1991] und Bruder [1992, 4-16]).

In diesem Verantwortungszusammenhang nimmt das Subjekt in gewisser Weise Abschied vom „Selbst" auf einen neuen Sinn hin zu, zu Gott hin. Von dem Ausgangspunkt des „Vorrang des Hörens und des Erleidens vor dem eigenen Beginnen" (Wiemer, 1991, 17) gerät der Mensch in Beziehung zu Gott, „hält sich in der Spur" (Levinas, 1983, 235). Diese Beziehung besteht allerdings so, „daß ER aus dieser (...) zurückgezogen bleibt, unerreichbar, getrennt in der Beziehung" (T. Wiemer, 1991, 23). Wie ist das zu verstehen? Zum Verständnis dieser Beziehung muss man auf „Descartes' Idee des Unendlichen im Endlichen" zurückgreifen, die Levinas als eine Offenbarung des Unendlichen im Endlichen deutet. Diese Offenbarung ereignet sich als „Begehren", d.h. im unselbstsüchtigen und uneigennützigen „Für-den-Anderen"-Sein, im „me voici" (Hier bin ich). Das wiederum wurde vom Antlitz ausgelöst. Mit der Metapher der Spur (Levinas, 1983, 230-235) wird diese Anzeige – vom Antlitz her – des Unendlichen, begrifflich gefasst. Diese Metapher macht also deutlich, dass hier kein Schema vom Typ Urbild-Abbild vorliegt. Viemehr ist die Spur zu „unterscheiden von bloßen Zeichen. Während das Zeichen immer (An-)Zeichen ist für etwas andere, Rückverweis auf einen größeren Zusammenhang, von dem her allein es verständlich wird, bedeutet Spur, ohne in eine vorgängige Ordnung integrierbar zu sein, ja bedeutet gerade als Störung vorgängiger Ordnungen.... (...) Die tiefste Bedeutung der Spur liegt außerhalb von sichtbar und unsichtbar – im Zeitlichen. Und zwar in dem Sinn, daß sie von einer Vergangenheit kündet, die außerhalb meines zeitlichen Horizontes liegt und außerhalb bleibt. In ihr geht es um eine Vergangenheit, die unabhängig von meinem Erinnerungs- und Vorstellungsvermögen mich dennoch – (...) – betrifft; sie betrifft mich störend, fragend, beunruhigend, über das Maß meines Bewußtseins unendlich hinaus, fordernder, drängender" (Wiemer, 1991, 25f.).

Antlitz (der Andere) - Spur (Unendliches) - Subjektivität; es wird deutlich, diese Dimensionen der Wirklichkeit sind aufs Engste miteinander verflochten. Das drückt Levinas in dem Begriff Intrige aus und stellt das in Bindestrichkonstruktionen dar. Die Intrige findet in drei Versionen statt: Erstens als Umkehrung des „Für-sich" in „Für-den-Anderen"; zweitens als Umkehrung der Exteriorität (Außerhalbsein des Unendlichen) in Interiorität (wird zur Innerlichkeit in der Aufrichtigkeit des Zeugnisses); drittens als Umkehrung als Verweisung vom Ersehenswerten auf das Nicht-Ersehenswerte (vergl. Bruder, 1992, 21-24).

Am Ende dieses Umkehrungsprozess steht die Einsicht, dass man von Gott wahrhaftig nur aus Beziehungen mit Menschen weiß. D.h. Glaube an Gott findet seinen wahrhaftigen Ausdruck in praktisch geleisteter Gerechtigkeit, im Zeugnis (vergl. Wiemer, 1991, 27). Dieses Bezeugen ist ein wichtiger Anknüpfungspunkt für E. Dussel, um sein Anliegen des „prophetischen Handelns" als „Befreiungshandeln" einzubringen, um schließlich über Levinas hinauszugehen.

1.6.2. Enrique Dussel

Die „Logik der Anderheit" hat zwei Dimensionen, die der Exteriorität und die der Proximität. Zwischen beiden besteht eine Wechselbeziehung (vergl. Schelkshorn, 1992, 69-95).

a) Exteriorität (vergl. Dussel, 1977/1989, 54-64)

Nach der „Logik der Anderheit" von E. Dussel entzieht sich der andere, die Exteriorität des anderen nicht nur dem vollständigen Durchdringen durch die Vernunft - damit wäre er noch in den Horizont des Sein-Verstehens integriert und bloß Differenz[9] - vielmehr ist die Freiheit des anderen so zu verstehen, dass der andere von meiner logi-

9 Vergl. seine Kritik an den Grenzen einer negativen Dialektik in 1977/1989, 56, 2.4.3.2./2.4.3.3. sowie 173

schen Welt, mit mir als Zentrum der Welt distinkt[10] ist, exterior der Totalität der Vernunft. Damit wird das Sein des/der Anderen bei E. Dussel als abgründige Freiheit gedacht, als „jenseits (aná-) des Horizonts der Totalität" (Dussel, 1977/1989, 173). Sie offenbart und realisiert sich nur im Gegenüber zur anderen Freiheit im Wort, das der andere aus sich selbst spricht. Damit kann keine Freiheit sich zum „Grund" für eine andere Freiheit machen, so verstanden, „daß der/die andere bloße Differenz ihres eigenen Seins wäre" (vergl. Schelkshorn, 1992, 74). Dieses Verständnis ist die Grundlage für seine Analektik (vergl. Dussel, 1977/1989, 173ff.), die die Dynamik menschlicher Freiheiten auffangen will, den „wirklich-menschlichen Akt, durch den sich jede Person, jede Gruppe oder jedes Volk ... bestimmt (ders., 1977/1989, 173). Damit wird der Mensch als „Träger von Geschichte und Kultur" (ders., 1977/1989, 173) sowie seine Geschichtsmächtigkeit hervorgehoben. Das Verhältnis von Freiheit zu Freiheit ist bestimmt als eines der „Zeugung"[11] von Neuem, insofern durch den Einbruch des/der Anderen Seinsmöglichkeiten im Menschen „gezeugt werden, die er/sie sich nicht selbst geben kann" (Schelkshorn, 1992, 74; siehe auch Dussel, 1977/1989, 59, 2.4.6.1.). Das zeigt, Erkenntnis ist wesentlich möglich durch das Wort des/der Anderen.

b) Proximität (vergl. Dussel, 1977/1989, 29-35)

Die Alterität des/der Anderen provoziert personale Nähe. In der Herausforderung des Rufes: „Ich habe Hunger! Ich habe ein Recht zu essen!" (Dussel, 1977/1989, 57) stellt sich eine unmittelbare Beziehung zwischen Ich und Du her, die durch das Antlitz des/der Anderen leiblich „vermittelt" ist; die Nähe ist daher Beziehung „von-Angesicht-zu-Angesicht" (Schelkshorn, 1992, 75). Damit wird deutlich, „Nähe und radikale Anderheit schließen einander nicht aus, im Gegenteil, sie be-

---

10 Distinkt bedeutet für E. Dussel: Vorgängigkeit in der Ordnung der Konstitution der Welt sowie in der Ordnung der realen Konstitution; keine vorgängige Einheit voraussetzend; nicht von der Identität notwendig hervorgehend; in keiner dialektischen Versöhnung aufhebbar; jenseits der weltlichen Totalität in ihrem letzten Horizont des Seins, trans-ontologisch, jenseits ‚des Selben'(vergl. auch Ausführungen bei Levinas):

11 Vergl. die sinnträchtige Formulierung bei E. Dussel – „entspringt dem Uterus eines anderen" (1977/1989, 56).

dingen einander, insofern die Exteriorität des/der Anderen gerade in der Nähe der personalen Begegnung freigegeben wird" (ders., 75).

Die Proximität entbirgt in zweifacher Hinsicht „die wesentliche Wirklichkeit der Person" (Dussel, 1977/1989, 35) und damit ursprüngliche Wahrheiten der Proximität im „von-Angesicht-zu-Angesicht"[12]. Dazu gehört, dass das Verhältnis der Menschen untereinander eines der Proximität und nicht der Proxemie (zu einer Sache) ist (vergl. ders., 1977/1989, 29ff.), dass aus der Proximität Leben entsteht und „in der sich einem die Bedeutung der Welt entfaltet" (ders., 1977/1989, 32), Sprache sich bildet (ders., 33) sowie Bezugspunkte in der Geschichte hergestellt werden. Darüber hinaus entbirgt die Proximität eine escatologische Dimension: Die ursprüngliche Offenheit des Menschen, das Begehren nach dem unausschöpflichen Geheimnis des/der Anderen.

Die Proximität entbirgt darüber hinaus die Gleichrangigkeit der einander Begegnenden und dass diese nur zu erhalten ist, wenn man die ursprüngliche Offenheit für die/den Anderen bewahrt in der Unmittelbarkeit der Nähe, in der Solidarität des „von-Angesicht-zu-Angesicht". Von hier aus wird der Mensch in den ethischen Status seines Seins eingesetzt, die Nähe als Quellkraft des Ethischen in seinem eigentlichen Sinne konstituiert. Damit hat E. Dussel mit E. Levinas die Unmittelbarkeit der Nähe (die personale Begegnung) als ursprüngliche ethische Wirklichkeit ausgezeichnet. Und das ist ein ganz entscheidender Unterschied zu Todorov, der im Schlusskapitel seines Buches aus der Unmittelbarkeit nachträglich ethische Forderungen ableitet.

---

12 „Das ‚von Angesicht zu Angesicht' (auf hebräisch pnim el-pnim, Ex 33,11), ‚von Person zu Person' (im griechischen prósopon pròs prósopon, 1 Kor 13,12) ist eine im Hebräischen gebräuchliche Verdoppelung, die das vergleichsweise Maximum das Höchste bezeichnet, in diesem Falle die Proximität, die Unmittelbarkeit zweier Mysterien, auf die man als Exterioritäten stösst. In der Erotik ist das ‚von Angesicht zu Angesicht' das Mund auf Mund, der Kuss: ‚Er küsse mich mit dem Kuss seines Mundes' (Hld 1,1). Es ist ein primärer Sachverhalt, eine veritas prima: Man begegnet dem Antlitz des Andern als eines Andern, des Anderen als den Andern, des Mysteriums, das sich als ein unbegreifbarer, sakraler Bereich auftut weit über die Augen hinaus, die ich von nahem sehe und die mich von nahem sehen" (Dussel, 1985, 25).

c) Wechselwirkung

Der ständige Wechsel zwischen Nähe und Ferne ergibt sich aus der Notwendigkeit der leiblichen Regeneration. Das bedeutet, zu der Zuwendung zur Person muss auch die Zuwendung zur Natur/den Dingen treten, d.h. das Wort ist um das Element der Arbeit zu ergänzen (ders., 1991, 40-52), und das bedeutet wiederum, zu dem „Begehren" (deseo) tritt das „Bedürfnis" (necessidad). Durch die Arbeit – die ökonomische Beziehung – erfolgt aber nicht notwendig eine Entfremdung von den Menschen. „Die ökonomische Beziehung ist jene praktisch-produktive Beziehung, durch die Personen über das Ereignis ihrer Arbeit miteinander in Verbindung treten oder Dinge über ihren Erzeuger in Verbindung gebracht werden" (ders., 1985, 169). Mit diesem Verständnis der Ökonomie erhält diese ihren Sinn aus praktisch-poietischen Beziehungsstrukturen, die wiederum zur Realisierung der Proximität des/der Anderen beitragen.

d) Befreiende Praxis

Es wird deutlich, Bedingung der Möglichkeit für ein ethisch verantwortliches Handeln ist für E. Dussel, dass man den anderen als radikal distinkt von mir zulässt, dass man offen für den/die Anderen ist, den/die Anderen in sich hineinbrechen lässt, also Proximität zulässt und damit die Welt des/der Anderen in sich. Indem er/sie das Wort seiner/ihrer Exteriorität ruft, kann das mich aus meiner Selbstverschlossenheit zum Dienst für den/die Anderen heraustreiben und damit sind wiederum Voraussetzungen geschaffen für die befreiende Praxis. Mein erster Dienst ist hierbei die adäquate Interpretation des Wortes des/der Anderen. Diese verläuft auf drei logisch und zeitlich sich ergänzenden Ebenen – in der Gewissenregung, dem analogen Verstehen und in der Gerechtigkeitsliebe[13]. Insofern die Gewissensregung aus einer Hoffnung heraus erfolgt, das analoge Verstehen auf

13 Gewissensregung bedeutet auf die Stimme des anderen zu hören, indem man die soziale Totalität der eigenen Welt transzendiert, sich dem anderen zuwendet und damit zum Zeugen des anderen wird.
Analoges Verstehen beginnt beim Überbrücken des Grabens Ich-Anderer, indem man sich öffnet für das Einbrechen des Wortes des/der Anderen in meine Welt. Es

Vertrauen baut und die Gerechtigkeitsliebe aufgezeigt wurde, wird zugleich auf die Grundkonstanten der befreienden Praxis verwiesen: Hoffnung, Vertrauen, Gerechtigkeitsliebe. Der Anklang an Gal 5,22 ist nicht ganz zufällig.

Einer befreienden Praxis vorauszugehen hat einen „kritisch geschichtlichen Standpunkt", der Freiheitsverluste und Entfremdung benennt, worausher zu befreien ist. Dussel bezeichnet hier drei Momente: Entfremdung als Depersonalisation, „Institutionalisierte Entfremdung" sowie die Herrschafts"moral" (vergl. Schelkshorn, 103-111; Dussel, 1977/1989, 64-73 und 1988, 26-35).

– *Entfremdung als Depersonalisation*: Als erste Bestimmung ist eine Handlung zu benennen, die das „von Angesicht zu Angesicht" vernichtet, unterbricht (vergl. Dussel, 1988, 27). Dies ist gleichsam Voraussetzung, um den anderen „in ein Werkzeug zu verwandeln", „zu einem Ding" werden zu lassen. Das bedeutet: „In der Aberkennung des Person-Seins des anderen, der Entfremdung oder Alienation wird ‚Jemand' zu einem ‚Etwas' verdinglicht und instrumentalisiert" (ders., 27).

  Auf der anderen Seite, beim Subjekt des Entfremdungsprozesses steht die bewusste Behauptung der Totalität als einzig verbindlichen Sinnhorizont, die Absolutsetzung der eigenen Werthierarchie. Diese beschreibt Dussel als Ab-wendung, die nicht Abkehr ist. Mehr noch kommt dazu: Indem er sich ab-wendet, behauptet er sich als Herrn, negiert Gott und betrachtet sich als Gott, als Fetisch eines Götzendienstes. Er betrachtet sich als Ziel und Zweck anderer Personen (ders., 28).

  Die Wechselbeziehung ist folgende: Auf die Ab-Wendung (d.h. den Verlust des Einbruchs des anderen) folgt die Verkümmerung des

---

geht hierbei um eine „inadäquate" Verständlichkeit im Vertrauen auf das Gesagte des/der anderen, weil er/sie das sagen.

Gerechtigkeitsliebe wird verstanden als eine tätige Liebe, die die Welt, den Lebensentwurf, die Hoffnung des/der Anderen teilt und ihm dient, indem man offen ist für Revisionen aufgrund neuer Begegnungen. Das kann ein anfänglich langsamer Prozess des Vertrautwerdens sein, es gilt aber ebenso für erprobte Beziehungsstrukturen. Die Grundhaltung dieser Gerechtigkeitsliebe ist, den/die Andere(n) als Andere(n) zu lieben. Die Chance ist, die Not seines/ihres Daseins zu erfahren (vergl. Schelkshorn, 1992, 98-102).

Lebens des Herrn, weil es sich auf eine „Tautologie der ewigen Wiederkehr des Selben“ (Schelkshorn, 1992, 104) reduziert.

- *Institutionalisierte Entfremdung*: Herrschaftsverhältnisse realisieren sich nicht nur von Mensch zu Mensch, in der Relation Ich-Anderer, dem konkreten Raub (vergl. Dussel, 1988, 32). Herrschaftsverhältnisse sind auch institutionalisiert[14]. Institutionalisiert meint hierbei nichts anderes als verfestigte, dauerhafte, gesellschaftlich[15] gewordene Sünde. Er selbst definiert institutionalisierte Sünde, wonach „eine Person (oder Gruppe von Personen) eine andere Person (oder Gruppe von Personen) ständig oder vorübergehend unterdrückt“ (ders., 30). Die Realisierung erfolgt auf ökonomischer, politischer, sexueller, ideologischer etc. Ebene und bedeutet den „Akt, durch den andere gezwungen werden, an dem System teilzuhaben, das sie entfremdet. Sie werden dazu gebracht, Handlungen zu vollziehen, die gegen ihre Natur, gegen ihr geschichtliches Wesen gerichtet ist“ (ders., 1977/1989, 70, 2.5.7.2.). Das macht deutlich, wie die Verantwortungsstrukturen liegen. Derjenige, der in die Unterdrückung geboren wurde, kann für diese nicht verantwortlich sein (vergl. ders., 1988, 30). Hingegen kann sich der Nutznießer, der die previlegierten Strukturen leiblich erbt, sich niemals als unschuldig bezeichnen (vergl. ders., 34).
- *Herrschafts“moral“*: Grundlage gesellschaftlich gewordener Herrschaft ist, dass ein Volk, eine Klasse, ein politisch-ökonomisches System sich auf einem Gesamt von gelebt interpersonalen Verhältnissen gründet, die wiederum durch moralische Praktiken, Gesetze, Normen und Ordnung bestimmt und legitimiert werden – das „Moralische“. Dieses „Moralische“ ist so sehr verinnerlicht, dass es zum ausschließlichen Anspruch des Guten wird. „Wird nun die gel-

---

14 Hierbei ist das Institutionenverständnis von E. Dussel interessant: „Sie ist einfach die Art, wie sich Individuen in einer dauerhaften und aufeinander bezogenen Weise verhalten ... Institutionen (...) sind dauerhafte Arten von Verhältnissen zwischen Individuen“ (Dussel, 1988, 20).

15 Dieser Begriff gesellschaftlich ist für Dussel ein zutiefst ethischer Begriff. Während für ihn Gemeinschaft das ethisch wertvolle Strukturprinzip der Relation der Menschen untereinander darstellt, Zeichen der Annahme des/der Anderen ist, so ist Gesellschaft Ausdruck für Beziehungen, die durch Ungleichheit, Abhängigkeit und Ausbeutung bestimmt sind (vergl. Schelkshorn, 1992, 108 sowie Dussel, 1988, 35 zum Verhältnis Sünde/Gemeinschaft).

tende Moral eines Herrschaftssystem zum alleinigen Grund des Guten, dann ist die Negation des/der Anderen ohne Gewissenskonflikt möglich“ (Schelkshorn, 1992, 109). Einhergehend mit der Konstitution des „Moralischen“ ist die „Naturalisierung des Herrschaftssystems zu zu einzig gültigen, ‚natürlichen‘ Ordnung“. Das „führt notwendigerweise zur Abschottung“ gegenüber Ansprüchen der Armen (vergl. ders., 110). Die Armen werden zu ‚von Natur aus‘ arm abgestempelt.

Die befreiende Praxis selbst baut auf vier Ausgangspunkten – ohne sie wären die Prozesse auf eine Utopie hin nur schwerlich vorstellbar. Dazu gehören:

- der escatologische Rest der Exteriorität des/der Anderen, derer sich keine Herrschaft bemächtigen kann (vergl. Schelkshorn, 1992, 116-118);
- die Fähigkeit eines jeden Menschen zur Freiheit, zu persönlicher Verantwortung und zum Gewissensentscheid;
- die geschichtlich-kontingente Moralität und damit eine relative, wenngleich unumgängliche Realität, die als kulturgeworden notwendig zum Funktionieren des gesellschaftlichen Lebens ist;
- die Akzeptanz regional unterschiedlicher Moralen, ohne Abschied zu nehmen vom Unbedingtheitsanspruch des Sittlichen[16].

Befreiende Praxis geschieht als analektische Befreiung. Das bedeutet zunächst, dass der/die Unterdrückte aus der entfremdeten Totalität auszieht, d.h. konkret das ursprüngliche „von-Angesicht-zu-Angesicht“ wiederherstellt (personal), das Herrschaftssystem verlässt, d.h. Gemeinschaften gründet (institutionell) sowie die „Natur der Armut“ hinter sich lässt, indem er/sie die in seiner/ihrer Situation verborgene

16 Dussel fragt nämlich, trotz der dritten Fassung des kategorischen Imperativs, die die Personenwürde gegen eine Instrumentalisierung des/der Anderen behauptet und einer davon ausgehenden Formulierung der Menschenrechte: Warum waren die Träger dieser Philosophie, die Europäer, niemals zu einer wirklichen Achtung der Anderheit der Indios fähig? Seine Antwort ist die; sie hatten eine faktisch bloß geschichtlich bedingte Welt für universal gültig erklärt. Diesem Irrtum kann der kategorische Imperativ und das mit ihm verbundene Prinzip der Universalisierung nur entkommen, wenn der Arme in den Imperativ eingeführt wird, als faktische Grenze der Welt, die je immer wieder neu zu bestimmen bzw. der je immer wieder neu zu entdecken ist. D.h. das Universalisierungsprinzip ist anzuerkennen als in geschichtlich-kontingenten Strukturen stehend (vergl. Schelkshorn, 1992, 114f.).

Positivität begreift sowie ergreift und zur Initiativkraft für Gerechtigkeit werden lässt (moralisch). Analektische Befreiung bedeutet aber auch, den Herren aufzufordern, sich zu ihm selbst zu bekehren und ihm deutlich zu machen, dass das Nein der Sklaven zur Negation seiner Andersheit auch eine Chance für den Herren darstellt, aus seinem geschlossenen, unschöpferischen System herauszukommen. Subjekt der befreienden Praxis ist der Prophet. „Prophet ist jeder Mensch, insofern er sich dem Wort der Armen öffnet, sich vom Schrei, vom Blick des/der Unterdrückten unterbrechen lässt und „unter" der Maske, dem deformierten Antlitz der Armen, ihre verborgene Würde und Anderheit entdeckt. Zum Propheten wird man berufen, die Initiative bleibt beim anderen, dem alleinigen Ursprung des Guten" (Schelkshorn, 1992, 118). Neben dieser mehr schülerhaften Rolle, die ein Gegengewicht zu zu paternalistischen Prophetenkonzeptionen darstellt, plaziert E. Dussel auch die lehrerhafte Rolle, um die Befreiung nicht zu einem völlig autonomen Projekt abgleiten zu lassen. Hier ist er in der Funktion des Entdeckers des Antlitzes des/der Anderen unter dem Schleier der verinnerlichten Herrschaft sowie Begleiter der Armen „auf dem Weg aus der Unterdrückung in die Freiheit der wiederhergestellten Beziehung von Angesicht zu Angesicht" (ders., 119).

Das Woraufhin der befreienden Praxis ist der „Aufbau einer neuen Ordnung, die nicht mehr Sache des Propheten, sondern des Politikers ist" (ders., 120). Dieser Aufbau einer neuen Ordnung findet in einer „dialektischen" Bewegung insofern statt, „als die Öffnung der Totalität für die Exteriorität des/der Anderen wieder zu einer neuen Totalität führt, in der die Würde des/der Anderen nun geachtet und geschützt wird" (ders.). Dialektisch ist die Bewegung in dem Sinne, dass sie vom Dialog des/der Anderen ausgehend nicht die Tat eines einsamen Denkers ist. Insofern ist es auch eine ana-dialektische Bewegung. Und trotz des Dia-logs bedeutet der Aufbau neuer Ordnung neue Herrschaft und damit neue „Arme". Das sieht wie ein Scheitern aus und ist doch nur Zeichen für eine Phase der Befreiungsbewegung, die etwas Neues hervorbrachte, eine „neue Armut", die nach einer „neuen Befreiungspraxis" verlangt. Um aber immer wieder auf den Weg der Befreiung gerufen werden zu können, mündet die Ethik der Befreiung in eine Philosophie des Absoluten.

e) Die Philosophie des Absoluten

Das Absolute ist als jeder Totalität vorgängig zu denken, als Anfang, als absolute Freiheit. Von daher ist das Verhältnis des Absoluten zur Welt „als Schöpfung aus dem Nichts der absoluten Freiheit" (ders., 125) zu verstehen. Damit ist die Welt, sind die Dinge der Welt und die Beziehung der Menschen in die Welt hineingenommen in das Geschehen der Freiheit. Freiheit ist die Ethik des Weltgeschehens, der Geschichte.

Der Aufweis des Absoluten erfolgt über die konkrete Prüfung praktisch-konkreter Zugänge zum Absoluten. „Der entscheidende Zugang zum Absoluten eröffnet sich in der äußersten Passivität, in der Epiphanie des/der Anderen, die mich in die totale Verantwortlichkeit ruft. (…) Mit Levinas beschreibt Dussel diese Erfahrung als ‚Erwählung'" (ders., 127).

„In der Öffnung für die Exteriorität des/der Anderen stoße ich auf die ‚Spur' des absolut Anderen, auf die Gegenwart einer unendlichen Exteriorität, die sich zwar im Antlitz des/der Anderen kundgibt, zugleich jedoch entzieht, indem sie ihre Gegenwart gerade in ihrer Abwesenheit erfahren läßt" (ders.).

In der Bindung (Religion) an den Anderen, den Armen, erhält die Epiphanie des Absoluten ihren Ort, „der Dienst für den Armen wird zum ‚Kult' gegenüber dem Unendlichen" (ders., 128). Mit dem Tod des Anderen stirbt daher nicht Gott, aber die Epiphanie des Absoluten wird unmöglich. Mit dem Tod des Anderen stirbt man selber, weil die Selbstvergötterung die eigene Zukunft verbaut, insofern man in der Selbstverschlossenheit zur Unfruchtbarkeit verdammt ist. Religion – als positive Bejahung der unendlichen Exteriorität des Absoluten – ist daher ein Programm gegen Götzendienst und Fetischismus.

1.6.3. Tzvetan Todorov

Bei der Rekonstruktion der „Kategorie des Anderen", wie T. Todorov sie versteht, entsteht zunächst der Eindruck, dass Todorov ganz selbstverständlich die Ausführungen von Levinas und Dussel voraussetzt und darauf aufbauend fordert, die bisher erschlossenen Erkenntnisse nun doch endlich zu rezipieren und zu realisieren. So optiert er: „Der andere muß entdeckt werden" (Todorov, 1985, 291) bzw. „die Exteriorität des anderen ist zu bejahen" und soll „mit seiner Anerkennung als Subjekt einhergehen" (ders., 295). Dabei ist er sich durchaus bewusst, dass das kein leichtes Unterfangen ist: „Es gibt bei der Entdeckung des anderen verschiedene Grade, vom anderen als ein mit seiner Umwelt verschmolzenes Objekt bis hin zum anderen als ein dem Ich ebenbürtiges, aber dennoch von ihm verschiedenes Subjekt, mit unzähligen Zwischenstufen ..." (ders., 291). Hierbei fragt er sich, ob die Entdeckung des anderen jemals abschließend möglich ist. Bei näherem Hinsehen fällt jedoch auf, dass Todorov eine semantische Verschiebung vornimmt, die für sein moralisches Anliegen erheblich ist.

Zunächst ist für Todorov die „Kategorie des Anderen" ein Schlüssel, um aufzeigen zu können, dass das Verhalten der Conquistatoren den Anderen gegenüber, d.h. seinen Tauschsystemen (vergl. ders., 51), den Sozialsystemen (vergl. ders., 53), seinen Sinnsystemen (vergl. ders., 55), seiner „Substanz", dem „Anderssein", seinen Wertesystemen (vergl. ders., 56) sowie seinen Wesenszügen (vergl. ders., 58) nicht angemessen ist – phänomenologisch betrachtet, an dem Anderen vorbei- bzw. über ihn hinübergeht.

Dieser phänomenologische Aufweis des anderen sowie dessen Missachtung ist schließlich für ihn die Grundlage für ein psychologisches Argument[17]: Am Anderen entbirgt sich unser wahrer Charakter unseres Subjekt-Seins. An den Conquistatoren entbirgt sich, dass der scheinbar rational-moderne Mensch auch eine andere Seite hat. Und weil das bis in die Zukunft als Fakt fortbesteht, theoretisch behauptete Moderne und faktisch gelebte Irrationalität, muss es ein psychologisches Moment des Menschen sein, dass er „staunen" (vergl. ders., 35) und zugleich morden kann.

Der verkannte Andere ist damit zum Zeichen geworden, zum Aufweis unserer Immoralität, des anderen in uns/von uns. Colon und Cortez sind Typologien für das andere des scheinbar rationalen, aufgeklärten und befreiten Europäers.

Aus dieser Einsicht ergeben sich für Todorov die moralischen Forderungen, dass man den anderen nicht nur entdecken soll, sondern zugleich im Entdecken des Anderen die Verkennung des eigenen ‚Sub-

17 Vergl. auf Seite 293 die Einführung des Unbewussten.

jekt-Seins', des überbetonten Ego, korrigieren soll. Es geht für ihn darum „den Sinn für das Soziale wiederzufinden, ohne die Qualität des Individuellen zu verlieren" (ders., 294). „Der Mensch ist ja nie allein, und ohne seine soziale Dimension wäre er nicht, was er ist" (ders., 291).

a) Die Kategorie des Anderen/Das Problem des Anderen

Um zu verstehen, was das „Problem des Anderen" ist und das Entdecken des Anderen so erschwert, ist ein Rückgriff auf den von Todorov referierten Las Casas'schen Gedanken des „allgemeinen Anderssein" (ders., 227) sinnvoll. Danach ist Alterität eine grundsätzliche Beziehungsstruktur zwischen Menschen, die man als Mensch zunächst einmal als selbstverständlich akzeptieren muss. Dieses „allgemeine Anderssein" ist nach T. Todorov angemessen nur in einer „relativen" Grundhaltung zu beantworten. Sie muss sich über die axiologische Ebene (das Werturteil), auf die praxeologische Ebene (die konkreten Handlungsvollzüge) sowie die epistemologische Ebene (die Erfahrungen) (vergl. ders., 221) erstrecken. Annähernd verwirklicht sieht er diese relative Grundhaltung in dem Ideal des Weltbürgers „dem jeder Boden Heimat ist", „dem die ganze Welt fremdes Land ist" (ders., 294). Damit grenzt er sich scheinbar von E. Dussel ab, der eine Vergewisserung eines jeden Volkes in der Geschichte und an ihrem Ort verlangt – gewissermaßen eine Treue zu den Wurzeln, allerdings eine wahrhaftige. Tatsächlich optiert auch Todorov zu einem „Bekenntnis"[18]. Doch wie kann eine relative Grundhaltung mit einer Treue zu Kultur und Geschichte nach Todorov zusammengehen? Als bestes Beispiel führt er

18 In Abgrenzung zu Levinas formuliert er: „… doch man kann den anderen nicht lebendig werden lassen, wenn man ihn ganz unangetastet läßt, so wenig wie das zu erreichen ist, wenn man seine Stimme gänzlich unkenntlich macht" (ders., 295f.). Weiter verlangt er, dass man nicht gleichgültig sein kann und auf jede Wertvorstellung verzichten kann. Das würde zu einer völligen Auflösung des „Ich" im „Wir" führen. „Das Exil ist fruchtbar, wenn man zugleich zwei Kulturen angehört, ohne sich mit einer der beiden zu identifizieren; doch wenn sich die ganze Gesellschaft aus Exilierten zusammensetzt, dann hört der Dialog der Kulturen auf: Es wird durch Eklektizismus und Komparatismus ersetzt, durch die Fähigkeit, ein bißchen von allen zu lieben, leichthin jeder Wahlmöglichkeit zu liebäugeln, ohne sich jemals zu einer zu bekennen" (ders., 296).

hierbei Las Casas an: Dieser versuchte die Perspektive der anderen zu denken, zu verstehen und anzuerkennen. Dabei kam er in dieser Zeit so weit in seiner Rede von Gott, die wie folgt lautet: „Der wahre Gott oder der vermeintliche, der als der wahre betrachtet wird" oder „der wahre Gott oder jener, den man für den wahren hält". Damit war die Perspektive des anderen angenommen, ohne die eigene aufgeben zu müssen[19].

Für Todorov ist der erste Schritt der „Bejahung der Exteriorität des anderen" (ders., 295) der Dialog mit den anderen Kulturen. Das ist wichtig. Im Gegensatz zu E. Levinas ist für T. Todorov damit nicht das „Staunen"[20] so entscheidend für eine erste Beziehung dem anderen gegenüber sondern der Dialog, wo „keine Stimme den anderen auf den Status eines einfachen Objektes reduziert" und „jeder seinen Vorteil daraus zieht, daß er außerhalb des anderen steht" (ders.). In diesem dialogischen Anliegen steht er näher bei E. Dussel.

Die dialogische Erfahrung der äußeren Alterität ist für Todorov notwendig zu ergänzen mit einer wirklichen Begegnung von innen her, aus der Liebe heraus. Die Liebe ist deswegen für die Begegnung der Menschen verschiedener Kulturen und der „Vielfalt der Sprachen" (ders., 41f.) so entscheidend, weil man sich darin nicht an seinem Ideal, sondern am anderen ausrichtet (vergl. ders., 294). Das bedeutet letztlich, den anderen kann man nur entdecken, wenn man für den anderen liebend Abstand von sich selber nimmt, nicht verallgemeinert (vergl. ders., 56) und vor allem nicht assimiliert (vergl. ders., 56, 221, 230ff.).

19 Vergl. die Überlegungen bei T. Todorov, 1985, 234-237 insgesamt.

20 Sein Ansatz beim Dialog ist aus seiner Kritik an Colon verständlich. Zunächst ist für Todorov „staunen" (35), das er auch als „unterwerfen" (36) unter die Alterität beschreibt, positiv besetzt, im Sinne einer angemessenen Reaktion auf das andere. Da sich dieses Verhalten Colons auf seine Beziehung zur Natur beschränkt und dazu führt, dass die Menschen Ameroindiens – auf Natur im negativen Sinne reduziert – nur noch bestaunt werden, fordert er einen angemessenen Dialog. Doch daran sind Anfragen zu stellen, weil Todorov Colons' Beziehung zur Natur dazu ausführt, um ihn als Nicht-modernen-Menschen zu beschreiben (vergl. ders., 27, 298) und darüber hinaus sein nicht-Interesse an menschlicher Kommunikation auch noch als persönliches Problem Colons relativiert (vergl. ders., 45).

b) Das Andere in uns/von uns

Indem er das liebend Handeln (vergl. die Gerechtigkeitsliebe bei E. Dussel) in besonderer Weise auszeichnet als Handeln, dem Selbstüberwindung gelingt, um dann zur Epiphanie des anderen zu gelangen (vergl. ders., 295) schafft er die Grundlage für sein Verständnis von Selbsterkenntnis. Selbsterkenntnis ist für ihn am anderen (Colon, Cortez etc.) vom anderen her (Ameroindier) über das andere (in uns/von uns) (vergl. ders., 300). Der Andere ist damit weniger der Ameroindier, der auch, vor allem ist es aber der Europäer nach dem Mittelalter, der erobert, den wir so gerne abschneiden aus unserer Geschichte, um nicht dem anderen in uns überführt zu werden.

1.7. Konsequenzen für das Lesen des „Quinto Centario" bei Dussel und Todorov

1.7.1. Philosophie/Theologie

Die unterschiedlichen Anliegen von E. Dussel und T. Todorov haben nicht nur Konsequenzen für das unterschiedliche Verständnis der „Kategorie des anderen als anderen"; es hat auch Konsequenzen für die Auswahl der Dokumente oder der Aspekte in den Dokumenten.

So fällt zum Beispiel in der Publikation von T. Todorov eine besonders große Lücke bei Dokumenten aus der ameroindischen Geisteswelt auf. Auch die Protogeschichte von Ameroindien interessiert kaum, obgleich von relevanter Bedeutung für die Einschätzung des Ortes Ameroindiens in der Weltgeschichte. T. Todorov konzentriert sich ausgesprochen stark auf „die Wahrnehmung der Indianer durch die Spanier" (ders., 1985, 12). Lediglich die Kapitel „Moctezuma und die Zeichen" (S. 80-120) sowie „Cortez und die Zeichen" (S. 121-151) versuchen einen Aufriss über die Geisteswelt der Ameroinder.

Bei E. Dussel hingegen ist der Perspektive der Europäer gleichgewichtig eine Perspektive der Ameroinder gegenübergestellt[21]. Unzähli-

21 Vergl. die Vorlesungen Nr. 7–10 während der Gastprofessur „Theologie Interkulturell" 1992 an der J-W-G-Universität zu Frankfurt/Main.

ge Dokumente – eine Aufzählung würde hier zu weit führen – vermitteln eine weitere Achsenzeit.

Diese Auswahl der Dokumente bei T. Todorov ist vor allem durch sein moralistisches Anliegen zu erklären, insofern er weniger am anderen als anderen interessiert ist, sondern vielmehr als Vehikel nutzt, um die eigene Gesellschaft zu kritisieren oder die eigene Kultur skeptisch zu relativieren (vergl. die Ausführungen bei: Sievernich, 1992, 661).

Am Interesse des/der Anderen als Anderen entscheidet sich über die Auswahl der Darstellung der Dokumente logisch die sich ergebende Interpretation. Besonders prägnant wird das in der Wiedergabe einer zentralen Begegnung zwischen Franziskaner-Mönchen und den ‚tlamatinime'[22], 1524. Das beginnt schon damit, dass E. Dussel diese Begegnung als von Spanier/Franziskanern abgebrochenen Diskurs bezeichnet, der von den Spaniern deswegen niemals ernst genommen wurde, weil „für die Spanier die Möglichkeit eines Dialogs nicht im Horizont ihres Denkens lag" (Stephan Menne, 9.12.1992, von E. Dussel authorisiertes Protokoll seiner Vorlesung). T. Todorov hingegen, der am Anderen nur insoweit Interesse hat, um die Beschreibung der „traditionsgeleiteten Rationalität der Atzteken" gegenüber der Überlegenheit der „modernen Rationalität" herauszuarbeiten, bleibt an der Oberfläche des „Problem des anderen". Er kann nämlich an dem von den Tlamatinime eingeleiteten Diskurs nur ein Beispiel für „die größere Effizienz des christlichen Diskurses" (Todorov, 1985, 102) sehen. Tatsächlich aber ist dieses rhetorisch-argumentative Kunstwerk „Blume und Gesang" – das er auch nur in Bruchstücken wiedergeben hat – mehr als nur von hermeneutischer Bedeutung, wie es T. Todorov scheint. Nach E. Dussel ist es auch ein Beispiel für die Religiosität und Theologie der Atzteken. Diesen Sachverhalt streift T. Todorov nur am Rande und dann eher auch zufällig.

22 (Nach dem durch E. Dussel autorisierten Protokoll der Vorlesung vom 2.12.1992 durch Barbara Schoppelreich) „Die Atzteken kannten mehr als 120 Berufe, darunter den Tlamatini, den Weisen. Seine Aufgabe war es, den Menschen ‚sein Angesicht entwickeln' zu lassen – d.h. zu humanisieren, zivilisieren und personalisieren – und alles Wissen zu bewahren und in der calmécac, der Schule der Weisheit weiterzugeben. (…) Die Weisheit der Tlamatini besteht darin, das Irdische (Tlaltícpac) zu überholen, um zu Unüberholbaren, zum Transzendenten (Topan mictlan) zu gelangen. Es besteht ein Widerspruch zwischen dem Opfermythos des Tlacaelel und dem aufklärerischen und emanzipatorischen Tun der Tlamatini".

Mit dem Herausarbeiten von Theologien Ameroindiens wird z.T. leichter die Krise verständlich, in die die Völker Ameroindiens stürzten, als die Eroberer/Europäer fast alle Kultstätten zerstörten, viele Priester und Philosophen ermordeten und damit die Traditionslinie grob zertrennten. Das wäre auch eine Antwort auf die Frage von Delgado (1991, 43f.) an T. Todorov, warum dieser (Vergl. Todorov, 1985, 24f.) nicht ausreichend die offensichtlich vorliegende Diskrepanz zwischen der je größeren Hoffnung der Europäer und der je größeren Angst der Ameroinder beantwortet.

Damit sind wir auch bei einer entscheidenen Differenz zwischen beiden Autoren; nämlich des Aufweises eines rational-religiös theologischen Verhaltens bei Moctezuma durch E. Dussel (vergl. die Vorlesung vom 2.12.1992), der versuchte das unmittelbare Ende der Welt in seinen Entscheidungen zu umschiffen und der Darstellung eines nur kulturell geprägten und mit persönlichen Schwierigkeiten verhafteten Moctezuma bei Todorov (vergl. ders., 1985, 71, 74)[23]. Besonders prägnant wird die sehr divergierende Einschätzung zu Religion und Theologie an den mythischen Elementen. Während Todorov aufgrund dieser mythischen Elemente große Schwierigkeiten hat, den Atzteken eine Rationalität zuzugestehen (vergl. z.B. ders., 1985, 142f.), so kann Dussel schon erkennen, dass in der Folge der Identifikation Cortez-Quetzalcoatl[24] die übrigen Reaktionen streng rational waren – im Sinne davon, dass Moctezuma auf „seine Sonne" vorprogrammiert war. Der Unterschied zwischen Cortez' und Moctezumas' Typus ihrer Rationalität liegt darin, dass sie einen unterschiedlichen Mythos haben – Geld bei Cortez und Blut bei Moctezuma. Das darf aber nicht zum Typus der Rationalität des Menschen schlechthin abgeleitet werden.

23 Den Aufweis einer persönlichen Schwäche Moctezumas mit einem später anderen Verhalten der Nachfolger Moctezumas zu begründen ist insofern nicht glücklich, weil er einerseits die Lernerfahrung der Nachfolger nicht berücksichtigt, die Moctezuma ja fehlte. Auch wird nicht der Frage nach Moctezumas Geheimnis (vergl. Todorov, 1985, 73) nicht ausreichend nachgegangen, er auf seine Theologie hinterfragt.

24 Quetzalcoatl, die gefiederte Zweischlange, ist ein methaphorischer Name: Es ist eine Manifestation von Vollkommenheit, ist aber keine Inkarnation; eher ein Archetyp, der auf verschiedene Weise zu bedenken ist; ein Prinzip; ein sehr vielschichtiges Symbol.

1.7.2. Moderne

Eine zweite interessante Problemstellung ergibt sich, wenn man danach fragt, welchen logischen und zeitlichen Ort die Conquista für die Moderne hat? Um eine derartige Einschätzung ranken sich letztlich auch Fragen nach den Gestalten von Colon und Cortez sowie Fragen zur Einschätzung des Projektes „Entdeckung/Verdeckung".

Todorov (1985, 13) und Dussel stimmen zunächst darin überein, 1492 als den Beginn des neuen Zeitalters zu bezeichnen, Dussel würde relativieren, methodisch definiert. Dussel selber würde den eigentlichen Beginn der Moderne eher bei 1502 ansiedeln, wo Amerigo Vespucci in Brasilien landet, die Bewohner als Nicht-Asiaten erkennt, von einem 4. Teil der Erde spricht und damit die mediterrane Welt zum Zusammenbrechen bringt. Diese Krise der Renaissance (also auch ihrer Paradigmen) ist für Dussel der eigentliche Beginn der Moderne.

Colon ist für Todorov kein moderner Mensch (vergl. ders., 1985, 21) und auch Dussel bezeichnet ihn als vormodernen Menschen. Bei der Beschreibung seiner Motivation ergeben sich allerdings schon wieder Unterschiede. So ist T. Todorov aufgrund seiner moralistischen Hermeneutik nicht in der Lage, das Vorverständnis des Colon in dessen geschichtlicher und sozialpsychologischer Raum- oder Zeitkoordinate ausreichend zu berücksichtigen, also den ökonomischen, politischen und ideologischen Standort des genuesischen Seefahrers näher zu bestimmen (vergl. Proske, 1990, 22-25). Er bleibt vielmehr phänomenologisch an der Oberfläche der Inhalte der Dokumente. So wird seine „Freude an der Natur" (Todorov, 1985, 23) nicht als Rückgriff auf literarische Reminiszenzen verstanden und daher in ihrem Sinngehalt nicht erschlossen. D.h. die von Colon an Europa vermittelten Inhalte wurden nur unzureichend herausgearbeitet. Ein materialistischer Interpretationsansatz, wie er von E. Dussel vertreten wird (vergl. Dussel, 1985, 74), bei T. Todorov aber verloren geht, könnte darüber hinaus Colon ein dem herrschenden Wertesystem entsprechendes Verhalten attestieren.

So bleibt in der großen Linie der Todorov'schen Interpretation des Colon das Hauptmotiv: Colon ist einer, der vorwiegend den Glauben verbreiten (1985, 24f.) und entdecken will. Gold ist nur ein Mittel zum Zweck, a) um den Eroberungszug nach Jerusalem zu finanzieren und b) die Auftraggeber zu motivieren bzw. bei der Stange zu halten für seine Entdeckungsreisen.

Würde man hingegen den Rückgriff auf literarische Reminiszenzen bei Colons Tagebuch erkennen sowie einen materialistischen Ansatz der Interpretation wie bei E. Dussel wählen, dann würde viel stärker das goldgierige, expansionistische und imperialistische Moment, der Götzendienst der Moderne deutlicher herausgearbeitet werden können, das in gewisser Weise ja auch in dem Eroberungswillen von Jerusalem durchschlägt.

Dieser Unterschied zwischen beiden Autoren drückt sich letztlich in der begrifflichen Bestimmung der Moderne aus. Während T. Todorov das Projekt der Moderne darin beschreibt, den anderen assimilieren zu wollen (vergl. ders., 1985, 56, 221, 230ff.) und damit auf einer ethnologischen Ebene belässt, verschärft hingegen E. Dussel das Projekt dahingehend, dass es den anderen erfinden, entdecken, erobern will, um ihn zu kolonisieren und damit den anderen als anderen auf keinen Fall akzeptiert[25]. Für Scannone (1992, 266) sind Assimilation und Beherrschung zwei Seiten der einen Medaille. Während die Assimilation auf Bevormundung hinausläuft (verwirklicht im System des Repartimientos) so die Beherrschung auf eine schmerzhafte Ausbeutung (verwirklicht im System der Ecomiendo).

E. Dussel beschreibt in Cortez den Prototyp des modernen (machiavellistischen) Menschen, der in der Erfahrung der Eroberung (ego conquiro), im Aufzwingen des eigenen Willens über andere (nach einem von E. Dussel autorisierten Protokoll der Vorlesung vom 4.11.1992 von Katharina Bosl), in der vollständigen Zerstörung der kulturellen Identität der Atzteken zu einem neuen, machtbewussten Verständnis seiner selbst findet. Auch T. Todorov sieht sich in Cortez an die zeitgenössischen, von Machiavelli schriftlich fixierten, Ideale erinnert (vergl. ders., 1985, 142) und relativiert doch gleichzeitig dahingehend, dass das Vorgehen von Cortez gegen die Götter der Ameroinder „ganz dem Geist der christlichen Religion entspricht“ (ders., 1985, 130).

25 Vergl. die Vorlesungen „Von der Erfindung zur Entdeckung Amerikas“ (28.10.1992) sowie „Von der Eroberung zur Kolonisierung der Lebenswelt“ (4.11.1992) von E. Dussel im Rahmen der Gastprofessur „Theologie Interkulturell“, an der J-W-G-Universität zu Frankfurt/Main.

1.7.3. Die vielen Gesichter des anderen als anderen

Von dritter Seite (Delgado, 1991) werden beide Autoren andeutungsweise, in je verschiedener Problemstellung, mit der Anfrage konfrontiert, ob sie den anderen als anderen differenziert genug sehen.

So besteht die Anfrage an Dussel (vergl. Delgado, 1991, 15), ob er einen undifferenzierten Besiegtenkult vertritt, wo im „Wir-Bewußtsein" Opfer und Besiegte untertauchen, ohne sich auch als Nachfahren der Eroberer zu sehen (auf Kosten zugrunde gegangener Kulturen). Wer die Vorlesung von E. Dussel vom 16.12.1992 gehört hat „Die vielen Gesichter des einen Volkes" kann diese Anfrage zurückweisen – aber auch in anderen Vorlesungen wurde diese Problemfassette beleuchtet.

Hinsichtlich Todorov stellt Delgado fest (1991, 85ff.), dass jener wiederholt Rückdeutungen in der ameroindischen Kultur aufgriff (vergl. Todorov, 1985, 92, 107), um damit die traditionsgeleitete Rationalität – Bestätigung der Gegenwart durch die Vergangenheit – in diesem Kulturkreis zu unterstreichen. Er soll damit aber nicht beantwortet haben, wer Interesse an den Rückdeutungen hatte? Mit dieser Anfrage will er auf eine Unterscheidung einer Elite von einem Rest-Volk verweisen. Nach Delgado sollen Priesterkasten und herrschende Schichten die Rückdeutungen deshalb verwendet haben, weil die Konquistatoren ein willkommenes Alibi waren, um sie für das eigene Versagen und den anbrechenden Niedergang der eigenen Kultur verantwortlich zu machen. Tatsächlich ist Todorov schon deutlich gewesen, dass die Ameroinder kein geschlossener gesellschaftlicher Block waren, dass es Herrscher/Eliten wie auch marginalisierte Gruppen gab (vergl. Todorov, 1985, 126f.).

1.8. Literaturverzeichnis

BRUDER, Veronika: Eine Ethische Intrige. Gegenüberstellung der „ethischen Intrige" bei Emmanuel Levinas und der Exegese von Mt 25, 31-46, MS Frankfurt/Main 1992

DELGADO, Mariano (Unter Mitarbeit von Bruno Pockrandt und Horst Goldstein): Gott in Lateinamerika. Texte aus fünf Jahrhunderten. Ein Lesebuch zur Geschichte, Düsseldorf 1991

DUSSEL, Enrique: Herrschaft und Befreiung. Ansatz, Stationen und Themen einer lateinamerikanischen Theologie der Befreiung, Freiburg/Schweiz 1985

DERS.: Ethik der Gemeinschaft, Düsseldorf 1986/1988

DERS.: Entdeckung oder Invasion Amerikas? Eine historisch-theologische Betrachtung, S. 510-514 in: Concilium 24 (1988)

DERS.: Philosophie der Befreiung, Hamburg 1977/1989

DERS.: Die tatsächlichen Motivationen der Conquista, S. 466-476 in: Concilium 26 (1990)

DERS.: Theologie und Wirtschaft. Das theologische Paradigma des kommunikativen Handelns und das Paradigma der Lebensgemeinschaft als Befreiungstheologie, S. 39-57 in: FORNET-BETANCOURT (Hg.), 1991

FORNET-BETANCOURT, Rául (Hg.): Verändert der Glaube Wirtschaft? Theologie und Ökonomie in Lateinamerika, Freiburg/Basel/Wien 1991

KLEHR, Franz Josef (Hg.): Den Anderen denken. Philosophisches Fachgespräch mit Emmanuel Levinas. Hohenheimer Protokoll, Bd. 31, Stuttgart 1991

LESCH, Walter: Fragmente einer Theorie der Gerechtigkeit. Emmanuel Levinas im Kontext zeitgenössischer Versuche einer Fundamentalethik (Habermas, Lyotard, Derrida), S. 179-196 in: KLEHR (Hg.), 1991

LÉVINAS, Emmanuel (Hg. von Peter Engelmann): Ethik und Unendliches, Wien/Köln 1982/1986

DERS.: Die Spur des Anderen. Untersuchungen zur Phänomenologie und Sozialphilosophie, Freiburg/München 1983

DERS.: Wenn Gott ins Denken einfällt. Diskurse über die Betroffenheit von Transzendenz, Freiburg/München 2(1988)

PROSKE, Matthias: Die Hermeneutik der Eroberung Amerikas. Der hermeneutische Ansatz von Tzvetan Todorov in seiner Analyse der Eroberung Amerikas, MS Frankfurt/Main 1990

ROTTLÄNDER, Peter: Die Conquista – auch ein Aufbruch zur Moderne. Überlegungen in Anschluß an die Analysen von Tzvetan Todorov, S. 223-227 in: Orientierung 20 (1990)

SCANNONE, Juan Carlos: Begegnung der Kulturen und inkulturierte Philosophie in Lateinamerika, S. 365-383 in: ThPh 66 (1991)

DERS.: Der nicht verstandene Andere. Zum Gedächtnis der 500 Jahre Evangelisierung Lateinamerikas, S. 265-277 in: MThZ 3 (1992)

SCHELKSHORN, Hans: Ethik der Befreiung. Einführung in die Philosophie Enrique Dussels, Freiburg/Basel/Wien 1992

SIEVERNICH, Michael: Blick auf 500 Jahre Lateinamerika. Kirche Position zum Quinto Centenario, S. 651-663 in: Stimmen der Zeit 19 (1992)

TODOROV, Tzvetan: Die Eroberung Amerikas. Das Problem des Anderen, Frankfurt/Main 1985

WENZLER, Ludwig: Den Anderen anders denken. Einführung in die Philosophie von Emmanuel Levinas, S. 13-16 in: KLEHR (Hg.), 1991

DERS.: Zeichen und Antlitz. Ontologische Destruktion und ethische Einsetzung des Subjekts nach Emmanuel Levinas, S. 115-135 in: KLEHR (Hg.), 1991

WIEMER, Thomas: Die Spur, das Echo und die Exegese. Zugänge zur Gottesfrage im Denken von Emmanuel Levinas, S. 17-35 in: KLEHR (Hg.), 1991

2. Rezeption apokalyptischer Aspekte in der Eschatologie von J. Moltmann[26]

Jürgen Moltmann legt mit seinem Buch „Das Kommen Gottes" (1995) eine interessante Eschatologie vor, die sich auch mit apokalyptischen Denken und Glauben beschäftigt. Dabei werden besonders Erfahrungen aus den Vereinigten Staaten bedacht. Die Untersuchung will sich einerseits auf eine Spurensuche hinsichtlich der Rezeption apokalyptischen Gedankengutes machen, dann aber auch Perspektiven apokalyptischen Denkens aufzeigen.

2.1. Alttestamentliche und frühjüdische Apokalyptik

2.1.1 Sozio-historische Krise

Die alttestamentliche und frühjüdische Apokalyptik ist nicht zu verstehen, wenn man nicht den historischen Hintergrund zur Kenntnis nimmt, auf dessen Grundlage sie entstanden ist. Das bedeutet zugleich, dass man sehr vorsichtig damit sein muss, konkrete Inhalte einer apokalyptischen Eschatologie auf die Gegenwart zu übertragen. Die alttestamentliche Apokalyptik ist der Versuch, religiöse Konflikte des Volkes Israel aus historischen Krisensituationen aufzuarbeiten. Dieses Volk sah sich nämlich in eine Katastrophengeschichte verstrickt: Zu dem Verlust des davidischen Königreiches (und damit des Verlustes des inneren Zusammenhangs der Herrschaft Gottes auf Erden mit einer nationalen Idee) traten historische Wirren, wo Israel zum Spielball vorderasiatischer Großmächte wurde; und unter dem Druck verschiedener „Götzendienste" wurde die Glaubensgemeinschaft zunehmend zerrieben und das Solidaritätspotential der israelitischen Gemeinschaft

26 Sommer 1996 verfasst

zerstört (vergl. Kippenberg, 1989, 758). Es wurden auch viele „gerechte" Israeliten in der Verfolgung umgebracht. Hieraus ergaben sich vier entscheidende Anfragen.

- Darf Israel angesichts dieser „Niederlagen" noch auf eine eschatologische Wirklichkeit hoffen, wo der bisherige Tempelkult und die Theokratie zurückkehren wird (Daniel)?
- Gibt es noch ein rettendes Eingreifen Gottes in die Geschichte, vergleichbar der Exoduserfahrung und den prophetischen Botschaften; ist eine „Reich-Gottes-Erwartung" unter diesen Katastrophen „diesseitig" überhaupt noch glaubbar?
- Wie kann der gerechte Gott, die Gerechtigkeit Gottes (Tun-Ergehen-Theologie) unter dieser Schuldgeschichte überhaupt noch gedacht werden (Hiob)?
- Wenn der Glaube an Jahwe ein Glaube an die Lebensmacht Jahwes darstellt, gelungenes Leben die Gemeinschaft mit Gott bedeutet, endet dann diese Gemeinschaft des Gerechten mit Gott im Märtyrertod?

2.1.2. Theologische Krise

Hinter diesen vier zentralen Fragen stehen drei zentrale theologisch-kulturelle Krisen.

- Der Glaube an die Reich-Gottes-Erwartung Israels war schwer erschüttert – wie wird sich das Königsein Jahwes für die Gläubigen erfahrbar realisieren? Dazu gab es verschiedene Antworten: 1. Eher restaurativ schätzt Werbick (1990) die Qumran-Gemeinde ein. „(…)ihnen geht es um die Wiederherstellung eines wahrhaft sühnenden Tempelkultes. (…) Anstelle des nutzlos gewordenen Tempels weiß sich die Gemeinde als ‚lebendiges, von Gott erbautes Heiligtum, in dem man das Gebet als ein Lobopfer der Lippen und Werke des Toragehorsams als Weihrauch darbrachte', als der Ort der Sühne für das Land" (S. 65). 2. „Daniel 9 hat wohl weniger ein partielles Israel im Auge, nicht eine Elite oder Kleingruppe, sondern das Gesamtisrael vergangener Tage" (Seidl, 1987, 198ff.). Das wird besonders darin deutlich, dass Daniel 9 gegenüber dem Partikularismus von Kap. 11 und 12 textmäßig abgesetzt wurde. „Gemeinsam ist der aramäischen und hebräischen Daniel-Tradition: Die Zukunft Israels – (...) – wird nicht auf eine Wiedererrichtung von Jerusalemer Kult und Kultgemeinde bezogen, sondern auf eine neue eschatologische Wirklichkeit und Gemeinschaft nach dem Ende des alten Äons" (ders., 200). 3. Auch das äthiop. Hennochbuch, dort die Tiervision, engt die Vision der verheißenen Auferstehung nicht nur auf einen heiligen Rest ein, sondern spricht Israel als ganzem das künftige Heil zu (vergl. Giesen, 1984a, 45). 4. Die syrische Baruchapokalypse nimmt neben der äußerlichen Zerstörung eine verborgene Kontinuität im Volk Gottes an und vertritt daher gegenüber „Abräumvorstellungen" einen „Reformansatz" (vergl. Kippenberg, 1989, 755).

– Deswegen wird auch ausgehend von der Kritik apokalyptischer Eschatologie an menschlichen Allmachtswahn und allen Versuchen von Seiten der Menschen, das Reich Gottes gewaltsam herbeizuzwingen (siehe die Kritik der Hassidäer an der stark realpolitischen Vorgehensweise der Makkabäer) gefragt: Wo gibt es einen sinnvollen menschlichen Handlungsspielraum auf das Reich Gottes zu? Hierauf antwortet Deuterojesaja mit einer Theologie der Stellvertretung; d.h. er gibt dem Leiden des Einzelnen Sinn, indem er es als Leiden stellvertretend für andere deutet. „Der Gerechte leidet und stirbt um der anderen willen, um ihnen einen möglichen Zugang zum Leben zu öffnen und sie so zur Gerechtigkeit zu führen" (Kehl, 1986/1988, 129). Die Tiervision im äthiop. Hennochbuch weist vielmehr darauf hin, dass das Böse kein Schicksal ist – der Mensch kann sich gegen das Böse wehren: „Das Tun des Menschen in diesem Äon entscheidet über sein Ergehen im Kommenden" (Giesen, 1984a, 48f.). Auch in der syrischen Baruch-Apokalypse wird die Vorstellung deutlich, dass die jetzige Generation sich mittels Gesetzestreue die Hoffnung erst noch verdienen muss (vergl. Kippenberg, 1989, 755).
– Und wenn Gott einen subjektiven Handlungsspielraum lässt, diesen offensichtlich eröffnen will und diesen offensichtlich deswegen will, weil er gelungenes Leben, verstanden als Beziehung zu Gott, will, – sonst würde es keinen Sinn machen, die dualistische Scheidung von Gott-wollendem Tun und Gott-verneinendem Tun so scharf herauszuarbeiten – dann muss dieser auch zu seinem Grund-

Theologumenon stehen, ein Gott des Lebens zu sein. Hier setzt die Vorstellung der Totenerweckung in der Apokalyptik an. Sie will ein Gottesverständnis wahren, wonach Gott ein Gott des Lebens ist (also gerade in Abgrenzung zu einer Sehnsucht nach Unsterblichkeit aus menschlichen Allmachtswahn) – über den Tod hinaus (vergl. Kehl 1986/1988, 131).

2.1.3. Was bedeutet hier apokalyptisch orientierter Glaube?

Zentral für einen apokalyptisch orientierten Glauben in frühjüdischen Apokalypsen ist die Vorstellung, das Heil ist am Ende der Weltzeit von Gott allein zu erwarten. In der Formulierung des umfassenden Heils vom Ende her wird gleichzeitig ausgesagt, dass der Mensch das Heil sich nicht selbst beschaffen kann. Dem Menschen bleibt das Ausharren auf einen katastrophalen Schnitt in der Geschichte, angesichts der negativen Sicht der Geschichte (vergl. die Zehnwochenapokalypse im äthiop. Hennochbuch bei: Kehl, 1986/1988, 121). Buße, Sühne und/oder Martyrium werden als individuelle Möglichkeit gesehen, um den Zugang zum wahren Leben zu wahren, in der Zeit des Ausharrens.

Der kommende Äon wird durch eine kosmische Katastrophe, eine fundamentale Scheidung eingeleitet. Geschieden wird dabei nicht nur die Zeit – Geschichte wird also nicht nur unter andere Vorzeichen gestellt; geschieden werden auch Personen (vergl. zur Hoffnung der Hasidäer für sich als heiligen Rest in: Kehl, 1986/1988, 121).

Apokalypse ist die Hoffnung auf eine vollständige Neuschöpfung des Leibes, einer neuen Erde (vergl. Dan 12,2f.; Makk 7,9.14.23.29). Eine Messias-Vorstellung ist weniger vorhanden, wenn auch nicht unbekannt (vergl. Giesen, 1984a, 49).

2.1.4 Hermeneutische Leistung frühjüdischer Apokalyptik

Hier sind fünf Aspekte zu betonen.

- Die frühjüdische Apokalyptik nimmt den Individualisierungsschub aus der Zeit der Propheten auf, macht also einerseits deutlich, dass der Einzelne jetzt nicht mehr völlig im Volksganzen aufgeht (vergl.

Kehl, 1986/1988, 127). Andererseits wird deutlich gemacht, dass ein „Handeln Gottes am Ende nicht ein verantwortliches Handeln des Menschen in dieser Weltzeit nicht ausschließt" (Giesen, 1984a, 49).

- Gleichwohl macht die Weltherrschaftsvorstellung in der jüdischen Apokalyptik deutlich, dass es im Glauben um das „ungeschmälerte Königtum Gottes in seiner Schöpfung" (Mussner, 1985, 216) geht. D.h. es geht um die Hoffnung, dass der Schöpfungszusammenhang, wie Gott ihn wollte, ungeschmälert wiederhergestellt wird.
- Mit der apokalyptischen Vision der Weltherrschaft Gottes wird methodisch eine Möglichkeit geschaffen, deutlich Gottgewolltes und Gottverneinendes voneinander zu unterscheiden. Indem Apokalypse offenbart, dass Gottes Wille und Tun menschliches Wohlergehen ist, wird menschliches Elend deutlicher als durch Menschen verursacht ausgewiesen. Am Menschen begangenes Unrecht wird eindeutiger als menschliches Unrecht qualifiziert (vergl. auch Moltmann, 1995, 171).
- Der apokalyptisch-eschatologische Horizont ist eine für die damalige Zeit gelungene Form, um einen Gegenpol zu formulieren, der dazu da ist, alle Versuche, irdische Herrschaft als gottgewollt zu sanktionieren, d.h. sie universalisieren zu wollen, auszubremsen (vergl. P. Hoffmann, 1993, 245).
- Wenn man die Äonen-Lehre in der frühjüdischen Apokalyptik tiefer durchdenkt, dann steht hinter der Vorstellung vom „Bruch" die Vorstellung vom zukünftigen Handeln Gottes in völliger Diskontinuität zur bisherigen Geschichte. Die Darstellung einer weltgeschichtlichen und kosmischen Krise soll nur dazu dienen, um die Ausmaße des Kommens Gottes in aller Deutlichkeit darzustellen (vergl. Moltmann, 1995, 254f.).

2.1.5. Frühjüdische Apokalypse bei J. Moltmann?

Die Rezeption frühjüdischer Apokalyptik (vergl. 1995, 161ff., 169ff., 253ff.) bei J. Moltmann erscheint mir etwas oberflächlich. Ich möchte das in zwei kurzen Skizzen andeuten.

Unter dem Begriff „jüdischer Messianismus" (Moltmann, 1995, 170) unterscheidet er in Anschluß an Dan 7 drei Vorstellungsebenen des jüdischen Messianismus: *Innerjüdischer Messianismus*; danach wird der Messias die jüdische Existenz im Exil und der Fremde aufheben. *Universaler jüdischer Messianismus*; hier erhofft man die Aufhebung der Gottesfremde und Gottesferne aller Völker. *Religiöser Zionismus*; verbindet die Heimkehr in das verheißene Land mit einer messianischen Deutung. Hier frage ich mich, ob Dan 7 (er denkt wohl an Dan 7,13)[27] hinreichend ist, um einen Ausgangspunkt für einen jüdischen Messianismus zu orten. Giesen (1984a, 49) und Werbick (1990, 63) machen nämlich deutlich, dass der Einbau und die breitere Entfaltung der Messiasgestalt in der frühjüdischen Apokalyptik gerade nicht an Dan 7 gebunden ist. Es werden die Tiervision im äthiop. Henochbuch, 4 Esra und 2 Baruch erwähnt. Diese berücksichtigt aber Moltmann gar nicht.

Das Henochbuch dient Moltmann dazu, um eine kosmische Apokalypse zu erklären (vergl. Moltmann, 1995, 254f.). Kosmische Apokalypsen greifen den „Frevel" in der Geschichte auf, dass sich der Schöpfungsglauben und Schöpfungswille Gottes ins Gegenteil verkehren, weil die Menschen die Begabung zur Freiheit missbrauchen und selbstmächtig werden – das menschliche Handeln verkehrt sich darauf in Zerstörungshandeln. Mit der Beschreibung dieser Problematik weist aber das Henochbuch auf den Grundimpuls der Schöpfungstheologie hin, „creatio ex nihilio". Das meint, die Schöpfung ist aus nichts irdisch vorliegenden zu verstehen und erfolgte auch aus dem „Nichts". Das Erschaffene selbst ist kontingent. Aber Achtung mit dem ätiop. Henochbuch. Hier sollte man die Tiervision von der Zehnwochenapokalypse unterscheiden. Moltmann bezieht sich vermutlich auf die Tiervision, weil diese das Heil nicht so sehr für eine exklusive Gruppe im Blick hat, ganz anders die Situation bei der Zehnwochenapokalypse.

27 Dan 7,13 steht mit dem Menschensohntitel für eine „universale" Heilsperspektive, jenseits nationaler Grenzen.

2.2. Die jesuanische Korrektur der Apokalyptik

2.2.1. Korrekturen

Die jesuanischen Korrekturen der frühjüdischen Apokalyptik erfolgt über fünf zentrale Argumentationsstränge:

- Die in Apokalypsen formulierte Hoffnung ist nicht ein endzeitliches Geschehen, das in weiter Ferne liegt. Vielmehr konkretisiert Jesus Gottesherrschaft als Möglichkeitsbedingung gegenwärtiger Geschichte. Gottes Herrschaft kommt nicht irgendwann einmal; sie kommt schon und er herrscht schon inmitten der Menschheit. „Das Reich Gottes kommt nicht so, daß man es an äußeren Zeichen erkennen könnte. Man kann auch nicht sagen: Seht, hier ist es!, oder: Dort ist es! Denn. Das Reich Gottes ist (schon) mitten unter euch (Lk 17,20bff.)" (vergl. P. Hoffmann, 1993, 257; Werbick, 1990, 68). Endzeit meint nur, daß die Heilszeit nicht eine reife Frucht ist, die einfach so vom Himmel fällt, ein bruchloses Ergebnis von irgendwoher, irgendwie. Endzeit als Anbrechen des Heils zu sehen, d.h. zu verstehen; dazu gehören Konflikte, Proben und Verfolgungen (vergl. Zamora, 1994, 171).
- Das „endzeitliche Geschehen", verstanden als Einbrechen der Gottesherrschaft in diese Geschichte (dass also Gottes Willen geschieht) ist kein spektakuläres Welttheater mit großem Gericht und kosmologischem Szenario. Das Einbrechen der Gottesherrschaft ist ein Einzug im Alltag, mitten unter uns, zuweilen sehr klein und unscheinbar, mit mühsamen kleinen Kämpfen im täglichen Leben gegen Versuchungen und Erpressungen, gegen soziale Deformation und kulturelle Zwänge (vergl. Werbick, 1990, 74f.). „Wiederkunft des Herrn", sein „Ankommen" ereignet sich dort, wo Jesus in diesem Leben bereits angekommen ist, in der verborgenen Gestalt des Armen, dort darf gehofft werden, dass er kommt (vergl. Kehl, 1986, 246). Hier wird ganz deutlich gemacht, dass „das hermeneutische Prinzip aller eschatologischen Aussagen (...) Jesus Christus selbst (ist R.M.), so daß eine Aussage, die nicht christologisch verstanden oder gelesen werden kann, keine echte eschatologische ist" (Friedl, 1996, 312).

- Die jesuanische Korrektur problematisiert an apokalyptischen Vorstellungswelten seiner Zeit, „daß Gott einmal unmittelbar zu einem bestimmten geschichtlichen Zeitpunkt in diese Geschichte" (Kehl, 1986, 232) eingreift. Damit werden nicht nur die Vorstellungen kritisiert, dass es sich um ein Geschehen in weiter Ferne handelt, dass es sich um ein spektakuläres Weltereignis handeln muss, sondern auch, dass damit die Vorstellung verbunden ist, dass dieses Ereignis „von außen" kommt – also ein Eingriff in diese Welt, um sie zu vollenden. Dagegen steht das schöpfungstheologische Argument, dass Gott, die in allem verborgene, alles tragende und heilende Liebe ist (vergl. Kehl, 1986, 233).
- In einer weiteren Korrektur weist Jesus darauf hin, dass apokalyptische Vorstellungen über eine direkt und unmittelbare Begegnung mit Gott „im jüngsten Gericht" auf eine menschliche Hoffnung der totalen Transparenz dessen hinweisen, was der Wille Gottes ist. Damit wird auf eine menschliche „Verfügbarkeit" des Reich Gottes bzw. des Geist des Reich Gottes spekuliert (siehe Kehl, 1986, 234). Schon Karl Rahner (1960, 408ff.) wies aber darauf hin, das Eschatologie von ihrem Verborgenheitscharakter lebt – ja gerade dieser Verborgenheitscharakter notwendig ist, damit der Mensch nicht in Versuchung gerät manipulativ auf das Anwesende und doch Verborgene einzuwirken. So hat auch Jesus deswegen immer vom Geheimnis des Reiches Gottes gesprochen.
- Was die Apokalyptik zum „Kommen der Herrschaft Gottes" in zwei Epochen auseinanderlegt, sieht Jesus dialektisch ineinander, d.h. mit den „bösen" Seiten dieser Welt ist zugleich auch die kommende Zeit. Man kann nicht das Heilsereignis in Jesus von der Endzeit trennen und in eine unbestimmte Zeit verlegen (vergl. Zamora, 1994, 372). Das bedeutet für das Handeln nicht den Auszug aus der Welt in eine esoterische Sondergemeinschaft oder die Errichtung eines totalitären Gottesstaates. Vielmehr soll entsprechend dieser jesuanischen Korrektur, mit in dieser von Elend gezeichneten Gegenwart, das alternative Leben gewagt werden und kann auch gewagt werden, mit den entsprechenden Konflikten (vergl. Zamora, 1994, 371), dank eines neuen Gottes- und Selbstbewusstseins (vergl. P. Hoffmann, 1993, 257).

- Was ist der Grund für das neue Gottes- und Selbstbewusstsein? Es ist eine neue Verortung des Heilshandeln Gottes. Es geht, darauf weist die Jesuanische Korrektur hin, dem Heil nicht erst das Umkehren und ein Bußpraxis (in Abgrenzung zu Johannes d.T.) voraus; auch nicht eine intensive Torabefolgung (Pharisäer als Nachfolger der Hassidäer) und auch die Leistung eines sühnenden Tempelkultes sowie der Rückzug in eine heilige Gemeinde sind nicht nötig (in Abgrenzung zu Qumran) (vergl. Merklein, 1981, 129ff.; vergl. auch Werbick, 1990, 74f.). Jesus macht deutlich, dass das „Entgegenkommen Gottes" dem Heil vorausgeht. D.h. entgegen der apokalyptischen Vorstellung, dass durch die Lebensweise eine Disposition geschaffen werden muss (siehe auch Jesaja, 25,8), um in das künftige Äon hinübergergerettet zu werden, geht Gott ganz einfach auf die Menschen zu (siehe Werbick, 1990, 132). Dieser Vorgang wird auch als „Soteriologie von oben" bezeichnet. Sie ist nicht einfach aus der „Soteriologie von unten" ableitbar. Das bedeutet, die Initialfunktion Jesu Christi zur Umkehr der menschlichen Lebensentwürfe, seine Lehrfunktion in Verkündigung und Praxis, um den Menschen einen Anstoß zu geben, sich von den Fesseln verhängnisvoller Lebenseinstellungen und Gottesprojektionen zu befreien, kann nicht die freie Umkehr erzwingen. Dem Menschen ist freigestellt, umzukehren.

2.2.2. Anknüpfungspunkte

Aus der Apokalyptik gibt es für Jesus offensichtlich drei unverzichtbare Anknüpfungspunkte.

- Er nimmt die starke theozentrische Sicht des Glaubens auf und macht deutlich, dass die Herbeiführung der Gottesherrschaft Gottes Sache ist (vergl. Merklein, 1981, 121ff.; Werbick, 1990, 76). D.h. das „Kommen des Herren" ist mehr als eine irdische Gesellschaftsveränderung, die auch dazu kommt. Das „Kommen des Herren" ist auch nicht ausschließlich auf die Vollendung im Tod zu reduzieren;

„es umschließt das erneuernde Wirken des Menschensohnes ‚wie im Himmel so auf Erden'" (nach Offb) (Kehl, 1986, 246)[28].

- Er nimmt aber auch die Anfrage der Apokalyptik an die Menschen auf: Seid ihr aufmerksam für die Ankunft des Herren? Ist eine Wiederkunft des Herren überhaupt möglich – kann Jesus bei uns ankommen? „Denn könnte es nicht sein, daß gerade heute die zu einer weltweite Katastrophe sich steigernde Armut das ‚kosmische' Zeichen ist, das die drängende Nähe des Menschensohnes und seines menschlichen Reiches signalisiert?" (Kehl, 1986, 246).
- So sehr Jesus die exklusive Struktur der Qumran-Gemeinde kritisiert, er erkennt aber aus dieser Initiative als wertvoll, dass die in der Apokalyptik realisierten Bedrohungen nur in einem Sozialverband zu lösen sind. Er formuliert in Abgrenzung zur Sektenmentalität von Qumran Kirchwerdung als Möglichkeitsbedingung zur Sammlung und Erneuerung des ganzen Volk Gottes. Man kann nicht die Menschheit in schlechthin Gute und schlechthin Böse zerlegen – sonst ist eine Sammlung und die Hoffnung auf Erneuerung nicht sinnvoll zu vermitteln.

2.2.3. Moltmann und die jesuanische Korrektur

Nur spärliche Textfragmente lassen sich ausmachen, wo Moltmann die jesuanischen Korrekturen apokalyptischer Vorstellungen seiner Zeit aufgreift (vergl. Moltmann, 1995, 171f., 257). Dennoch ist ihm zugute zu halten, dass er mit wenigen Zeilen die wesentlichen Inhalte jesuanischer Korrekturen aufgreift:

- So sieht er richtig, dass Jesus den apokalyptischen Erwartungshorizont seiner Zeit teilt.
- Er sieht auch die Korrektur apokalyptischer Naherwartung dahingehend, dass die Gegenwart schon „Endzeit" ist (zu Mk 10,30) (vergl. Moltmann, 1995, 172).
- Moltmann zeigt auch deutlich, dass Jesus die reine Gerichtsprophetie verlässt und das Reich Gottes den Armen verkündet (ders., 257).

28 Wobei auf Erden eine kosmologisch-schöpfungstheologische antignostische Formulierung ist.

- Und er weist darauf hin, dass der Impuls Jesu ein Sammlungsimpuls ist, weniger der Rückzug in eine Sektenmentalität (ders., 257).
- Das schöpfungstheologische Argument verlagert er hingegen in die Zeit der Pastoralbriefe (2 Tim 2,13) (vergl. ders., 256).
- Es fällt ihm schwer, das zeigt seine Diskussion zu Premillenaristen und Postmillenaristen, sich gründlich von dualistisch-linearen Vorstellungswelt zu trennen (vergl. ders., 175-178).

2.3. Frühchristliche Apokalyptik

Neben vielen kleinen apokalyptischen Textfragmenten im Neuen Testament ragen zwei Texte ganz besonders hervor. Da wäre zunächst einmal Mk 13: „Es handelt sich um eine Art ‚Flugblatt', das in einer besonders bedrohlichen Situation des Jüdischen Krieges die Christen Judäas zur Flucht in die Berge aufforderte und die tröstliche Nähe des wiederkommenden Menschensohnes einschärft. Der Form nach ist diese Schrift als Mahn- und Trostrede Jesu im Weissagungsstil gehalten. Sie ist von akuter Naherwartung geprägt wie später auch die Apk" (Müller, 1989, 599). Allerdings ist korrigierend zu formulieren: Christliche Apokalyptik ist nicht mit Naherwartung ausreichend zu bezeichnen, weil es auch im Frühjudentum Überlegungen zur Naherwartung gab. Der Unterschied christlicher Endzeitlichkeitsvorstellung zu frühjüdischen Naherwartungsvorstellungen besteht darin, dass das christliche Glaubensverständnis mit Jesu Auferstehung den endzeitlichen Prozess der Ankunft messianischer Herrlichkeit eingeleitet sieht. Daraus folgt ein „hochgradiger Aktivismus", weil das innerweltliche Handeln mit radikalen Anforderungen der Endzeit („des-bei-Gott-Ankommens") konfrontiert wird (vergl. Kippenberg, 1989, 759). Von daher kann auch christliche Apokalyptik die Krise der frühjüdischen Naherwartungsvorstellung und den entsprechenden politischen Aktivismus abwehren, weil sie nicht unter dem Zeitdruck äußerster Kurzfristigkeit steht. Die Vision des endgültig und umfassend Mächtigwerden von Gottes Willen geschieht schon jetzt. Dafür steht Jesus Christus und seine Machttat (vergl. Werbick, 1990, 77ff.).

2.3.1. Markus 13

Markus 13 wird in einer Zeit verfasst, wo die Region Israel und die christliche Gemeinde sich in einer erheblichen Krise befinden: Die schriftliche Vorlage muss nach Beginn des Jüdischen Krieges und kurz vor der Tempelzerstörung (ca. 66-70 n. Chr.) entstanden sein. In jener Zeit stellte die christliche Gemeinde aus römischer Perspektive eine Gruppe von Unruhestiftern dar, weil man in den Gemeinden versuchte, die Machtstrukturen der Gesellschaft aufzuheben (Mk 10, 42-45); aus „jüdischer" (in Anführungszeichen, weil sie so wenig homogen war) Perspektive war es eine Gruppe, die die Solidarität mit den Juden gegen die Römer aufkündigte, weil sie den nationalstaatlichen Weg und den Weg des Schwertes nicht als Weg zum Reich Gottes akzeptierte; aus christlicher Sicht war die Gemeinde, auch durch Denunziationen in den Familien, in ihrer Substanz gefährdet, weil das diametral entgegen dem Anspruch der Solidarität stand (Mk 13,12).

In dieser krisengeschüttelten Zeit musste Markus 13 vier Dinge leiste: Er musste zu einer differenzierten Sachlichkeit bei der Analyse der Konfliktlage ermutigen (Schottroff, 1989, 709 zu Mk 13,9-13); er musste jedes Abgleiten in eine futurische Reapokalyptisierung verhindern (vergl. P. Hoffmann, 1994, 266); er musste unzulässige innerweltliche apokalyptische Zeichenforderungen abgrenzen gegenüber der christlichen Vorstellung, dass der Menschensohn schon jetzt die Zerstreuten sammelt (vergl. Giesen, 1989, 353 zu Mk 13,26); und er musste zur Wachsamkeit aufrufen (Mk 13,33ff.). Wie leistet das Markus 13?

Im Mittelpunkt der markinischen Argumentation steht der Versuch, die aktuelle Leidenserfahrung von der Leidensgeschichte Jesu her zu deuten, ja geradezu damit zu identifizieren (siehe die Stellung von Mk 13 vor der Leidensgeschichte im engeren Sinne Mk 14,1-16,8) (siehe Giesen, 1989). Damit will er zweierlei leisten: er teilt mit, dass die Drangsale zur Endzeit gehören – und weil sie zur Endzeit gehören sind sie nicht heillos (vergl. Schottroff, 1989, 710); und wenn sie nicht heillos sind, dann soll man nicht verzagen und ungeduldig werden und sich dem göttlichen Plan anvertrauen (vergl. dies. 712f.). Deswegen macht es keinen Sinn innerweltliche Zeichenforderungen zu entwickeln – Markus 13,30ff. zeigt eindringlich, dass das Zusammenspiel von freier göttlicher Zusage und freier menschlicher Zustimmung durch jede Terminberechnung gestört werden würde, also den Plan Gottes vom Kommen des Reich Gottes durchkreuzen würde. Daher kann sinnvoll nur zur Wachsamkeit aufgerufen werden (vergl. Mk 13,33ff.).

Welche Funktion aber hat hier die Verwendung des apokalyptischen Materials in Mk 13? Giesen (1989) argumentiert, dass die deutsche Übersetzung das nicht so recht verdeutlichen kann. Es findet hier ein rhetorischer Balanceakt statt, mit der Aufnahme von einer Sprache von futurischer Apokalyptik gerade dadurch darauf hinzuweisen, dass die Sammlungsinitiative nicht irgendwann „endzeitlich" eingeleitet wird – hier würde Jesu Leben, Tod und Auferstehung keinen Sinn mehr machen – sondern schon jetzt mit Mk 13,26 zu sehen ist: „Der Menschensohn sammelt schon jetzt die Zerstreuten, so daß das wahre Gottesvolk entsteht" (Giesen, 1989, 353). Verdeutlicht wird das über die Parallelisierung von Mk 13,26f. mit Mk 14,27f./16,7.

Im Rahmen dieser Neusortierung der theologischen Argumentation kommt es zu einer Neubewertung des „Menschensohntitel", ohne schon gleich eine komplexe Christologie vorzulegen. Substanz der neuen Argumentation: Jesus wird jetzt als „Funktionsträger des Königtums Gottes gesehen" und als unverwechselbarer Repräsentant der Verkündigung der Königsherrschaft Gottes prädiziert (vergl. P. Hoffmann, 1994, 263ff.).

2.3.2. Offenbarung

Die Offenbarung des Johannes entsteht auf dem Hintergrund von Verfolgung und Unterdrückung, ähnlich den Erfahrungen, die der Entstehung jüdischer Apokalypsen zugrunde lagen. Als politischer Hintergrund werden die Regierungsjahre des Kaisers Domitian (81-96 n. Chr.) angenommen. Dieser forcierte den Kaiserkult derart, dass sich die Loyalität gegenüber dem Staat in einem religiösen Akt zum Ausdruck gebracht werden musste. Dazu kam ein rauhes Klima des Misstrauens und der Denunziation (vergl. Venetz, 1989, 152f.). Allerdings würde es im Zusammenhang der Überlegungen dieses Beitrages zu weit gehen, diesen Hintergrund breiter auszuleuchten (vergl. dazu u.a. Giesen, 1984a, 50f.; Giesen, 1984b).

Und obwohl die Lage scheinbar ähnlich der Situation war, die der Entstehung jüdischer Apokalyptik zugrunde lagen, unterscheidet sich die „johanneische Apokalyptik“ von der jüdischen Apokalyptik an einigen Stellen:

- Die von Ulrich B. Müller durchgeführte literarkritische und formgeschichtliche Untersuchung macht zunächst deutlich – auch wenn er ähnliche literarische und formale Strukturen bei jüdischer Apokalyptik entdeckt -, dass die Anlage der Joh-Offb nicht gerade auf eine exklusive Gruppe als Adressaten abzielt. Indem in der Joh-Offb bewusst der Briefstil gewählt wird, wir deutlich vermittelt, dass der Autor auf die christlichen Gemeinden Kleinasiens Rücksicht nimmt und die ihnen wenig vertraute Literaturform der Apokalypse vermeidet. Die Absicht des Verfassers, dass seine Apokalypse innerhalb der gottesdienstlichen Versammlung verlesen wird, macht darüber hinaus deutlich, dass der Verfasser sich an alle Christgläubigen wendet und nicht an bestimmte „Fachkreise“ in der Gemeinde (vergl. die Untersuchungen bei: Müller, 1989, 605ff.).
- Die Joh-Offb wählt in besonderer Weise das Christusbild des Lammes, 29 mal (vergl. Läpple, 1984, 56). Dieses ist der ruhende Pol der Offenbarung und hält die Szenen in ihrer Dramatik zusammen. Mit dem Christusbild und Würdetitel „Lamm“ in der Joh-Offb. Wird deutlich von dominanten Sieg-Metaphern in anderen Apokalypsen abgegrenzt und Sieg nicht als ein an-sich-reißen-der-Macht in einem mythischen Kampf beschrieben sondern als von Gott verliehene Macht (zu Offb 5 in: Giesen, 1984b, 61). Im “Sieg“, dem Kommen des Lammes, erweist sich zunächst die ungebrochene Treue Christi in den Erschütterungen und Wandlungen/Verwirrungen der Geschichte (Offb 1,5; 2,12) (vergl. Läpple, 1984a, 55). Und es wird auch (siehe den Wandel der Charakteristika des Lammes vom 21. Kapitel an) die in der Jesaja-Tradition (25,8) stehende Vorstellung einer richterlichen Entscheidungsmacht dahingehend relativiert, indem über das Lamm der „milde Glanz einer unbeschreiblichen, grenzenlosen Liebe“ (Läpple, 1984a, 57) aufgezeigt wird.
- Wenn wir von einem Christusbild (vergl. Läpple, 1984a, 54) in der Johannes-Apokalypse sprechen, dann ist das etwas anderes als

wenn von einer Christologie gesprochen wird. Eine theologisch nüchterne Christologie zu wählen, die intellektueller Abgrenzung entspricht und klare begriffliche Definitionen liefert, verortet im Menschen den „ruhenden Pol“ woanders als ein mit emotionalen Attributen angereichertes Christusbild (zur Bedeutung der Bildsprache siehe auch: Gollinger, 1984, 74 sowie Schüssler-Fiorenza, 1989, 305 – in dt. Übersetzung bei Friedl, 1996, 313). Daher ist es wichtig, zu schauen, was die Joh-Offb mit der formalen Entscheidung für ein Christusbild aufzeigen will, formal und inhaltlich – dieses ist nämlich das Programm der Apokalypse. Erstens: Zunächst bedeutet es, dass die Treue Christi sich im Ernst nehmen von Gefühlen ausdrückt, weil es Hinweise auf Bedrohungserfahrungen des Menschen sind. Zweitens: Es bedeutet auch, dass man die Treue Christi in ihrer ganzen Tiefe nur dann begreifen kann, wenn man Christi Tun nicht nur „rational-kognitiv“ sondern auch „existenziell-emotional“ zu verstehen lernt. Drittens: Schließlich wird gezeigt, dass man der Treue Christi nur dann entsprechen kann, wenn man seiner Art von Treue treu bleibt, was bedeutet auch Angst/Gefühle anderer und auch von sich selber zuzulassen. Viertens: Schließlich wird mit der Joh-Apokalypse gezeigt, dass Konflikte nur gelöst werden können, wenn sie nicht nur sachlich analysiert werden, sondern auch emotional aufgearbeitet werden.

– Darin unterscheidet sich christliche Apokalypse von anderen Apokalypsen: Ausgehend von der Einschätzung, dass der neue Äon bereits begonnen hat, bereitet sie die Gläubigen nicht auf ein irgendwie nahes und fernes Weltende vor, sondern ermuntert zur Treue zum konkreten Glauben, im Treueerweis zum Menschen. Die Enthüllung der bedrohlichen Mächte und ihrer Kämpfe gegen Gott werden daher nicht als Bestandteil eines großen Kampfes am Weltenende verstanden, sondern als konkrete Bedrohungen, die jetzt schon die Treue herausfordern. Die in Offb. 12,2.5. formulierten Geburtswehen bringen das noch einmal auf den Punkt. Ohne Wehen keine Geburt (Begründungsaspekt), aber auch mit den Wehen die Unmittelbarkeit der Geburt, der Heilszeit (Trost- und Hoffnungsaspekt) (vergl. Gollinger, 1984, 71). Apokalypse ist von daher ein Beitrag zur Unterscheidung der Geister und der Hinweis auf ein mögliches Martyrium[29] (vergl. Giesen, 1984a, 51f.).

2.3.3. Moltmann und die frühchristliche Apokalyptik

Für Moltmann ist es ein theologisches Rätsel, warum die urchristlichen Gemeinden noch weitere apokalyptische Endkämpfe erwarteten, „obwohl sie doch an den eschatologischen Sieg Christi in seinem Kreuz und seiner Auferstehung glaubten und in ihren Doxologien die Herrschaft Christi über das All priesen“ (Moltmann, 1995, 259)? Für Moltmann liegt die Antwort auf seine Frage in der Formel von „schon und noch nicht“, mit der christliche Gemeinden im 1. Jhd. die Phasenverschiebung der apokalyptischen Äonenwende theologisch zu verstehen versuchten: „Auf der einen Seite glauben sie, daß mit dem Kommen Christi und der Ausgießung des Geistes die Neuschöpfung aller Dinge schon begonnen hat, auf der anderen Seite erwarten sie noch unvergleichliche Bedrängnisse am Ende der Welt (Mt 24,8)“ (ders., 258). In der christlichen Apokalypse geht es daher um eine „paradoxe Wirklichkeitsansage“, um die überlappende Gleichzeitigkeit von anbrechendem Äon und abbrechenden Äon zu verdeutlichen (vergl. ders., 259). Aber auch diese Antwort befriedigte Moltmann nicht so richtig – er fragte: Wenn nun christlicher Glaube die eschatologische Einmaligkeit vertritt, darf man dann immer wieder an noch nicht endgültig entschiedene Endkämpfe glauben (vergl. ders., 260)? Eine Antwort findet Moltmann dort, wo man die menschliche Seite im christlichen Glauben ganz ernst nimmt. Apokalypse ist geradezu ein Paradestück, dass man nicht vom „Sollen“ aufs „Sein“ schließen darf, von der theologischen Aussage auf die Realität der Religion. Apokalypse ist darin

29 Giesen (1984b, 62f.) weist noch einmal auf Offb 5,9 hin, wo formuliert wird, dass das „Lamm“ seine Heilung durch sein Blut erkauft hat. „Diese Betonung ist für die Gemeinde in Verfolgung wichtig. Denn auch die Christen können nur in der Drangsal wie Christus ihren Sieg erringen (3, 21). Der Sieg Christi gibt ihnen die Gewißheit, daß auch sie im Tod Leben gewinnen“. … „Der Hoheitstitel Lamm ist dazu geeignet, das Paradox, das wir von Paulus her kennen, zum Ausdruck zu bringen: In seiner Schwachheit ist Christus stark. Am Kreuz wird der Feind Gottes besiegt. So ist auch in der Offb. das Lamm entgegen jedem Anschein stark“ (Giesen, 1984b, 63).

zutiefst anti-idealistisch, dass man trotz Taufe („schon") weiterhin von Anfechtungen des Menschen („noch nicht") ausgehen muss (vergl. ders., 260f.).

2.4. Anfragen an apokalyptisches Denken

2.4.1. Gottesherrschaft/Jüngster Tag

Wolfram Janzen (1987) kritisiert, dass viele der gegenwärtigen apokalyptischen Vorstellungen, vor allem in säkularen Apokalypsen, noch immer mit dem „Jüngsten Tag"/dem Kommen der Gottesherrschaft, die Vorstellung verbinden, dass es zu einem „großen Abräumen" kommt. Mit der damit verbundenen Hoffnung auf den Untergang der bisherigen verkehrten und bösen Welt werden aber die Gegensätze, die diese Welt prägen, eigentlich nicht richtig ausgehalten, bearbeitet, durchgestanden und gelöst; sie werden einfach übersprungen und es wird auf eine Rettung von außen gehofft. Das ist eine sehr konfliktscheue und entmutigte Haltung. Hier wird dem subjektiven Handeln kein Gestaltungsspielraum in Krisenzeiten zugemutet. Hier wird zu stark die Hoffnung auf eine bessere Welt jenseits der Gegenwart und ihren „Räumen" abgegeben. Janzen kritisiert: Der Apokalyptiker hat es aufgegeben, „die Verhältnisse gestalten und das Unheil abwenden zu wollen. Was getan werden kann, ist den Lauf des Verhängnisses zu berechnen, die Zeichen der Zeit zu beachten, die Ursachen zu erkennen, sich auf die rechte Seite zu schlagen, sich angemessen vorzubereiten und ansonsten abzuwarten" (Janzen, 1987, 466).

2.4.2. Metaphernfeld

Jürgen Werbick (vergl. 1990, 158-173) fragt, ob das in der apokalyptischen Vorstellungswelt entwickelte Metaphernfeld „Kampf/Sieg" hilfreich ist, das auszudrücken, was Soteriologie vermitteln will „Erlösung/Liebe". Zu sehr trägt dieses Metaphernfeld dazu bei, siehe die Ausführungen zum „Millenarismus" bei Moltmann (1995, 150ff.), dass das „Zur-Macht-Kommen" der Liebe Gottes über den Begriff „Kampf" mit gewaltsamer Durchsetzung assoziiert wird. Auch wenn der Begriff „Sieg“ die Entmachtung des Bösen meint, so ist im Wortfeld „Sieg“ zu stark das Attribut „Unterwerfung“ und die Vorstellung „weiterer Opfer enthalten“. Soteriologie muss nach Werbick vielmehr lernen zu betonen, dass, soteriologisch betrachtet, weniger der semantische Hintergrund von „Kampfbereitschaft“ gemeint ist. Viel eher geht es um die „Überwindung von Gleichgültigkeit“, etwas was J.B. Metz in seiner Theologie nach Ausschwitz verdeutlichen wollte. Daher wäre das richtige Wort statt bekämpfen, „bezeugen“ (vergl. E. Arens) und „überwinden“ (siehe die Überlegungen von O. Fuchs zum Ablaßverständnis[1985]). Befreiungstheologen prägten auch den Begriff der „leidenschaftlichen Solidarität“. „Sieg“ – dahinter stehen natürlich Vorstellungswelten zur „Durchsetzung“; aber auch die „Machtfrage“ wird mit dem „Sieg“-Begriff assoziiert. Soteriologisch betrachtet geht es aber um das „Zur-Herrschaft-Kommen“ (siehe auch den „adventus“-Begriff bei Moltmann, 1995, 39ff.) der Logik von Gottes Willen – was die Liebe ist. Und das meint „Ermöglichungsbedingungen“ zu schaffen, Freiheitsspielräume zu eröffnen und statt „Selbstdurchsetzung“ ein Bewusstsein zu entwickeln, dass individuelle Fortschritte nur als gemeinwohlorientierte Fortschritte ein „Sieg“ sein können (vergl. Rahner). Einen „Sieg“ kann man nicht an sich reißen, ein Sieg wird einem verliehen (vergl. zu Offb. 5 in: Giessen, 1984b, 61).

2.4.3. Soziokultureller Hintergrund

Venetz (1989) fragt sich, ob es für die Gegenwart, unter den westlichen Verhältnissen in Zentraleuropa, zulässig ist, aus der Joh-Offb. für die Verhältnisbestimmung des Christen zum Staat zu lernen. Nach seiner Einschätzung ist es nicht zulässig, weil der „soziokulturelle Hintergrund von Röm 12-13 unserer heutigen (…) Situation näherkommt als der von Offb. 13“ (ders., 163). Gleichwohl sollte man das Phänomen der Krise der christlichen Gemeinschaft in Offb. genauer betrachten. Die dort dargestellte enge Verknüpfung und Dichte eines Loyalitätsdruckes des römischen Kaisers, verbunden mit Denunziationen und Misstrauensstrukturen in der Gesellschaft sowie religiösen Ersatzhandlungen erinnern doch stark an das, was uns über die ehemalige

DDR vermittelt wird. Mag es in der Bundesrepublik Deutschland keine klassischen „Märtyrer“ mehr geben, der Loyalitätsdruck in der von Fortschritts- und Wachstumsideologien geprägten Gesellschaft ist erheblich, und mit starken religiösen Handlungsformen angereichert. Hier könnte man viele Impulse aus der Benjamin'schen Fortschrittskritik aufnehmen (vergl. John, 1991, 45-50).

2.5. Perspektiven der Apokalyptik für Konfliktlösungen

2.5.1. Das freiheitliche „Experiment“ Gottes und seine möglichen Folgen

Die Apokalyptik ist eine Zuspitzung und Radikalisierung der Möglichkeiten von Freiheit und der Verdeutlichung dessen, was Gott mit Freiheit meint und wie groß daher die Liebe Gottes ist. Gott macht in der Apokalypse deutlich, was es bedeuten kann, wenn zur Heilsökonomie der radikale Respekt von Freiheit gehört, also auch dem Bösen Macht gegeben ist (vergl. Offb 13,5). Man muss daher mit John Henry Newmann formulieren, dass Apokalypse der tiefste Ausdruck der „Achtung Gottes vor jeder geschaffenen und verliehenen Freiheit“ (Läpple, 1984b, 79) ist. Es bedeutet: „Gott ist der Allmächtige, der sich trotz seiner Allmacht mit Schwachheit umgeben und sich zum Gefangenen seiner eigenen Geschöpfe machen kann. Er besitzt, wenn ich mich so ausdrücken darf, die unbegreifliche Macht, sich selbst machtlos zu machen“ (ders., 79). „Geschichte ist das kühne Abenteuer des allmächtigen Gottes mit dem freien, entscheidungsmächtigen Menschen, aber auch (...) mit den Mächten und Gewalten, denen ebenfalls Freiheit und Entscheidungsmächtigkeit überantwortet ist“ (ders., 79). Daraus ergibt sich die kühne und provokative Frage, muss man jedes Böse aufhalten, muss jeder diskursive Konflikt zum „Glaubenskrieg“ werden? Nagel (1983a) u.a. zeigten z.B. in ihren Berichten zu den Abstimmungen zum US-amerikanischen Friedenshirtenbrief, dass die Katholiken in den USA eine große Gelassenheit beim Diskurs sowie beim Abstimmungsverhalten hatten.

2.5.2. Die pastorale Bedeutung

Die Darstellung apokalyptischer Bilderwelten ist eine wirkungsvolle und human angemessene Sprache, um dem Menschen zu helfen, die Fluchtpunkte gegenwärtiger realer Bedrohungssituationen zu realisieren und die verständliche Angst darüber auszudrücken. Von daher ist Apokalyptik keine emotionale Überreaktion, sondern eine angemessene literarische Form, um ein aus Sensibilität erworbenes Wissen um Bedrohungen des Humanum in die Öffentlichkeit zu transportieren und andere dafür zu sensibilisieren. Apokalyptik ist also das Angebot und der Hinweis der Bibel, dass Angst nicht verharmlost und mit oberflächlichen Trost-Aktivitäten missachtet werden darf. Hinter jeder Angst stehen reale Bedrohungserfahrungen. Gleichzeitig bietet die Apokalypse Auswege aus der individuell empfundenen Angst. Angst wird zunächst als individuelles Problem vom betroffenen Menschen realisiert. Indem aber Apokalyptiken verdeutlichen, dass die individuellen Ängste mit sozialen und politischen Fehlentwicklungen zusammenhängen (vergl. Schottroff, 1989), Beschädigungen des gesamten Lebens hinter menschlicher Angst stehen, stößt Apokalyptik an: „Heilung des beschädigten individuellen Lebens läßt sich nur als ganzheitliche Heilung und im Zusammenhang mit der Heilung des Ganzen vorstellen" (Janzen, 1987, 481). Insofern ist Apokalypse also eine Ermutigung, die individuelle Enge zu überwinden und zusammen mit anderen Schritte zur Überwindung der Bedrohungslagen zu unternehmen. Der Mut zu Kontrast und womöglich nötigen konfliktiven Handlungssituationen ist allerdings nur gelungen, wenn er nicht in Autoritarismus und Totalitarismus abgleitet, sondern aus einer inneren Gelassenheit erfolgt. Die besitzt man vor allem dann, wenn man sich von Gott erkannt und anerkannt weiß (vergl. P. Hoffmann, 1993, 258).

2.5.3. Die rationale Bedeutung

Apokalyptisches Denken gehört notwendig zur Eschatologie. Die Bedeutung apokalyptischen Denkens liegt unter anderem darin, von den in die Zukunft szenarisch entworfenen Fluchtpunkten aktueller Ideologien, Götzenpraktiken und Fetischen sich darüber klar zu werden, was die Entwicklungsrichtung der aktuellen „Trends" ist (Venetz, 1989, 159). Hier hat das dualistische Weltbild die Funktion, Kontrastbilder herauszuarbeiten, um das Bewusstsein um eine mögliche Realität zu vertiefen und damit Voraussetzungen zu schaffen, dass Urteile über Risiken noch zu einem Zeitpunkt gefällt werden können, wo sie noch ausbremsbar sind. „Machtfülle und Zerfall denkt die Apokalyptik (...) zusammen", konstatiert Zamora (1994, 370). Das Problem dieser Katastrophenrationalität besteht aber darin, dass ihre Rationalität nie erwiesen werden kann, weil sie darauf angelegt ist, erfolglos zu sein. Es geht darum, dass ihre Einschätzung nicht real wird. Man kann mit Jürgen Moltmann daher nur festhalten: Apokalyptische Bilder machen Angst. Aber indem sie diese Angst erzeugen, machen sie „die Hoffnung im wörtlichen Sinne ‚vor-sichtig'. Mut ohne Vorsicht macht dumm, Vorsicht ohne Mut macht feige. Angst macht die Hoffnung klug". Apokalyptik „bewahrt die christliche Hoffnungslehre vor leichtfertigen Optimismus" (Moltmann, 1995, 261). Umgekehrt würde aber eine reine Apokalyptik, ohne Hoffnung, dazu führen, dass man in die von Janzen (1987, 474f.) beschriebenen Sackgassen einer reinen Kastrophendidaktik abgleiten würde.

2.5.4. Die theologische Bedeutung

Die Ausführungen zur alttestamentlichen und frühjüdischen Apokalyptik, wie auch zu den jesuanischen Korrekturen der frühjüdischen Apokalyptik, haben gezeigt, dass Apokalyptik sich durchgängig darin auszeichnet, dass es eine Apokalyptik vor dem Hintergrund des Glaubens an einen Schöpfergott ist. Denn wenn Gott den Schöpfungsentschluss einmal fasst, den Willen zum Leben äußerte, dann ist zu hoffen, dass er seiner Schöpfung treu bleibt (vergl. Moltmann, 1995, 256). Der Glaube des „zu-Gott-gehören" und „in-ihm-bleiben", ist insofern soteriologisch bedeutsam, wenn man auf die Bedeutung der Sündenmacht zurückblickt, die ihren Ursprung in menschlichen Ansprüchen der Selbstmächtigkeit hat, und tief in die Generationen hinein ihre Wirkungen verbreiten kann (vergl. O. Fuchs, 1985). Apokalyptische Kritik in ihrer starken theozentrischen Fundierung zeichnet sich daher darin aus, dass sie menschlichen Allmachtwahn als Wurzel allen Übels kritisch begleitet. Dazu gehört alles jenes Tun, wo man unkritisch einer Fortschrittsgläubigkeit huldigt, einen skrupellosen Egoismus pflegt und einer unverschämten Rücksichtslosigkeit folgt. Apokalyptisches Denken heißt Kontingenz lernen zu akzeptieren[30] und daraus Bescheidenheit und Solidarität lernen zu lernen. Das bedeutet anzuerkennen, dass selbst die höchsten moralischen Entscheidungen (nach J. Ratzinger) irgendwo und irgendwie von der Ich-Sucht angefressen sind. Also noch einmal: Apokalyptik fordert den Abschied vom Allmachtwahn im Gottes-Dienst. Und Gottes-Dienst heißt, lernen zu seinem Menschsein bzw. zu seinem Geschöpfsein zu stehen und das bedeutet: „Er kann nicht wie Gott sein wollen, sonst verliert er sein Leben und wird zum Monster“ (P. Hoffmann, 1993, 259).

2.6. Literaturverzeichnis

ARENS, Edmund/JOHN, Ottmar/ROTTLÄNDER, Peter: Erinnerung – Befreiung – Solidarität. Benjamin, Marcuse, Habermas und die politische Theologie, Düsseldorf 1991

v. BRACHEL, Hans-Ulrich/METTE, Norbert (Hg.): Kommunikation und Solidarität. Beiträge zur Diskussion des handlungstheoretischen Ansatzes von Helmut Peukert in Theologie und Sozialwissenschaften, Freiburg (Schweiz)/Münster 1985

EID, Volker (Hg.): Prophetie und Widerstand, Düsseldorf 1989

FRIEDL, Alfred: Das eschatologische Gericht in Bildern aus dem Alltag, Frankfurt/Main 1996

GIESEN, Heinz: Christusbotschaft in apokalyptischer Sprache, S. 42-54 in: BiKi (39)1984a

DERS.: „Das Buch mit den sieben Siegeln“. Bilder und Symbole in der Offenbarung des Johannes, S. 59-65 in: BiKi (39)1984b

DERS.: Eschatologie und Naherwartung im Neuen Testament, S. 346-359 in: Theologisch-Praktische Quartalsschrift (137)1989

GOLLINGER, Hildegard: Das „Große Zeichen“. Offb 12 – das zentrale Kapitel der Offenbarung des Johannes, S. 66-75 in BiKi (39)1984

30 Die christologische Substanz apokalyptischen Denkens radikalisiert Hoffnung dahingehend, dass das Vorstellungsvermögen über die Zukunft der Menschheit sich über das hinaus erstreckt, was als weiteste Grenze menschlicher Existenz überhaupt erfahrbar ist.

GRÄßER, Erich/MERK, Otto (Hg.): Glaube und Eschatologie. Festschrift für Werner Georg Kümmel zum 80. Geburtstag, Tübingen 1985

HELLHOLM, David (Hg.): Apocalypticism in the Mediterranean World and the Near East, Tübingen 1989

HOFFMANN, Paul: "Siehe, ich mache alles neu". Christliche Gemeinde zwischen messianischer Utopie und Realität, S. 255-260 in: Orientierung 23-24/1993

DERS.: Studien zur Frühgeschichte der Jesus-Bewegung, Stuttgart 1994

JANZEN, Wolfram: Im Zeichen der Apokalypse-Endzeit denken als praktisch-theologische Herausforderung, S. 466-483 in: WzM (39)1987

JOHN, Ottmar: Fortschrittskritik und Erinnerung. Walter Benjamin, ein Zeuge der Gefahr, S. 13-80 in: ARENS/JOHN/ROTTLÄNDER, 1991

KEHL, Medard: Eschatologie, Würzburg 2(1988)

KIPPENBERG, Hand G.: Ein Vergleich jüdischer christlicher und gnostischer Apokalyptik, S. 751-768 in: HELLHOLM (Hg.), 1989

LÄPPLE, Alfred: Das Geheimnis des Lammes. Das Christusbild der Offenbarung des Johannes, S. 53-59 in: BiKi (39)1984a

DERS.: „Das neue Jerusalem". Die Eschatologie der Offenbarung des Johannes, S. 75-81 in: BiKi (39)1984b

MERKLEIN, Helmut: Die Gottesherrschaft als Handlungsprinzip. Untersuchung zur Ethik Jesu, Würzburg 2(1981)

MOLTMANN, Jürgen: Das Kommen Gottes. Christliche Eschatologie, Gütersloh 1995

MÜLLER, Ulrich B.: Literarische und formgeschichtliche Bestimmung der Apokalypse des Johannes als ein Zeugnis frühchristlicher Apokalyptik, S. 559-619 in: HELLHOLM (Hg.), 1989

MUSSNER, Franz: „Weltherrschaft" als eschatologisches Thema der Johannesapokalypse, S. 209-227 in: GRÄßER/MERK (Hg.), 1985

NAGEL, Ernst Josef: Zum Beschluß der nordamerikanischen Bischofskonferenz „Die Herausforderung des Friedens", S. 197-222 in: Milit-Seels. (25)1983a

RAHNER, Karl: Schriften zur Theologie. Band IV. Neuere Schriften, Zürich/Köln 1960

DERS.: Theologische Prinzipien der Hermeneutik eschatologischer Aussagen, S. 401-428 in: RAHNER, 1960(a)

RUDOLPH, Kurt: „Apokalyptik in der Diskussion", S. 771-789 in: HELLHOLM (Hg.), 1989

SCHOTTROFF, Luise: Die Gegenwart in der Apokalyptik der synoptischen Evangelien, S. 707-728 in: HELLHOLM (Hg.), 1989

SCHREINER, Josef (Hg.): Unterwegs zur Kirche. Alttestamentliche Konzeptionen, Freiburg/Basel/Wien 1987

SCHÜSSLER-FIORENZA, Elisabeth: The Phenomenon of Early Christian Apocalyptic. Some Reflections on Method, S. 295-316 in: HELLHOLM (Hg.), 1989

SEIDEL, Theodor: Volk Gottes und seine Zukunft nach Aussagen des Buches Daniel, S. 168-200 in: SCHREINER (Hg.), 1987

VENETZ, Hermann-Josef: Zwischen Unterwerfung und Verweigerung. Widersprüchliches im Neuen Testament? Zu Röm 13 und Offb, S. 142-165 in: EID (Hg.), 1989

WERBICK, Jürgen: Soteriologie, Düsseldorf 1990

ZAMORA, José A.: Krise – Kritik – Erinnerung: Ein politisch-theologischer Versuch über das Denken Adornos im Horizont der Krise der Moderne, Münster/ Hamburg 1994

3. Lamento Hiob[31]

Zunächst eine historische und künstlerische Einordnung der Plastik:

Die Plastik „Lamento Hiob" ist Bestandteil des Zyklus „Lamento", wobei die Plastik innerhalb des Zyklus „Lamento" die Herausragende ist, was die Darstellung des „Archetyps" Klage darstellt – der Künstler selbst: „Am deutlichsten unter den alttestamentlichen Zeugnissen ist die Klage von Hiob, seine Klage ist total offen; Jermias hingegen klagt nicht so direkt". (Hintergrund: Er ist katholisch und hat die Werke vor dem Hintergrund der Lektüre der böhmischen katholischen Bibel – Kralische Biebel von 1586 – gestaltet).

Aber diese Plastik schließt an mehrere Plastiken an, die vor dem Zyklus „Lamento" entstanden sind – u.a. „Plazit jazyk I" und „Plazit jazyk II", auch 1970.

Es geht um die ausgestreckte Zunge, die sich auch in der Plastik „Lamento Hiob" wiederfindet, aber in deutlicher zurückgenommener, in den Schädel eingelagerter Form. In der ausgestreckten Zunge werden für ihn zwei menschliche Aspekte kommuniziert – nämlich den der Erschöpfung sowie den Aspekt des Trotzes und des Widerstandes zugleich. „Das geht ineinander über" – so der Künstler. Der Zyklus „Lamento" schließt ab mit der Plastik „Pokus o úsměv" – also der dreizehnten Plastik. Es geht um das Lächeln – diese Plastik „blanciert den

31 Protokoll eines halbstrukturierten Gesprächs mit Jan Koblasa, am 7.06.2007, 11:00-13:30 in seiner Wohnung in Hamburg; Redaktionsschluss der zweimaligen Überarbeitung 22.06.2007 . Arbeitsweise Handschriftliche Notizen und Gedankenprotokoll, die die assoziativen Gedanken und Erinnerungen nachträglich strukturierten. Das Protokoll wurde von dem Künstler dann zweimal gegengelesen und daraufhin überarbeitet und autorisiert. Thema: Die Plastik: Lamento Hiob – im Kontext des Zyklus „Lamento" (12 Arbeiten), ein Zyklus zum Archetyp der Klage – aus dem Jahre 1970. Auszüge dieses Gesprächs wurden zuerst veröffentlicht in: R. Mierzwa, Soziale Aspekte des Leidens. Ästhetisch-exegetische, etymologische, medizinische, sozialwissenschaftliche und philosophische Aspekte, Norderstedt 2011, Seite 176-177

Zyklus der Klage aus". Der original Titel der Arbeit ist „Versuch um ein Lächeln" – und der Mund ist ein Zitat von Leonardos „Mona Lisa".

Es ist eine „versöhnende" Geste, eine nach vorne weisende Plastik, die den Zyklus „Lamento" transzendiert. In der Plastik zum „Lächeln" taucht wiederum ein Grundzug seiner „bildnerischen Sprache" auf. Es geht ihm in seiner Kunst nicht um Illustration – seine Plastiken haben eine „ernste christliche Basis". Das Thema „Lamento" brachte er aus den Erfahrungen in der CSSR mit, was schon in seinen „Apokalypse-Zyklus" einfloss – aber es bekam unter den Erfahrungen in Deutschland eine neue eigene Qualität, aber dazu später. In der ehemaligen CSSR hatte er einen „Apokalypse-Zyklus" (1963-1968) geschaffen – wobei es ihm nicht nur um das Verharren im Apokalyptischen ging, um eine Ausfaltung des Chaos, sondern um die Entfaltung dessen, was er vorher im „Prager Frühling" gesehen hatte – er hatte darin das „Happy End" der Geschichte gesehen, die „Hoffnungen", „die falschen Propheten" und so las er auch die „Apokalypse"; es geht in ihr um die Konfrontation mit dem „Zustand" und um die „Zukunft des Lebens".

Das Leiden im „Lamento Hiob" – Migrantenstatus:
Seine Plastik ist ein Beitrag zum Verstehen des Leidens von Migranten in Deutschland – allerdings in einem spezifischen historischen Kontext. Der Autor macht deutlich, dass in diese Plastik im Besonderen, in den Zyklus im Allgemeinen, die Verarbeitung einer brutalen „inneren" Einsamkeitserfahrung in Deutschland 1969/1970 hineinfloss.

Wie stellt sich die Einsamkeitssituation dar: 1) Er hatte niemanden in Deutschland, mit dem er über die Erfahrungen in der CSSR reden konnte – diese waren eine absolute Armutserfahrung: „ich lebte bis Mitte der 60er Jahre in einem Keller", „absolut keine Zukunft", „Anfang der 60er Jahre keine Hoffnung, dass sich etwas änderte", „Berufsverbot: ich durfte nichts verkaufen; ich durfte nicht ausstellen; unter der Aufsicht der Geheimpolizei – das Gefühl und die Realität des Verfolgt-Seins". 1963 kam es zu einer mäßigen Liberalisierung – Ausstellungen wurden möglich. 1966 sogar eine Ausstellung in Deutschland. 2) Dann fehlte ihm die Sprache, um sich in Deutschland richtig verständigen zu können. 3) Schließlich kam er ohne Informationen über Deutschland (= Westen) nach Deutschland und die Erfahrung von Deutschland war ein Schock. Er brauchte mehrere Jahre, um sich in die elementaren Strukturen der West-Welt einzuleben. 4) Schließlich waren die vermeintlichen Gesprächspartner aus der 68er Bewegung keine Gesprächspartner – diese waren in Bezug auf den Sozialismus und Kommunismus völlig naiv; sie hatten und wollten das Problem der „sozialistischen Länder“ nicht verstehen. 5) Dann bestand kein Kontakt zu Freunden in der CSSR und zur Familie. Nach der Besetzung der Tschechoslowakei durch die sowjetischen Truppen 1968 konnte ich bei einem Aufenthalt in Mailand nicht zurück, weil ich Bildhauer bleiben wollte, später konnte ich auch keinen Kontakt aufnehmen, denn ich wurde 1970 unter Abwesenheit zu 9 Jahren Haft verurteilt – „wie mir mündlich mitgeteilt wurde“, Grund „Aufenthalt im Ausland gegen die Interessen des Staates“. 6) Dann gab es dann noch eine gewisse „Gleichgültigkeit“ in Deutschland in Bezug auf meine Erfahrungen. Diese extreme Einsamkeit war ein „Ausgeschlossen-Sein aus den Gesellschaften“ – aus der einen Gesellschaft draußen und in der anderen nicht drinne, es war die Situation der „allgemeinen Nichtzugehörigkeit“ und dazu kam die Erfahrung der „Machtlosigkeit etwas von innen ändern zu können“; das war ein „Gefängnis“ und dieses „Gefängnis der Einsamkeit“ ist extrem leidvoll – es „zerschmettert“ einen; und das wurde im „Zerschmettern“ des Schädels ausgedrückt. Dabei ist das „Zerschmettern“ eine Rückdeutung aus der Wahrnehmung der „Intensität der Klage“ – diese ist ein Ausdruck des Zerschmetterns der Seele unter der Erfahrung extremer Einsamkeit. Man kann in dem Herausquellen des Gehirns die Wucht des Zerschmetterns lesen – das Gewaltsame für die Seele dieser Einsamkeitserfahrung. Die Wucht des Gewaltsamen dieser Einsamkeitserfahrung für die Seele wird noch einmal verschärft, mit der Geste der Hand, die auf den Schädel zum Schutz gelegt wurde, aber auch unter der Wucht der Einsamkeitserfahrung zerschmettert wird. Der Schutz der Hand versagt – damit wird die Verwundbarkeit und Verletzbarkeit unter dem Migrantenstatus deutlich. Berührt man die Skulptur und gleitet man über die tiefe, geborstene, das Innere des Schädels zerfetzende Struktur, dann wird deutlich wie „tief“ und wie „gewaltsam“ „innere“ Einsamkeit erlebt werden kann.

Verhalten zum Leiden/Ressourcenmanagement:
Jan Koblasa hatte „Glück im Unglück". Seine brutale Erfahrung einer extremen „inneren" Einsamkeitserfahrung wurde nicht verschärft von einer Armutserfahrung. 1968 war eine Ausstellung in Kiel, die sehr erfolgreich war. Es wurde fast alles verkauft, so dass er das Basiskapital zum Überleben hatte. Und später bekam er die Einladung für eine 2jährige Gastdozentur an der „Muthesius-Kunsthochschule". Damit verbunden war der Auftrag zum Aufbau einer Bildhauer-Abteilung. Damit konnte er starten. Aber die Zuwendung war nicht ungebrochen. Für die katholische Kirche hier war ich nicht gerade „das Wahre". Für die protestantische Kirche war der Zyklus zuerst „zu dramatisch". Und die Presse war „ratlos" in Bezug auf meine Kunst – ein „Reden darüber fand nicht statt". „Erst in den achtziger Jahren habe ich einen Altar realisieren dürfen und die Lamentos waren in 2002 in Flensburg in der St. Jürgen Kirche ausgestellt".

Schließlich stellte er fest: Mit diesem Lamento-Zyklus konnte ich klagen über meine Geschichte in der Tschechoslowakei und auch über die Situation in Deutschland – ich habe meine Einsamkeitserfahrung beklagt, aber auch die Einsamkeitserfahrungen anderer Menschen. Deswegen sind es Archetypen – hier floss das Klagen anderer Menschen ein. Die Arbeit an diesem Zyklus war u.a. meine Psychohygiene – der Zyklus war Widerstand gegen den Schock. Auf die Frage mit wem der Dialog der Klage stattfand, stellt er fest – „die Herstellung der Skulpturen hatte auch die Form eines Gebetes".

Gesprächssplitter:
Durch Kontakte zu „meinem Freund", dem damaligen Präsidenten Havel, 1990, nach der Wende, wurde nach einigen Problemen im bilateralen Verhältnis von Deutschland und der Tschechoslowakei – „mein erster Antrag war von 1980" – wurde die Einbürgerung in Deutschland erst möglich.

Ein letzter Freundschaftsdienst von Havel war auch, dass ich Januar 2002 Einsicht in meine Geheimdienst-Akte nehmen durfte. Schließlich händigte man mir nur die Akte 1974/1975 aus (zur Erinnerung: da lebte ich schon 7 Jahre in Deutschland) – die anderen Akten wären „verschwunden". Schockiert war ich auch, dass man u.a. über alle meine Krankheiten Bescheid wusste, auch wusste man welche Medikamente ich nahm, es gab eine Liste mit all den Personen, mit denen ich Kontakt hatte und es waren auch alle Originalbriefe da drin, die abgefangen und nicht weitergeleitet wurden.

Anfang der 70er Jahre wurden in der CSSR (in Pieštany) bei einer Veranstaltung 50 Skulpturen verbrannt, Ergebnisse eines mehrjährigen internationalen Bildhauersymposiums, darunter war auch meine Skulptur von „David und Goliath". Das hatte mir ein Freund (der österreichische Bildhauer K. Prantl) mitgeteilt.

4. Compassion – eine philosophische Spurensuche[32]

In der gegenwärtigen, zuweilen der Tugendethik zugeordneten, Diskussion um die Begriffe Mitleid, Mitgefühl und so weiter, findet zunehmend der Begriff „compassion“ Gebrauch. Dieses vor allem deswegen, weil einige Begriffe aus dem Metaphernfeld um den Begriff „compassion“ durch die Diskussion in den letzten Jahrzehnten und „Jahrhunderten“ (?!) an „Wärme“ und ihrem Sinn für „Empfindsamkeit“ und „Sensibilität“ eingebüßt haben. War früher zum Beispiel eine „Sensibilität für das Leid und das Leiden des Anderen“ noch Bestandteil des Mitleids-Begriffes, so wird dieser Aspekt, herausgelöst aus dem Begriff des Mitleides, nun intensiver unter dem Begriff der „Empathie“ reflektiert. War früher der Sinngehalt von „Empathie“ sehr viel stärker in formulierten Sätzen über ein „instinktives Verhalten“ aufgehoben, so wird es nun, aufgrund neuer Verhältnisbestimmungen zwischen „Natur“ und „Kultur“, möglicher das „instinktive Moment“ stärker als „Kultur“ unter dem Begriff der „Empathie“ zu reflektieren. Die „kulturelle Perspektive“ auf die „emotiven Begriffe“ geschieht aber leider nicht selten zu Kosten von deren „emotionalen Seite“. Sichtbar wird es daran, dass nun sehr viel häufiger sehr gerne von der „Rollen- und Perspektivenübernahme“ gesprochen wird, weil ja in den Traditionen der Scholastik oder auch in der von Kant „Gefühle“ „gefährlich“ sein können für die Rationalität. Aber das ist kein Problem der Begriffe, sondern ein Problem der Anthropologie. Aufgrund einer extrem binär gestalteten Menschenkunde in den damaligen Zeiten, mit sehr starken Auswirkungen bis in die Gegenwart, wurde die menschliche Rationalität ganz stark zweigeteilt und dabei die Gefühlswelt zur weiblichen Welt zugeordnet und das „kognitive Moment“ als ein Kennzeichen des Mannes betrachtet. Die Diskussion des Metaphernfeldes von „compas-

32 Abgeschlossen 31.12.2009

sion“ hatte darunter sehr stark gelitten, war doch mit der näheren Qualifizierung eines Begriffes beziehungsweise von einer Metapher, wie zum Beispiel von dem Begriff des Mitgefühls, zugleich immer auch ein „gender“-Diskurs verknüpft, der sich, wenn man die Begriff „autonom“ reflektieren wollte, kritisch gegen ganz viele traditionelle Menschenbilder von Mann oder Frau stellen musste, wenn er einen Begriff sich erschließen wollte, der nicht belastet war von einer extrem „binären Anthropologie“ und von zum Teil damit verknüpften überbordenden phantasievollen „Metaphern“, die dazu dienten, um diese „binäre Anthropologie“ auszuschmücken.

Wie also bei dieser Diskussion einsetzen? Ich denke, hier sollte zunächst einmal das große und weite Feld der Begriffe und Metaphern so systematisiert werden, so dass hierbei deutlich wird, dass diese nicht Bestandteil einer Charakterisierung von Mann und Frau sein können, sondern nur als ein Potential für die Entwicklung eines jeden Menschen zu betrachten sind. Hierbei stieß ich auf die Habilitation von Karl Bopp, der seinen Überlegungen zur Frage nach dem Selbstverständnis von „Barmherzigkeit“ ein komplexes Begriffs- und Metaphernfeld voranstellte (vergl. ders., 1998, 104).

Gefühlsaspekte	**Motivationsaspekte**	**Verhaltensaspekte**
Empathie	Altruismus (►)	Almosen
Erbarmen (►)	Gnade	Begnadigung
Gunst (►)	Großmut	Caritas
Liebe (►)	Güte	Freundlichkeit (◄)
Menschenfreundlichkeit (►)	Langmut	Helfen
Menschlichkeit (►)	Hilfsbereitschaft	Huld(erweis)
Mitgefühl	Hingebung (►)	Mildtätigkeit
Mitleid (►)	Hochherzigkeit	(Nächstenliebe) (◄)
Rührung	Humanität	Vergebung (◄)
Sympathie	Menschenliebe (►)	Wohltätigkeit
Wohlwollen (►)	Nächstenliebe (►)	Zuwendung
	Selbstlosigkeit	
	Uneigennützigkeit	

(Bopp, 1998, 104; er weist darauf hin, dass die Begriffe sich nicht immer eindeutig zuordnen lassen können. Die Pfeile zeigen an, dass sich ein Begriff auch, entsprechend der Pfeilrichtung, in die andere Spalte zuordnen lassen kann).

In der Diskussion der Begriffe im Horizont von „compassion" erscheinen schließlich zwei Polarisierungen rsp. Gegenpole dominierend. So gibt es die auf die englisch-schottische Aufklärung zurückgehende Kontroverse um die Frage, ob der Mensch ein egoistisches oder soziales Wesen ist: Hier standen sich das Hobbes/Mandeville-Lager und die moral-sense Philosophen sowie die Überlegungen von Rousseau gegenüber. Erstere standen für das Argument eines egoistischen menschlichen Wesens. Zweitere versuchten mit Hinweisen auf die „Mitleidsfähigkeit" des Menschen dessen sozialen Charakter zu betonen. Die zweite Polarisierung in der Diskussion liest Begriffe wie des Mitleids, des Mitgefühls, der Barmherzigkeit und so weiter daraufhin quer, ob sie als eine „Kältemetapher" oder eine „Wärmemetapher" in der Diskussion und sozialen Praxis gebraucht werden. Nicht selten werden als Kristallisations-Diskussion hier bevorzugt die Überlegungen von F. Nietzsche und von A. Schopenhauer zum Mitleid (vergl. Harbach, 1992, 43ff.) und deren Folgen für die Eugenik-Diskussion im Horizont sozialdarwinistischen Gedankengutes hervorgehoben. Bevor ich mit der Vorstellung von drei philosophischen Diskussionsbeiträgen beginne, die sich diesen Fragen zuwendeten, nämlich denen von Shaftesbury, Schopenhauer und Todorov, möchte ich zunächst zwei philosophische Klärungen meinen Überlegungen voranstellen.

a) Der Mensch – ein egoistisches oder soziales Wesen

Liest man die Ausführungen von Hobbes und Mandeville zu Mitleid und Barmherzigkeit, dann muss man als Hintergrundfolie deren Konzentration und Vorentscheidung auf ein Menschenbild sehen, das den Menschen als egoistisches Wesen betrachtet. Nach *Thomas Hobbes* ist der Egoismus das primäre Motiv allen menschlichen Handelns. Dabei ist der Andere lediglich Objekt des Selbsterhaltungstriebes. So kommt es zu einem Kampf aller gegen alle (bellum umnium contra omnes). In diesem Naturzustand lebten alle in Furcht voreinander. *Mandeville* formulierte hingegen in der „Bienenfabel"(1714) hingegen den Egoismus nicht als Grundvollzug des natürlichen Wesens, sondern als einen dominanten Habitus des Menschen. Nach Perlman war Mandeville „nicht bereit zu argumentieren, daß der Mensch völlig unmoralisch sei (…)" (Perlman, 1990, 83). Der springende Punkt, um diese Differenz zu Hobbes bei Mandeville zu sehen, liegt in der Tatsache begründet, ob man die Hermeneutik seiner Ausführungen so liest, ob er noch hinter den am selbstlosesten und tugendhaftesten erscheindenden Handlungen selbstsüchtige Motive witterte (vergl. Walch, 1986/1988, 412)[33], also mit einer „Trüffelnase“ und einem unbarmherzigen Zynismus (vergl. zum Begriff Euchner, 1968/1980, 55; s.a. Walch, 1986/1988, 413 und Perlmann, 1990, 85)[34] nach dem Egoistischen in dem barmherzigen Verhalten suchte oder ob mit Ramminger gelesen seinen Ansatz nicht als das gnadenlose „Wittern von selbsüchtigen Motiven“ liest, sondern als ein „Verfahren“ betrachtet, dass barmherziges Verhalten nur daraufhin befragen will, ob es wirklich altruistisch ist – er also zur moralischen Sensibilität beitragen will: „Läßt sich an einem Akt von Barmherzigkeit auch nur ein Quäntchen Egoismus, Selbstsucht oder Stolz nachweisen, so ist es als Tugendhaftigkeit desavouiert“ (Ramminger, 1998, 164, Anm. 66; vergl. auch S. 161ff.)[35]. Es ist mit Gramer darauf hinzuweisen, dass mit Blick auf die deutschen Übersetzungen der beiden Philosophen nicht leicht zu erkennen ist, welchen Begriff rsp. welches ethisch-moralisches Selbstverständnis Hobbes wie Mandeville gerade diskutieren[36]. Was man vermutlich mitnehmen kann aus der Kritik Mandevilles an Shaftesbury (vergl. Euchner, 1968/1980, 37f.

33 S.a. den Hinweis auf die Einschätzung von Kaye (1924) bei Hayek (1990, 45); siehe dazu zum Beispiel bei Mandeville (1968/1980, 286ff.; 1988, 237ff.).

34 Seine „Wirkungsstrategie kennt keine Diplomatie, sie sucht den Eklat. Sie ist ebenso streitsüchtig wie gelegentlich riskant und unbedenklich in der Wahl ihrer Mittel“ (Walch, 1986/1988, 402).

35 Siehe aber die kritische Einschätzung bei Schrader (1984, 53f.), der darauf hinweist, dass man dem Versuch widerstehen sollte, eine in sich geschlossene und systematische Rekonstruktion des Mandevilleschen Denkens vorzulegen.

36 Gramer weist in Fußnoten zu Mandeville wie auch Hobbes darauf hin, dass in den deutschsprachigen Veröffentlichungen der Werke von Hobbes und Mandeville sowohl das Wort „mercy“ (bei Hobbes) als auch „charity“ (bei Mandeville) mit Barmherzigkeit übersetzt werden. Dabei liegt bei Hobbes noch das spezifische Problem vor, dass bei Hobbes die begriffliche Trennung zwischen Mitleid und Barmherzigkeit nicht eindeutig nachzuvollziehen ist, „da auch die lateinischen und englischen Texte die Begriffe alternierend verwenden. So wird das Mitleid als Leidenschaft in der englischen Fassung als ‚pity‘ (korrigiert R.M.) beschrieben, in der lateinischen jedoch wie das natürliche Gesetz der Barmherzigkeit, das aus der Vernunft abgeleitet ist, nämlich als ‚misericordia‘, diese Version wird im englischen Text durchgängig als ‚mercy‘ bezeichnet“ (Gramer, 2000, 24 Anm. 52). Deswegen merkt er in einer weiteren Fußnote kritisch an, dass Eucher nach seiner Einschät-

Anm. 47) ist die Frage: Wie stark ist das Entstehen eines ethisch-sittlichen Konzepts daraufhin befragen, ob es von einer Milieubindung des Autores abhängt? Und darauf folgend die zweite Frage anschließend: Wie unterscheidet sich ein Konzept von Mitleid und Barmherzigkeit von den Vorstellungen anderer, das nicht gespeist aus der unmittelbaren persönlichen existenziellen Erfahrung von Armut und Überlebenskampf?

Die soziale Veranlagung des Menschen betonen in der philosophischen Diskussion zum Beispiel *Shaftesbury, Rousseau und Schopenhauer* – man kann eventuell sogar vermuten, dass unter anderem auf Shaftesbury aufbauend, zwischen diesen drei Philosophen eine (implizite) Lerngeschichte bestand. So weist Hager auf einen sehr wahrscheinli-

---

zung das natürliche Gesetz, in der englischen Ausgabe mit „mercy" wiedergegeben, nicht richtig mit „Mitleid" wiedergibt. Die negative Belegung des Begriffes Mitleid in dem Buch „Vom Menschen" „legt die Vermutung nahe, dass (korrigiert R.M.) Hobbes dazu tendierte, Mitleid als Affekt im Sinne von *pity* zu verstehen, das an die Vernunft gebundene natürliche Gesetz jedoch im Sinne von Barmherzigkeit – auf diese verknüpft sich der theistisch verstandene Begriff Barmherzigkeit auch terminologisch mit den Vernunftvorschriften, die ja die Gesetze Gottes widerspiegeln" (ders., 2000, 24 Anm. 54). Hobbes betrachtet Barmherzigkeit als ein zum (in der Gesellschaft) friedvollen Zusammenleben nötiges Mittel, das vom „Gesetz" (Gottes) geboten ist (vergl. Hobbes, Vom Bürger, 2. Kap., 87; 3. Kap., 112; s.a. 15. Kap., 240ff.). Im Mandeville'schen Werk bedeutet „charity" nicht nur Liebe zum Nächsten, also Barmherzigkeit, sondern karitative Wohltätigkeit und Fürsorge, „die zum einen zwar eine persönliche mildtätige Handlung beschreiben, zum anderen aber auch private oder öffentliche Aufwendungen für bedürftige Menschen beinhalten. Diese entspringen nicht nur selbstloser Motivation und streben sozialen Ausgleich an, sondern perpetuieren auch Ungleichheiten. Denn die *Fürsorge* lindert zwar aktuelle Not, ändert aber beispielsweise nichts an der grundlegenden Chancenungleichheit in einer Gesellschaft. Indem sie entzogen und gewährt werden kann, wird sie an die bestehende Macht und die je eigenen Interessen derer gebunden, die über die Verteilung der Fürsorge entscheiden. Somit ist ‚charity' im Gegensatz zu ‚mercy' ein auf die Gemeinschaft und deren sozialen Zustand, nicht nur auf das Individuum bezogener Begriff" (Gramer, 2000, 25 Anm. 59). Schließlich deuten Gramers Anmerkungen zu Mandevilles Abhandlung „An Essay on Charity, and Charity-Schools" an, in welchem gesellschafts(politischen) Kontext „charity" vermutlich gedacht wurde; es geht bei den Bildungsanstrengungen in den Armenschulen in einem gewissen Umfang um das Funktionieren-Müssen des Menschen in modernen Gesellschaften (vergl. auch den Hinweis auf Handlys Kritik [1725], wonach die Armenschulen nichts anderes seien als eine große Lektion in Bescheidenheit und Pflichterfüllung in dem von Gott gewiesenen Stand [vergl. Euchner, 1968/1980, 33]).

chen Zusammenhang zwischen den Überlegungen von Shaftesbury und denen von Rosseau hin. Ich zitiere die Argumentation ausführlich: „Shaftesbury, der schon in der englischen Aufklärungsphilosophie durch seine Lehre vom ‚moral sense' verschiedene Nachfolger und Fortbildner gefunden hatte, dem jedenfalls die englische Moralphilosophie des 18. Jahrhunderts viel verdankt, wurde in Frankreich u.a. durch die Übersetzung bekannt, die Diderot von seinem ‚Inquiry concerning Virtue, or Merit' verfertigte. Da es auch weitere französische Übersetzungen Shaftesburys gegeben hat, die heute noch bekannt sind, konnte auch *Rousseau* ihn sehr wohl kennen. Sehr wahrscheinlich hat Rousseau nicht nur Shaftesburys Lehre vom ‚moral sense', sondern auch Hutchesons Konzept des ‚moralischen Gefühls' gekannt. Jedenfalls lassen sich deutliche Übereinstimmungen zwischen Rousseaus Lehre vom Gewissen, welches ja bei ihm die apriorische moralische Instanz in der Seele des Menschen schlechthin ist, und Shaftesburys sowie mehr noch Hutchesons Auffassung vom ‚moral sense' feststellen, wie M. Rang auch schon bemerkt hat. Die berühmte Invokation des Gewissens in der ‚Profession de foi du Vicaire Savoyard' (‚Emile' IV, OC, Vol. IV, S. 600f., Gagnebin-Raymond) als ‚instinct divin, immortelle et céleste voix, guide assuré d'un être ignorant et borné, mais intelligent et libre; juge infaillible du bien et du mal, qui rends l'homme semblable à Dieu…' ist jedenfalls ganz aus einem Shaftesbury verwandten Geiste heraus geschrieben. Und wenn Rousseau im ‚Deuxième Discours' mit Konsequenzen für die Erziehungslehre und Bildungskonzeption des ‚Emile' von den zwei affektiven Grundregungen des Menschen, nämlich Selbstliebe und Mitleid (oder Wohlwollen) spricht, aus denen sich das Insgesamt der moralischen Verpflichtungen des Menschen ableiten lasse, nämlich derjenigen sich selbst und derjenigen gegenüber anderen Menschen, dann erinnert dies stark an die Unterscheidung Shaftesburys zwischen den sozialen oder natürlichen Affekten, welche auf das Wohl der anderen Menschen oder der Menschheit überhaupt gerichtet sind, und den selbstischen Affekten, die auf das eigene Wohl des Individuums ausgerichtet sind (‚Deuxième Discours', OC, Vol. III, S. 125f., Gagnebin-Raymond). Unnötig zu sagen, dass sowohl Rousseaus Lehre vom Gewissen wie seine Konzeption von Selbstliebe und Mitleid von grösster Bedeutung für seine Bildungsphilosophie im ‚Emile' sind" (Hager, 1993, 211f., Herv. i.Orig.).

Und Schopenhauer wiederum weist selbst darauf hin, dass er sich selbst auf Jean-Jacques Rousseau (1712-1778) beruft und seine Mitleidsethik wertschätzte; und in seinen Ausführungen äußert Schopenhauer darüber hinaus Sympathie für die fein fühlende Englische Nation, verweist also auch auf ein unmittelbaren Lernprozess durch die Rezeption der britischen Kultur, ohne dabei aber auf eine Rezeption von Shaftesbury hinzuweisen.

b) Kälte- und Wärmemetapher

Es gibt zwei Diskursstränge zum Mitleid. Es gibt einen kritischen Diskurs, der dem Begriff von Mitleid skeptisch gegenübersteht und diesen zuweilen als einen für das menschliche Zusammenleben kontraproduktiven Begriff betrachtet, wenn man ihn auf seine ethische Substanz abklopft. In einigen Diskursen, etwa wenn Klaus Dörner von „tödlichem Mitleid" (vergl. ders., 2002/2007) spricht, erscheint das Wort Mitleid als „Kältemetapher". Daneben gibt es aber auch einen Diskurs, der den Begriff durchaus wertschätzen kann und ihm viele positive Seiten abgewinnt, dafür steht der Begriff „Mit-Leid" (vergl. Koffler, 2001). In dieser Schreibweise kann man von ihm als einer „Wärmemetapher" sprechen.

Häufig ist der Kontext, unter dem Mitleid als „Kältemetapher" eingeführt wird, weitestgehend bei der Diskussion zum (Sozial)Darwinismus sowie zum deutschen Erbe der NS-Vergangenheit zu finden. Dabei vollzieht interessanterweise zum Beispiel Klaus Dörner, bei der Präsentation der „Kältemetapher" Mitleid, einen paradigmatischen Wechsel vom „literal turn" zum „iconic turn" – nämlich mit dem Verweis auf den „Pannwitz-Blick" (Dörner, 2002/2007, 7ff.). Er verleiht damit, was für das Denken und für die Wirklichkeitswahrnehmung bedeutsam ist, der „Kältemetapher" eine ästhetisch-aisthetische Konkretheit, die in ihrer bewusstseinsbildenden Wirkung gegenwartsrelevant bleibt. Primo Levi, der den „Pannwitz-Blick" im Bewusstsein der Menschheit bewahrte und den (nämlich P. Levi) Todorov viel zitierte (vergl. ders., 1991, 344) greift auch Lothar Kuld auf. Er dokumentiert im Horizont seiner Ausführungen zum compassion-Verständnis ebenfalls den „Pannwitz-Blick", wie ihn Primo Levi schilderte (vergl. Kuld, 2003, 40f.); Levi verweist dabei auf das menschenverachtende Mitleid rsp. auf die Beschämung (vergl. Marks, 2007, 113), die in dem „Pannwitz-Blick“ enthalten sind: In dem „Pannwitz-Blick“ soll zum Beispiel in Hinsicht auf einen Menschen, der für die Gesellschaft als nicht mehr „brauchbar“ erachtet wurde, die Frage zu lesen gewesen sein „ob nicht ein verwertbarer Faktor in ihm vorhanden ist“? K. Dörner entdeckt schließlich den (verdinglichenden) „Pannwitz-Blick“ auch nach der NS-Geschichte in der „modernen Gesellschaft“, wenn Menschen, als Behinderte, als psychisch Kranke, als Alte usw. für die moderne Industriegesellschaft nicht mehr „brauchbare Bevölkerungsteile“ sind und nun, vom Mitleid getroffen, als „soziale Frage“ behandelt werden; zu „Gegenständen“ der sie behandelnden Spezial-Berufe und -Wissenschaften werden. Im Horizont der Überlegungen zum Compassion-Projekt berücksichtigte Lothar Kuld auch Fredi Saal (vergl. Kuld, 2000, 94; s.a. 167), den auch Klaus Dörner in seinem Buch „Tödliches Mitleid“ zu Wort kommen lässt (vergl. Dörner, 2002/2007, 128-150) und dabei Saals's Problematisierung des Mitleids-Verständnis wach hält. Fredi Saal verbietet sich nach Klaus Dörner jedes Mitleid mit ihm selbst, dem Behinderten, „ u.a. mit dem Argument, dass man Mitleid nur mit Wesen, die man für unter sich stehend hält, haben kann“ (Dörner, 2002/2007, 128)[37]. Lothar Kuld problematisiert: „Mitleid ist allzu leicht eine problematische Vokabel, wenn Mitleid nur der hat, der den anderen als ‚armen Teufel‘ sieht, und Mitleid die Grenzlinien zwischen ‚gesund‘ und ‚krank‘, ‚richtig‘ und ‚nicht ganz richtig‘, ‚normal‘ und ‚abartig‘ festschreibt“ (Kuld, 2000, 89). Das Problem einer Kältmetapher trifft nicht nur den Begriff „Mitleid“. Bei den Ausfügrungen zu T. Todorov wird darauf hingewiesen, dass auch die Begriffe „Barmherzigkeit“ und „Empathie“ zu einer Kältemetapher werden können.

37 Fredi Saal: „Aber ganz deutlich wird hier schon die gefährliche Sprengkraft dessen, was man ‚Mitleid‘ nennt. Sie wird rasch zum Schlüssel der ‚(sich) befreienden Tat‘, mit der man nach ‚Erlösung‘ des beunruhigenden anderen ruft – sei es aus Gründen tatsächlich geglaubten ‚Mit‘-‚Leidens‘ oder nur als bequemer Vorwand zur Beseitigung unnützen Ballastes“ (F. Saal in: Dörner, 2002/2007, 133).

4.1. Shaftesbury

Weil Shaftesbury davon ausgeht, dass Tugend und sittliches Verhalten nicht notwendig an Religiosität und ein gottesfürchtiges Leben gebunden ist, religiöse und gottesfürchtige Menschen sich eventuell sehr unmoralisch verhalten können, ja sogar atheistisch erscheinende Menschen sich auf eine moralisch hochstehende Weise verhalten können[38], versucht er die menschliche Existenz in ihrer ethischen Dimension so zu durchleuchten, ohne am Anfang seines Philosophierens sich auf Gott zu beziehen[39]. Dabei wäre es aber zugleich etwas randunscharf, in Anschluß an Shaftesbury, die Sittlichkeit des Menschen als etwas Autonomes und in sich selbst Bestehendes darzustellen, gleichwohl er das Individuum betont (vergl. dazu Hager, 1993, 33).

– Problem des exzessiven Mitleids: Das Verständnis von Mitleid und Barmherzigkeit ist bei Shaftesbury zunächst nicht grundsätzlich uneingeschränkt positiv besetzt. Er warnt zunächst vor einer undifferenzierten Wertschätzung von (tätigen) Äußerungen des Mitleids wie auch der Barmherzigkeit (vergl. Shaftesbury, 1699/1711/1999, 167-172). Zusamenfassend interpretiert Fritz-Peter Hager die Überlegungen von Shaftesbury: 1) „Bei einem empfindenden Wesen muss das Gute und Böse in den Neigungen (affections) liegen, die sich auf das Systemganze richten. Natürliche Neigungen (passions oder affections) können sowohl auf das Individuum selbst wie

38 vergl. Shaftesbury (1699/1999, 163): „We have known people who, having the appearance of great zeal in Religion, have yet wanted even the common affections of humanity and shown themselves extremely degenerate and corrupt. Others, again, who have paid little regard to religion and been considered as mere atheists, have yet been observed to practise the rules of morality and act in many cases with such good meaning and affection towards mankind as might seem to force an acknowledgment of their being virtuous“.

39 vergl. Shaftesbury (1699/1711/1999, 163f., Herv. i. Orig. unter Bezug auf Pierre Bayle; s.a. ders., Vol. II, 1733, S. 7 andere Hervorhebungen): This has given occasion to inquire *what honesty or virtue is considered by itself, and in what manner ist is influenced by religion, how far religion necessarily implies virtue, and whether it is true saying that ‚it is impossible for an atheist to be virtuous or share any real degree of honesty or merit*‘“. Siehe den Hinweis bei Ziertmann, dass die Ausgabe von 1699 von Toland „ohne oder gegen den Willen des Verfassers herausgegeben und die ganze Auflage von diesem aufgekauft worden sei. Jedenfalls blieb sie unbekannt und ohne jede Wirkung“ (ders., 1904, 485).

auf die Gattung oder auf die Gesellschaft gerichtet sein, und individuelle wie soziale Neigungen können gut oder böse sein; keineswegs ist etwa eine Art von ihnen an sich gut oder böse, nur das Übermass, wenn die individuell gerichtete Neigung zur Selbstsucht wird oder wenn soziale Neigung in ein schlaffes Mitleid um jeden Preis ausartet, ist schädlich. (…) Wenn alle Neigungen dem Wohl der ganzen Gattung gemäss sind, ist der natürliche Charakter völlig gut" (Hager, 1993, 34 unter Bezug auf Frischeisen-Köhler/Mogg). 2) „Aber eben, nicht nur die Selbstsucht ist zu bekämpfen als eine übertriebene Ängstlichkeit und Besorgtheit um das eigene individuelle Wohl, sondern auch übergrosse Zärtlichkeit, welche die Wirkung der Liebe zerstört und übertriebenes Mitleid, welches zur Hilfeleistung unfähig macht, und umgekehrt ist auch der Mangel an Sorge für das eigene individuelle Wohl als Tollkühnheit oder gar eine Leidenschaft, die zum Selbstmord führt, negativ zu bewerten" (ders., 1993, 36). 3) Shaftesbury (ders., 1699/1711/1999, 172) fasst das Problem in eigenen Worten so zusammen: „For thus over-great tenderness destroys the effect of love, and excessive pity renders us incapable of giving succour. Hence the excess of motherly love is owned to be a vicious fondness; over-great pity, effeminacy and weakness; over-great concern for self-preservation, meanness and cowardice; too little, rashness; and none at all or that which is contrary, namely, a passion leading to self-destruction, a mad and desperate depravity". Das Problem des Exzessiven charakterisiert er also wie folgt: Es ist kontraproduktiv in Bezug auf den Inhalt der Liebe; es unterläuft das eigentliche Anliegen der Hilfe (eine anfanghafte Idee des Empowermentgedankens???); Zuneigung „bricht" sich unter exzessivem Handeln zur „Bevorzugung"; überstarkes Mitleid kann die „Selbstachtung" (vergl. die Begriffe „effemancy and weakness") aushölen usw. Und das weitergehende Problem, dass dahinter steckt, erwähnt er etwas weiter vorne: „And, on this supposition, a creature cannot really be good and natural in respect of his society or public without being ill and unnatural towards himself" (Shaftesbury, 1699/1711/1999, 170). Wer nicht gut mit sich selbst ist, das ist jener, wenn er exzessiv ist, kann auch in Bezug auf das Gemeinwesen keine Hilfe sein.

- Von Mitleid I (im Horizont von „moral sense") zu Mitleid II (im Horizont von „moral taste") - der Beitrag der Empfindsamkeit: Die scharfsinnige Analyse von Wolfgang H. Schrader macht deutlich, dass man bei Shaftesbury zwischen dem „moral sense" und dem „moral taste" unterscheiden muss. Zunächst stellt er fest: „Der *moral taste* wird von Shaftesbury an keiner Stelle der ‚Characteristics' ausdrücklich unterschieden vom *moral sense* oder *sense of order and proportion*" (Schrader, 1984, 31, Herv. i. Orig.). Er weist darauf hin, dass bis dahin in der Literatur nicht zwischen „moral sense" und „moral taste" unterschieden wurde; beide Begriffe scheinen denselben Sachverhalt zu thematisieren. Aber nun zeigt er an; „moral taste" verweist auf einen spezifischen Problemzusammenhang, „der nicht identisch ist mit dem, der durch ‚moral sense' bzw. ‚sense of order and proportion' angezeigt wird" (ders., 31). Er führt aus: „Im Zusammenhang mit der Erörterung des Begriffs des moral sense wurde darauf hingewiesen, daß das instinkthafte, proleptische ‚Wissen' um das Gute erst im Dialog der Seele mit sich seine Bestimmtheit erhält (...). Indem wir uns im Selbstgespräch jenes vorbegrifflich gegebenen Wissens vergewissern, verschwindet der durch falsche Vorstellungsbilder (fancies, imaginations) hervorgerufene täuschende Schein, der unsere Urteilsfähigkeit einschränkt" (Schrader, 1984, 31). Dadurch entsteht „moral taste". Sein Fazit ist folgendes: „Auf Grund dieser Überlegungen wird die Differenz zwischen ‚moral sense' und ‚moral taste' deutlich: Während der *moral sense* als das Vermögen naturhaften *Gewahrens* der ‚notions and principles of fair, just, and honest, with the rest of these ideas' (Ch II, 135) gedacht werden muß, ist ‚taste' zu bestimmen als die (durch Übung zu bildende) *Fähigkeit* zu ‚true judgement'. Beides, das naturhafte Wissen um die ‚Prinzipien' des Guten (und Schönen) und die Fähigkeit, auf Grund dieses Wissens richtig zu urteilen, ist konstitutiv für sittliche Einsicht. ‚Thus we see, after all, that ‚tis not merely what we call principle, but a taste which governs men. ... Even conscience, I fear, such as is owing to religious discipline, will make but a slight figure where this taste is set amiss' (...)"(Schrader, 1984, 32, Herv. i. Orig.). Auch wenn zwischen „moral sense" und „moral taste" unterschieden wird, verbleiben wir noch beim Begriff „sense". Bei Shaftesbury sind nämlich mit „sense" ganz verschiedene Bedeutungen verbunden. Mit „sense“ wird die Fähigkeit zu urteilen verbunden („sense of right or wrong“ [vergl. Shaftesbury, 1699/1711/1999, 173. 177ff.]); mit „sense“ verknüpft er auch die menschliche Vorstellungsfähigkeit. Unter „sense“ verweist Shaftesbury aber auch auf den fühlenden und empfindenden Menschen. Er macht schließlich deutlich, dass „sense“ sinnliche Erfahrungen zugrundeliegen – er verweist auf die „organs of sense“ (ders., 1699/1711/1999, 174). Mit „Sense“ scheint aber auch eine geistige Fähigkeit des Menschen berücksichtigt zu sein, wenn auf die Antizipation des Allgemeinwohls hingewiesen wird, also die Fähigkeit, sich bewusst zu machen, wie das eine mit dem anderen zusammenhängt („system of all things“), was auch ein kosmologisches „Denken“ beinhaltet (siehe dazu Shaftesbury, 1699/1711/1999, 169) und inwieweit dem im Verhalten Rechnung zu tragen ist. Ich fasse dieses komplexe Phänomen von „sense“ mit dem Begriff eines „empfindsamen Gewissens“ zusammen, zumal er auch an anderer Stelle vom „conscience“ spricht. Und dieses „empfindsame Gewissen“ ist die entscheidende Grundlage, dass es beim Menschen zu einer Entwicklung menschlichen Mitleids, das eher im Horizont einer „affektiven“ Semantik gedacht wird[40], zu einem Mitleid kommt, die mit einer „ästhetischen“ Semantik konnotiert wird, wofür der Be-

40 Dabei sollte man sein Affekt-Verständnis in einer anthropologischen Interpretations- und Deutungsweise lesen. Bedeutsam, auch mit Blick auf Schopenhauer, insofern er sich hier deutlich von diesem unterscheidet, ist die Tatsache, dass er mit „pity“ auch Freude und Lebendigkeit mitdenken und „pity“ dabei zugleich in einem Atemzug mit z.B. „love“ oder „gratitude“ erwähnen kann: „Now, in the first place, to explain how much the natural affections are in themselves the highest pleasure and enjoyments, there should methinks be little need of proving this to anyone of humankind who has ever known the condition of the mind under a lively affection of love, gratitude, bounty, generosity, pity, succour or whatever else is of a social or friendly sort. He who has ever so little knowledge of human nature is sensible what pleasure the mind perceives when it is touched in this generous way“ (Shaftesbury, 1699/1711/1999, 201). Folgt man seinen weiteren Ausführungen, dann deutet sich an, dass diese Freude auch eine Freude über ein in „pity“ sich bewusst werden ist über ein „have a sense of each“. Sprute stellt diese spezifische Dimension des anthropologischen Affekts, so wie Shaftesbury sie versteht, knapp dar. Die Gegenstände, die sich den Sinnen darbieten, erzeugen nicht nur einen Affekt, eine Neigung. Sondern dieser Affekt ist zugleich auch der des Menschen eigene Affekt, **sein** Affekt rsp. **seine** Neigung – „into the mind by reflection“. Die Reaktionen sind nicht mehr nur als eine Reaktion im Reiz-Reaktionsschema zu betrachten, ih-

griff „Geschmack" steht. Von diesem Mitleid handelt der nächste Abschnitt.

- Compassion – Mitleid im Horizont von „moral taste": Mitleid im Horizont von „moral taste" bedeutet ein Mehrfaches. 1) Es bedeutet ein Mitleid, wo das „Affekthafte" (insofern es unausgeglichene Leidenschaften sind) kultiviert ist. 2) Es umfasst auch die Bedeutung eines vorurteilsfreien Mitleids – es geht um „gebildetes" Mitleid-Haben. 3) Es bedeutet aber auch, vor dem Hintergrund der Ausführungen von Shaftesbury, ein Mitleid mit Herz – also ein Mitleid, das beherzigt, was zu einem guten Leben des Menschen wertvoll ist. In diesem Kontext steht der ästhetisch-aisthetische Begriff „taste". Und mit Blick auf das Subjekt des Mitleid-Habens wird dann von einer Schönheit der „inward form" der jeweiligen Persönlichkeit gesprochen, die „taste" hat[41]. Schließlich scheint es in diesem Zusammenhang bei Shaftesbury zu einer Verschiebung bei der Begrifflichkeit von „pity" zu „compassion" zu kommen. Die Stelle, auf die ich hierfür Bezug nehme, führt diesen Sachverhalt, so wie ich ihn soeben darstellte, nicht so aus; aber ich denke, dass in den an dieser Stelle gemachten Ausführungen, im Kontext seiner Gesamtüberlegungen, diese Deutungsmöglichkeit angelegt ist. Ich zitiere deswegen diese Stelle ausführlich in der Fußnote[42].

---

nen liegt „reflected sense" zugrunde. D.h. der Mensch hat auch eine Vorstellung von seinen Bewußtseinsvorgängen und kann seine Empfindungen und Antriebsgefühle zum Gegenstand seiner Aufmerksamkeit machen. Dadurch entsteht nach Shaftesbury eine neue/ganz eigene Form von Affekt (vergl. Sprute, 1980, 224).

41 Siehe aber auch folgende Ausführungen in den Miscellany II: „The real honest man, however plain or simple he appears, has that highest species, honesty itself, in view, and, instead of outward forms or symmetries, is struck with that of inward character, the harmony and numbers of the heart and beauty of the affections, which form the manners and conduct of a truly social liefe" (Shaftesbury 1711?/1999, 353).

42 „Upon the whole, it may be said properly to be the same with the affections or passions in an animal constitution (Animal-Constitution; Vol. II, 1733 R.M.) as with the cords or strings of a musical instrument. If these, though in ever so just proportion one to another, are strained beyond a certain degree, it is more than the instrument will bear: the lute or lyre is abused, and its effect lost. On the other hand, if, while some of the strings are duly strained, others are not wound up to their due proportion, then is the instrument still in disorder and its part ill performed. The several species of creatures, are like different sorts of instruments. And, even in the same species of creatures, as in the same sort of instrument , one is not entirely like

– Mitleid/Barmherzigkeit auf der Basis von ‚Good-Breeding'?: Die nachfolgenden Überlegungen bauen auf einem Überlieferungsproblem eines Satzes auf, das eine Frage aufwirft: In der aktuellen Edition des „Sensus Communis" (Shaftesbury, 1709/1999) stellt Shaftesbury fest: „A man of thorough good breeding, what ever else he be, is incapable of doing a rude or brutal action" (ders., 1709/1999, 60). Denselben Satz liest man bei Hager in einer anderen Schreibweise: „A Man of thorow ‚Good-Breeding' is incapable of doing a rude and brutal action (...)" (Hager, 1993, 209). Zieht man schließlich die veröffentlichte Fassung von 1733 heran, dann kann man lesen: „ A M a n of thorow *Good-Breeding*, whatever else he be, is incapable of doing a rude or brutal Action" (Shaftesbury, Vol. I, 1733, 129, Herv i. Orig.; s.a. zu „*Good-breeding*" in Vol. III, 1733, 161). Offensichtlich ist diese Großschreibung von „Good-Breeding" die Originalschreibweise von Shaftesbury[43]. Daraus folgend stellt sich die Frage, ob er hier eine Assoziation zu dem mir einzig bekannten feststehenden englischen Begriff wecken wollte, wo „good" auch großgeschrieben wird – nämlich zum „Good Book", dem Begriff für Bibel? Shaftesbury sprach manchmal auch von der „Holy Writ" (vergl. Shaftesbury, 1711?/1999, 388; Vol. III, 1733, 118). Wollte Shaftesbury hier also durch die Hintertür auch auf den Beitrag religiöser Bildung, entlang des Wort Gottes, wie es in der Bibel überliefert ist, für die Ausbildung des „moral sense" zum „moral taste" hinweisen? Oder kritisiert er die Bibel (ironisch)? Diese Berücksichtigung dieses Aspektes erscheint mir nicht ganz abwegig, insofern es nicht nur Hinweise gibt, dass Shaftesbury mit religiösen

---

the other nor will the same strings fit each. The same degree of strength which winds up one and fits the several strings to a just harmony and consort may in another burst both the strings and instrument itself. Thus, men who have the liveliest sense and are the easiest affected with pain or pleasure have need of the strongest influence or force of other affections, such as tenderness, love, sociableness, compassion, in order to preserve a right balance within and to maintain them in their duty and in the just performance of their part, while others, who are of a cooler blood or lower key, need not the same allay or conterpart nor are made by nature to feel those tender and endearing affections in so exquisite a degree" (Shaftesbury, 1699/1711/1999, 199; vergl. ders., Vol. II, 1733, 94f.; einige kursive Hervorhebungen im Orig.). Zum Begriff „compassion" siehe auch auf der Seite 193.

43 Zum Hinweis auf die „Originalität" dieser Edition aus dem Jahr 1733 vergleiche die Ausführungen bei Ziertmann (1904, 493).

Menschen rechnet, auch wenn sie von der Gesellschaft als atheistisch eingestuft werden; es gibt auch Hinweise, dass Shaftesbury auch selbst sehr religiös war und die Schrift („[...] ist nach der Schrift die Liebe das Größte“[Weiser, 1916/1969, 549]) und das Christentum bedingt würdigte (vergl. Klein, 1999, XXIX)[44]. Eine Antwort hierfür liefern eventuell seine Überlegungen, weiter vorne, im „Sensus Communis“ (vergl. hierzu Shaftesbury, 1709/1999, S. 45-48, Anm. T, 14 und 15). Hier problematisiert er vermeintlich tugendhaftes Verhalten, wenn es zum Beispiel durch Angst motiviert ist (Angst vor Strafen). Schließlich problematisiert er, ob man einem Verhalten Tugendhaftigkeit zuschreiben kann, wenn es im Prinzip im Horizont von erwarteten „Belohnungen“, seien sie auch noch so himmlisch, erfolgt. Höchstwahrscheinlich reagierte er mit diesen Formulierungen auf die Realität des Puritanismus (vergl. Klein, 1999, XXX). Dabei verschwimmen allerdings die Begrifflichkeiten, einmal gibt es Formulierungen, die auf das Problem einer Assekuranzfrömmigkeit hinweisen, dann gibt es Formulierungen die schon eher im Horizont von „Bargaining“ liegen – also tugendhaftes Handeln schon als Geschäftsbetrieb beschreiben und schließlich gibt es sogar extrem verschärfte Formulierungen, die eine „prostituierte“ (vergl. dazu z.B. den Begriff „mercenary“) „Tugendhaftigkeit“ zum Thema machen. Ohne jetzt diese Fassetten im Einzelnen differenziert zu bewerten problematisiert er, dass „intrinsische Motivation“ so wenig gewürdigt wird („[...] when there is so little shown of the intrinsic worth or value of the thing itself“ [Shaftesbury, 1709/1999, 46; s.a. ders., Vol. I, 1733, 98]) und die „doctrine“ im Vordergrund steht, was dann auch dazu führt, dass manche von der „doctrine“ formulierten Pflichten für das Heil als bedeutsamer erachtet werden als bedeutsame Tugenden. Er schreibt: „I could be almost tempted to think that the true reason why some of most heroic virtues have so little notice taken of them in our holy religion is because there would have been no room left for disinterestedness, had they been entitles to a share of that infini-

44 „Shaftesbury abandoned reliance in this doctrine and, indeed, on many defining features of Christianity, including sin, salvation and revelation, although he continued to endorse a significant role for a tolerant and charitable Church and the morally improving contributions of Christian traditions of benevolence (...)“.

te reward which Providence has by revelation assigned to other duties" (ders., 46; s.a. ders., Vol. I, 1733, 98 – siehe die Hervorhebungen). Er wirft dem Christentum infolge dieser Prioritätensetzung eine weltvergessene Barmherzigkeit vor, die sich auf die konkreten Herausforderungen der Not nicht richtig einlassen kann und in der Fixierung auf den Himmel, Vorhersehung und eine unendliche „Belohnung" nur auf diese Form und das Ausmaß von Barmherzigkeit einlässt, was sich dann mit Blick auf das erwartete Heil rechnen könnte. Eine übermäßige Hilfsbereitschaft ist unter diesen Voraussetzungen nicht zu erwarten. In diesem Zusammenhang ist dann auch sein Hinweis auf Römer 5,7 zu lesen, wo – nach der Lutherbibel – geschrieben steht: „Nun stirbt kaum jemand um eines Gerechten willen; um des Guten willen wagt er vielleicht sein Leben"[45]. Aber es muss nicht so weit kommen – an seinem Leben wird für Weiser deutlich, wie weit Mitleid gehen kann. So berichtet er „(…) so stellte er auch das Vermögen seiner Familie mit einer Selbstlosigkeit in den Dienst der Liebe und der Freiheit, daß er in eigene Sorge geriet" (Weiser, 1916/1919, 537). Als Hinweis für die kritische Würdigung der Bibel, die nach seiner Einschätzung nicht hinreichend im Christentum Geltung entfaltet, lese ich die ausführliche Diskussion in der Anmerkung 14 auf den Seiten 46f. und dabei die von ihm von Bischof Jeremy Taylor vorgestellte Vorstellung von „Christian charity" – „Christian charity" ist danach „friendship to all the world". Ohne jetzt seine spezifische Leseart und Interpretation von „friendship" und „friends", wie er sie vermeintlich in dem Gebrauch des Neuen Testaments herauszulesen meint, zu diskutieren scheint es mir bedeutsam, dass er kritisch gegenüber den Evangelien im Neuen Testament ist, aber den „spirit" des Urteilens von Paulus würdigt (vergl. Shaftesbury, 1711?/1999, 370; s.a. 1707/1999, 28) und indirekt die ergänzende Lektüre des Alten Testaments empfiehlt[46]. Wichtig ist für ihn der Hinweis, auch nochmal mit Blick auf die zitierte Stelle aus dem Römerbrief, dass Barmher-

45 Diese Stelle ist nicht uninteressant, weil auch Schopenhauer diesen Aspekt „des Lebens Hingebens für Andere" in seinen Überlegungen zum Mitleid-Haben einbaute.

46 Wichtig ist, dass er „spirit" von „sense" unterscheidet. Das „Geistige" von „spirit" ist etwas anderes als das „Geistige" von „sense". Das wird auch an seiner Diskussion zum „divine spirit" rsp. zum „Pfingstereignis" deutlich (vergl. Shaftesbury,

zigkeit sich vor allem dort erweist, wo sie mit keinem Lohn rechnen kann – er zitiert Taylor: „He that is a friend after death hopes not for a recompense from his friend and makes no bargain either for fame or love, but is rewarded with the conscience and satisfaction of doing bravely" (siehe Shaftesbury, 1709/1999, 47 Anm. 14; s.a. Ders., Vol. I, 1733, 100). Entscheidend ist es, dem Gewissen gerecht zu werden und (Lang)Mut zu beweisen. Ich spreche bei „bravely" deswegen von Langmut, weil er Paulus rezipiert hatte[47].

– Mitleid im Wechselverhältnis von Ästhetik, Ethik und Moral: Wenn zuvor der Aspekt der Schönheit in Bezug auf „moral taste", also in Hinblick auf das Subjekt formuliert wurde, dann ist es nur das halbe Verständnis des Ästhetischen, wie es Shaftesbury kennt. Mitleid-Haben, also die praktische Hinwendung zum Anderen, bedeutet auch ein Handeln aus einem Wohlgefallen am Schönen, erfolgt aus

---

1711?/1999, 367). Für Leser der Lutherbibel ist insofern der Hinweis interessant, dass im Begriffsfeld friend, friendship, friendly und ähnlichen Begriffen/Metaphern der King James Version der Bibel sich auch Gnadentheologie verbergen kann, aber nicht immer. Auch sollte man wegen dem Gebrauch des Metaphernfeldes um den Begriff Freundschaft auf den thomasischen Freundschaftsgedanken verweisen – wo jener (also Thomas von Aquin) von einer freundschaftlichen Liebe zu Gott spricht. Und hier sollte man dann noch auf Aristoteles und seine „Nikomachische Ethik" verweisen. Aristoteles formulierte hier eine Vorformel der christlichen Formel „liebe deinen Nächsten, wie dich selbst". Entlang des Freundschaftsbegriffes sprach Aristoteles davon, dass es bedeutsam ist, wie jemand zu sich selbst steht, so steht er auch zu seinem Freunde. In anderen Worten kann man auch sagen: „Wer mit sich selbst befreundet ist, der kann auch Freundschaft schließen" (vergl. das Neunte Buch der „Nikomachischen Ethik", 1951, 261 und 276). P. Bartmann erläutert zum Freundschaftsgedanken bei Th. v. Aquin: „Die Struktur des freundschaftlichen Strebens nimmt Thomas in seiner Lehre von der ‚caritas' wieder auf: Durch sie ist der Mensch mit Gott befreundet, strebt also nach dem für Gott Guten. Ethisch wird dieser Gedanke dadurch konkretisiert, daß ich in der Freundschaft mit Gott zugleich mit den ihm verbundenen Menschen befreundet bin. Er denkt diese erweiterte Gemeinschaft nach dem Modell eines Haushaltes, zu dem neben dem teuren Freund auch Kinder, Sklaven und beliebige andere Personen gehören. Indem ich mit dem Hausherren befreundet bin, bin ich zugleich mit seinen Angehörigen verbunden (…)" (Bartmann, 1998, 175; s.a. S. 236-241; zum aristoltelischen Freundschaftsverständnis vergl. auch bei A. Keck, 2008, 50f.). Vermutlich hat Shaftesbury diesen Aspekt nicht differenziert sehen können.

47 „If I might be allowed to imitate our author in daring to touch now and then upon the characters of our devine worthies, I should, upon this subject of belief, observe how fair and generous the great Christian convert and learned apostle has shown himself in his sacred writings (St. Paul, der Editor)"(Shaftesbury, 1711?/1999, 370).

einer Antizipation des Schönen, insofern es auf eine „vorgestellte" Ordnung und Harmonie in der Welt abzielt. Mitleid reagiert auf wahrgenommene Störungen rsp. Dissonanzen, verstanden als Un-Schönes, in der Welt. In diesem Zusammenhang bekommt Mitleid-Haben eine religiöse Färbung, weil es aus einer Faszination um das Göttliche (am Schönen) in der Welt erfolgt, das er in der Nähe des Begriffes der „Liebe" ansiedelt. Siehe hierzu die wertschätzenden Ausführungen zum Umgang von Gott mit Jonas, wo er göttliches „Mitleid" mit Empfindsamkeit, Zärtlichkeit und Güte in Beziehung setzt: „But the Almighty, with the utmost pity towards him in this melancholy and froward (Perverse or unreasonable, der Editor) temper, lays open the folly of it and exhorts to mildness and good humour („Good-Humour"; Herv. i. Orig.) in the most tender manner and under the most familiar and pleasant images, while He shows expressly more regard and tenderness to the very cattle and brute beasts than the prophet to his own humankind and to those very disciples whom by his preaching he had converted" (Shaftesbury, 1711?/1999, 389f.; s.a. ders., Vol. III, 1733, 121 diverse andere Hervorhebungen im Original).

4.2. Schopenhauer

Joachim Koffler weist darauf hin, „wenn die Befürworter der ‚Vernichtung ›lebensunwerten‹ Lebens' sich auf eine Mitleidethik berufen, die die dogmatischen Schranken des Christentums durchbrochen haben soll, beziehen sie sich in erster Linie auf Arthur Schopenhauer (1788-1860)" (Koffler, 2001, 89). Die abschließenden Worte seiner Untersuchung des Mitleids-Verständnis von Arthur Schopenhauer liefern unter einem zitierenden Rückgriff auf zwei Interpreten von Schopenhauer einer Erklärung hierfür: „‚Mitleid fühlen heißt, den Adressaten seines Mitleids, sei dies nun ein Mensch oder ein Tier, nicht länger als ein besonderes Individuum vor sich zu haben, sondern ihn als Repräsentanten des leidenden Lebens überhaupt, welchem … an und für sich Leidfreiheit gebührt' [Röhr, 1985, 196 R.M.]. Repräsentanten sind auswechselbar, und wenn die besondere Individualität des einzelnen unbedeutend ist, kann dem leidenden Leben die ihm an und für sich ge-bührende Leidfreiheit auch durch die Abschaffung, sprich: Vernichtung des Leidenden gewährt werden. Diese Gefahr hat bereits Georg Pickel in seiner 1908 (!) erschienenen Dissertation gesehen, in der er vor dem gefährlichen Zusammenspiel von Pessimismus, Aufhebung der Individuation und Mitleidsethik warnt: ‚Ist es nicht möglich, dass, wer im Anderen bloss ein bemitleidenswertes Wesen erblickt und sich mit ihm identifizieren zu müssen meint, wer also den Wert des Lebens gering erachtet, sich selbst verachtet und so zur Menschenverachtung in Sinn, Wort und Tat gelangt?‘[Pickel, 1908, 46]" (Koffler, 2001, 110). Damit ordnet Koffler die Überlegungen von Schopenhauer eher der Kältemetapher Mitleid zu. Dem gegenüber möchte ich einige Aspekte aus Schopenhauers Verständnis von Mitleid hervorheben, die nach meiner Einschätzung bedenkenswert erscheinen.

– Kritik an Hobbes: Nachdem er zunächst unter der der Formel „homo homini lupus" (vergl. Schopenhauer, Werke Bd. III, Ergänzungen zum vierten Buch, 1938, 663) deutlich machte, dass menschliches Leiden nicht ein natürliches Phänomen ist – diese Perspektive würde ihn „zum Hund" (vergl. ders., 1938, 663/R.M.) machen – sondern, dass man die gesellschaftlichen Ursachen und die Verantwortlichen des Leidens sehen sollte. Er erwähnt die Politik als Krieg, den Bereich der Wirtschaft und die strukturelle Gewalt der Sklaverei (vergl. ders., 1938, 663). Er widerspricht Hobbes zunächst in einer sehr bescheidenen relativierenden Feststellung – „eine entgegengesetzte (Handlungsweise R.M.) tritt nur ausnahmsweise ein" (ders., 1938, 663) – macht dann aber in einer anderen Veröffentlichung deutlich, dass dic Auffassung, dass „homo homini lupus" ist, empirisch nicht belegt ist; es ist nicht nachweisbar, dass die Menschen grundsätzlich rücksichtslos rsp. egoistisch sind. „Aber ich glaube, daß sehr Wenige seyn werden, die es bezweifeln und nicht aus eigener Erfahrung die Überzeugung haben, daß man oft gerecht handelt, einzig und allein damit dem Anderen kein Unrecht geschehe, ja, daß es Leute giebt, denen gleichsam der Grundsatz, dem Andern sein Recht widerfahren zu lassen, angeboren ist, die daher Niemanden absichtlich zu nahe treten, die ihren Vortheil nicht unbedingt suchen, sondern dabei auch die Rechte Anderer berücksichtigen, die, bei gegenseitig übernommenen Verpflichtungen, nicht bloß darüber wachen, daß der Andere das Seinige *leiste*, sondern auch darüber, daß er das Seinige *empfange*, indem sie aufrichtig nicht wollen, daß wer mit ihnen handelt, zu kurz komme" (Schopenhauer, Werke Bd. IV, 1840/1938, 203, Herv. i. Orig.). Diese Vorbemerkung ist der Horizont, unter dem seine Ausführungen zum Mitleid stehen – der Mensch ist grundsätzlich zum Mitleid fähig.

– Das Problem der Egoismen: Hilfe-Handeln, wenn es eine Handlung mit „moralischen Werth" (Schopenhauer) sein soll, grenzt er ab gegenüber einem ganz breiten Spektrum von egoistischen Motivstrukturen ab. Liest man sich die gesamten Aufzählungen durch, dann wird deutlich, worauf die Ausführungen hinauslaufen – Handeln aus Mitleid soll dem Bedürftigen wirklich helfen, soll auf sein Leiden ganz eingehen und das kann es nur, wenn es ein Handeln ist, das frei von Egoismen ist. Er kritisiert Hilfe-Handeln, das am eigenen „Nutzen und Vorteil" (Schopenhauer, Werke Bd. IV, 1840/1938, 206) orientiert ist oder das aus einer Assekuranzfrömmigkeit heraus erfolgt – „ob er große Schenkungen an Hülflose macht, fest überredet in einem künftigen Leben alles zehnfach wieder zu erhalten" (vergl. Schopenhauer, Werke Bd. II, 1938, 435; vergl. aber S. 435f.). Er kritisiert Hilfe-Handeln, dass sich an Status und sozialer Ehre festmacht („seinen Ruf bei den Leuten, die Hochachtung irgend Jemandes, die Sympathie der Zuschauer u. dgl. m. im Auge hat" [ders., Werke Bd. IV, 1840/1938, 207]). Er kritisiert ein Hilfe-Handeln, dass Hilfe nur deswegen gewährt, weil es in einem komplexen Austauschprozess von Hilfe steht („von deren allgemeiner Befolgung man eventualiter einer Vortheil *für sich selbst* erwartet" [ders., 207, Herv. i. Orig.]). Er kritisiert auch, dass geholfen wird „um einen kleinen Vortheil für sich zu erlangen", dass „große(r R.M.) Schaden Anderer als Mittel gebrauch(t R.M.)" wird (vergl. ders., 265) – es geht also um das Problem der Instrumentalisierung aufgetretener menschlicher Not für eigene Zwecke. Er kritisiert aber auch Hilfe-Handeln aus „Furcht vor (...) nachteiligen Folgen" (ders., 207), wobei er auch eine religiöse Komponente im Blick hat. Interessant ist, dass er Angst als Motivationsbasis von Hilfe-Handeln ausdrücklich zurückweist. Allerdings macht er noch an anderer Stelle eine interessante moralpsychologische Festellung, die man eventuell als begrenzte Würdigung der „Heuristik der

Furcht" interpretieren könnte – er fragt: „Was Anderes könnte denn ein hartes Herz bewegen, als nur die Furcht?" (ders., 134).

– Intrinsische Motivation (vergl. Schopenhauer, Werke Bd. VII, § 46, 74-80): Schließlich frage ich mich, wenn man seine zugespitzte Diskussion von Kant liest, ob man ihn richtig positioniert, wenn man Schopenhauer eine „altruistische Konzeption" bzw. einen „stringent eingeführten Altruismus" (vergl. Gramer, 2000, 48) zuschreibt. Vermutlich legte sich diese Zuschreibung nahe, wenn man eine Formulierung wie folgende las: „Diese ganz unmittelbare, ja, instinktartige Theilnahme am fremden Leiden, also das Mitleid, ist alleinige Quelle solcher Handlungen, wenn sie *moralischen Werth haben*, (...)" (Schopenhauer, Werke Bd. IV, 1840/1938, 227)[48]. Ich glaube, Altruismus ist nicht seine primäre Fragestellung bei den Überlegungen zum Mitleid. Schaut man sich die Überlegungen an, dann fällt zunächst auf, dass es Schopenhauer um die „intrinsische Motivation" beim Handeln geht – deswegen kann er Kant kritisieren, aber auch würdigen: „*Kant* hat in der Ethik das große Verdienst, sie von allem *Eudämonismus* gereinigt zu haben" (Schopenhauer, Werke Bd. IV, 1840/1938, 117, Herv. i. Orig.). Gleichzeitig problematisiert er mit einem Seitenblick auf Kant, dass es verantwortungsethisch problematisch ist, wenn eine Handlung „ohne irgend eine Neigung zu ihr" (ders., 133) erfolgt. Schopenhauers Mitleidskonzeption betont den persönlichen Charakter des Handelns; er macht deutlich, dass bei „intrinsischer Motivation" das Gesetz der Kausalität abgeschwächter bedeutsam ist, als bei „altruistisch" motivierten Handeln. Und damit ist die spezifische Qualität des getanen Mitleids relativ weniger berechenbar und vorhersagbar. Später, auch mit Blick auf Kant bemerkt er kritisch „‚ist, es aus *Pflicht* , nicht aus *freiwilliger Zuneigung* und auch allenfalls *unbefohlener*, von selbst gern unternommener Bestrebung zu befolgen' – *Befohlen* muß es seyn!" (ders., 134, Herv. i. Orig.). Auch wenn er deutlich macht, dass „unser inneres *Wesen an sich*, das Wollende und Erkennende selbst, (...) uns nicht zugänglich" (ders., 260, Herv. i. Orig.) ist, so weist er doch gleichzeitig darauf hin, dass intrinsische

48 Siehe aber auch zum „instinct" -Verständnis von Shaftesbury bei Schrader (1984, 30f.).

Motivation identifiziert werden kann – dafür gibt es (empirische) äußere und innerliche Hinweise, auch wenn wir uns weitestgehend unbekannt bleiben: „Demnach ist die Kenntnis, welche wir von uns selbst haben, keineswegs eine vollständige und erschöpfende, vielmehr sehr oberflächlich, und dem größeren, ja, hauptsächlichen Theil nach sind wir uns selber unbekannt und ein Räthsel, oder wie *Kant* sagt: Das Ich erkennt sich nur als Erscheinung, nicht nach dem, was es an sich seyn mag" (ders., 266f., Herv. i. Orig.). Zu den innerlichen Hinweisen, dass eine intrinsische Motivation im Handeln vorliegt gehört, das „eine gewisse Zufriedenheit mit uns selbst zurückgelassen (wird R.M.), welche man den Beifall des Gewissens nennt" (ders., 204; eine ähnliche Formulierung findet sich auf S. 227; s.a. Schopenhauer, Werke Bd. II, 1938, 441). Dieser Aspekt des „Glücksgefühls" ist für ihn die Hauptwahrheit der Eudämoniologie. Zu den äußeren Hinweisen, dass das Handeln intrinsisch motiviert war, gehört der „Beifall und die Achtung der unbetheiligten Zeugen" (Schopenhauer, Werke Bd. IV, 1840/1938, 204; s.a. S. 227 „wie auch bei dem Zuschauer die eigenthümliche Beistimmung, Hochachtung, Bewunderung [...]").

– Menschenliebe versus „principio individuationis": In einem weiteren Schritt seiner Überlegungen macht er schließlich deutlich, dass es ethisch bedeutsam ist, dass man freiwillig und intuitiv, also „intrinsisch motiviert" durchschaut[49], dass eine Orientierung am „principio individuationis" nicht dem Menschen als Teil der Menschheit („was der gesammten Menschheit zum Wohle gereicht und rechtmäßig angehört" [Schopenhauer, Werke Bd. II, 1938, 443]) gerecht wird und das auf zweifache Weise. Dazu gehört erstens die Einsicht, dass sich im Verhalten zu jedem Anderen nicht nur das Verhalten zur Menschheit entscheidet, es entscheidet sich darin auch das Verhältnis zu sich selbst („daß ich bei *seinem* Wehe als solchem geradezu mit leide, *sein* Wehe fühl, wie sonst nur meines, und deshalb sein Wohl unmittelbar will, wie sonst nur meines" [Schopenhauer, Werke Bd. IV, 1840/1938, 208, Herv. i. Orig.]) – d.h. wer gut mit anderen umgeht, geht auch gut mit sich selbst

49 Dabei muss man allerdings mit Gramer (vergl. ders., 2000, 90) festhalten kann, dass er die Mit-Freude am Mit-Menschen scheinbar nicht kennt (vergl. ders., Werke Bd. IV, 237).

um[50]. In Bezug auf das Weinen über das Leiden eines („fremden“) Anderen sagt er: „so geschieht dies dadurch, daß wir uns in der Phantasie lebhaft an die Stelle des Leidenden versetzen, oder auch in seinem Schicksal das Loos der ganzen Menschheit und folglich vor Allem unser eigenes erblicken, und also durch einen weiten Umweg immer doch wieder über uns selbst weinen, Mitleid mit uns selbst empfinden“ (Schopenhauer, Werke, Bd. II, 1938, 446). Dazu gehört ein Zweites: Aufbauend auf dieser Erkenntnis und ihrer ethischen Relevanz, „daß das *eine* Individuum im *anderen* unmittelbar sich selbst, sein eigenes wahres Wesen wiedererkenne“ (Schopenhauer, Werke Bd. IV, 1840/1938, 270, Herv. i. Orig.; s.a. ders., Werke Bd. II, 434) kritisiert er am „principio individuationis“ das Entstehen der Kategorie des „Fremden“[51]. 1) Der „Fremde“ kann nur entstehen, wenn man im „principio individuationis“ gefangen ist – „daher er allein sein eigenes Wohlseyn sucht, vollkommen gleichgültig gegen das aller Andern, deren Wesen ihm vielmehr völlig fremd ist, durch eine weite Kluft von dem seinigen geschieden (…)“ (Schopenhauer, Werke Bd. II, 429) oder in anderen Worten „im *principio individuationis* befangen ist, demgemäß er seine Person von jeder anderen als absolut verschieden und durch eine weite Kluft getrennt ansieht, (…)“ (ders., 431, Herv. i. Orig.; s.a. „im eigenen Selbst allein habe ich mein wahres Seyn, alles andere hingegen ist Nicht-Ich und mir fremd“ [vergl. ders., Werke Bd. IV, 1980/1938, 270f.]). Unter dem Horizont des „principium individuationis“ stehend kann man dann am Leiden des Anderen nicht das Leiden des Menschen als Menschen erkennen und damit dessen Leiden als für einen selbst relevant betrachten, weil es „fremdes“ Leiden ist – und damit ist man nicht wirklich zu Mitleid (als Reaktion auf das Problem der leidenden Kreatur) fähig; man ist lieblos, ungerecht oder auch boshaft (vergl. ders., 271). 2) Dann macht er deutlich, dass er mit der Kategorie des „Fremden“ auch zur Abwehr von Einsichten anderer Kulturen in das Humane

50 Schopenhauer formuliert den Sachverhalt negativ – „er folglich nicht allein der Quäler, sondern eben er auch der Gequälte“ (Schopenhauer, Werke Bd. II, 432). Siehe dazu auch Schirmacher (1995, 110).

51 Siehe auch H. E. Richters Interpretation von Schopenhauer (vergl. ders., 2006, 156).

kommt – dies allerdings implizit durch die umfangreiche Rezeption von anderen Kulturen, z.B. von der indischen Kultur (vergl. Schmidt, 1986, 125-130, 147; s.a. Schopenhauer, 1839, 608). 3)An das Problem der „Kategorie“ des Fremden anschließend und damit einhergehende „Verdrängungseffekte“ rsp. „Abwehrmechanismen“ (auch in Bezug auf andere Kulturen) ergibt sich ein Problem, dass Franz Josef Illhard formulierte: „Man kann das Fremde nicht einfach als fremd abtun, und vor allem: man darf das Gespräch mit dem Fremden in sich selber nicht aufgeben. Man hat es aber aufgegeben, wenn man das interkulturelle Gespräch als unwichtig beiseiteschiebt“ (ders., 2001, 26).

– Eudämoniologie als Basis der Gewissensbildung: Schoppenhauer weist darauf hin, dass es schwer zu durchschauen ist, was eine gute oder schlechte Tat ist. Die innerste Motivstruktur eines Menschen ist nur sehr schwer durch den (oberflächlichen) Blick auf die konkreten Handlungsvollzüge zu erschließen „weil es im Inneren des Gemüthes liegt. Daher können wir fast nie das Thun Anderer und selten unser eigenes moralisch richtig beurtheilen“ (Schopenhauer, Werke Bd. II, 1938, 436). Daher begrüßt er die neue Eudämoniologie, womit er eine Empfindsamkeit für Regungen des Innersten des Menschen meint. Um die innerste Motivstruktur wahrnehmen zu lernen, muss man aufmerksam für „starke“ Reize werden und dazu gehören bei Schopenhauer folgende Hinweise: 1) (Negativer) Reiz: „diese sei nun bloße Ungerechtigkeit aus Egoismus, oder reine Bosheit, fühlbar wird und, nach der Länge ihrer Dauer, *Gewissenbiß*, oder *Gewissensangst* heißt“ (ders., 431 Herv. i. Orig.) 2). (Positiver) Reiz: „d.h. von allen egoistischen Motiven rein seyn, und deshalb in uns selbst diejenige innere Zufriedenheit erwecken sollen, welche man das gute, befriedigte, lobende Gewissen nennt“ (Schopenhauer, Werke Bd. IV, 1840/1938, 227). Spannend ist es nun bei diesen Überlegungen von Schopenhauer, dass er seine Überlegungen zur Mitleidsfähigkeit nicht exklusiv für zwischenmenschliche Beziehungen reserviert, sondern auch auf die Beziehung Mensch-Tier erweitert und den Mitleidsbegriff mit Überlegungen zu „fein fühlenden Personen“ verschränkt. In einem längeren Abschnitt macht er deutlich, wie der Umgang mit „Thieren“ Ausdruck für einen insgesamt „fein fühlenden“ Habitus eines Menschen, aber auch eines

Kulturraumes sein kann. Und er deutet gleichzeitig an, dass eine Wechselbeziehung zwischen dem mitleidenden Umgang mit Tieren und dem mitleidenden Umgang mit Menschen besteht, z.B. dahingehend dass ein grausamer Umgang verschwindet. Da er an dieser Stelle seiner Ausführungen von der fein fühlenden Englischen Nation spricht, ergeben sich hier für mich zwei Assoziationen. Der moral-sense-Philosoph Shaftesbury verband mit „sense" so etwas wie Empfindsamkeit, wobei diese sehr komplex gedacht wurde – sie umfasste urteilen, vorstellen, fühlen, empfinden und die dem „sense" zugrundeliegenden sinnlichen Erfahrungen. Dieser Verweis ist aber nur insofern interessant, wie sein Bildungskonzept in England seit seinem Tod sozial wirksam wurde. Schrader berichtet von einer nachhaltigen „Wirkung seines ethischen Werkes in den ersten beiden Dritteln des 18. Jahrhunderts" (Schrader, 1984, 3). Schließlich weist Theodor Ahrens darauf hin, das Gandhis gewaltfreie Widerstandspraxis gegenüber einem terroristischen Regime vermutlich keine Chance gehabt hätte (vergl. Ahrens, 2002, 213); also auch im Horizont der (fein fühlenden) Kultur der Englischen Nation reflektiert werden muss[52].

52 „Mitleid mit Thieren hängt mit der Güte des Charakters so genau zusammen, daß man zuversichtlich behaupten darf, wer gegen Thiere grausam ist, könne kein guter Mensch seyn. Auch zeigt dieses Mitleid sich als aus der selben Quelle mit der gegen Menschen zu übenden Tugend entsprungen. So z.B. werden fein fühlende Personen, bei der Erinnerung, daß sie, in übler Laune, im Zorn, oder vom Wein erhitzt, ihren Hund, ihr Pferd, ihren Affen unverdienter oder unnöthiger Weise, oder über die Gebühr gemißhandelt haben, die selbe Reue, die selbe Unzufriedenheit mit sich selbst empfinden, welche bei der Erinnerung an gegen Menschen verübtes Unrecht empfunden wird, wo sie die Stimme des strafenden Gewissens heißt. Ich erinnere mich, gelesen zu haben, daß ein Engländer, der in Indien, auf der Jagd, einen Affen geschossen hatte, den Blick, welchen dieser im Sterben auf ihn warf, nicht vergessen gekonnt und seitdem nie mehr auf Affen geschossen hat. (Schließlich schildert er von einem britischen Jäger, der einen weiblichen Elefanten erschossen hat R.M.): bloß das Junge des gefallenen hatte die Nacht bei der todten Mutter zugebracht, kam jetzt, alle Furcht vergessend, den Jägern mit den lebhaftesten und deutlichsten Bezeugungen seines trostlosen Jammerns entgegen, und umschlang sie mit seinem kleinen Rüssel, um ihre Hülfe anzurufen. Da, sagt Harris, habe ihn eine wahre Reue über seine That ergriffen und sei ihm zu Muthe gewesen, als hätte er einen Mord begangen. Diese fein fühlende Englische Nation sehn wir, vor allen andern, durch ein hervorstechendes Mitleid mit Thieren ausgezeichnet, (...), daß sie die in der Moral von der Religion gelassene Lücke durch die Gesetzgebung ausfüllte. Denn diese Lücke eben ist Ursache, daß man in Europa und Ameri-

– Zum Verhältnis von Mitleid, Gerechtigkeit und Verantwortung: „Jedoch ist keineswegs erforderlich, daß in jedem einzelnen Fall das Mitleid wirklich erregt werde; wo es auch oft zu spät käme: sondern aus der Ein für alle Mal erlangten Kenntniß von dem Leiden, welches jede ungerechte Handlung nothwendig über Andere bringt und welches durch das Gefühl des Unrechterduldens, d.h. der fremden Uebermacht, geschärft wird, geht in edlen Gemüthern die Maxime *neminem laede* hervor, und die vernünftige Ueberlegung erhebt sie zu dem Ein für alle Mal gefaßten festen Vorsatz, die Rechte eines Jeden zu achten, sich keinen Eingriff in dieselben zu erlauben, sich von dem Selbstvorwurf, die Ursache fremder Leiden zu seyn, frei zu erhalten und demnach nicht die Lasten und Leiden des Lebens, welche die Umstände Jedem zuführen, durch Gewalt oder List auf Andere zu wälzen, sondern sein beschiedenes Theil selbst zu tragen, um nicht das eines Andern zu verdoppeln. Denn obwohl *Grundsätze* und abstrakte Erkenntnis überhaupt keineswegs die Urquelle, oder erste Grundlage der Moralität sind; so sind sie doch zu einem moralischen Lebenswandel unentbehrlich, als das Behältnis, das *Réservoir*, in welchem die aus der Quelle aller Moralität, als welche nicht in jedem Augenblicke fließt, entsprungene Gesinnung aufbewahrt wird, um, wenn der Fall der Anwendung kommt, durch Ableitungskanäle dahin zu fließen. (…) Ohne fest gefaßte *Grundsätze* würden wir den antimoralischen Triebfedern, wenn sie durch äußere Eindrücke zu Affekten erregt sind, unwiderstehlich Preis gegeben seyn“ (Schopenhauer, Werke Bd. IV, 214f.). Das Problem ist aber, dass der Grundsatz der Gerechtigkeit nach Schopenhauer nicht dazu führen darf, den je konkreten Ein-

ka der Thier-Schutz-Vereine bedarf, welche selbst nur mittelst Hülfe der Justiz und Polizei wirken können. In Asien gewähren die Religionen den Thieren hinlänglichen Schutz, daher dort kein Mensch an dergleichen Vereine denkt (…)“(Schopenhauer, Werke Bd. IV, 1840/1938, 242f.) In den weiteren Ausführungen kritisiert u.a. er die Instrumentalisierung der Tiere in Europa, die allerdings, so stellt er fest, „allmälig verblassen und verschwinden“. Und schließlich wirbt er, in Abgrenzung zu den Brahmanen, dass wir einen differenzierten Umgang mit den Tieren haben sollten, der aber nicht grausam sein darf: „Ohne thierische Nahrung hingegen würde das Menschengeschlecht im Norden nicht ein Mal bestehn können. Nach dem selben Maaßstabe läßt der Mensch das Thier auch für sich arbeiten, und nur das Uebermaaß der aufgelegten Anstrengung wird zur Grausamkeit“ (ders., 245).

zelfall aus dem Auge zu verlieren, die Not des konkreten Leidens auszublenden: „Allein es giebt Handlungen, deren bloße *Unterlassung* ein Unrecht ist: solche Handlungen heißen *Pflichten*. Dieses ist die wahre philosophische Definition des Begriffs der *Pflicht*, welcher hingegen alle Eigenthümlichkeit einbüßt und dadurch verloren geht, wenn man, wie in der bisherigen Moral, jede lobenswerthe Handlungsweise *Pflicht* nennen will, wobei man vergißt, daß was *Pflicht* ist auch *Schuldigkeit* seyn muß" (Schopenhauer in: Gramer, 2000, 120 Anm. 106 [Herv. i. Orig. R.M.])[53]. Besonders schlimm ist es für Schopenhauer, wenn das Ausblenden der Einzelfälle und von spezifischen Notlagen zum ethischen Grundsatz wird – er spricht dann kritisch vom „Fetisch ‚kategorischer Imperativ'" (Schopenhauer, Werke Bd. IV, 1840/1938, 134)[54]; an einer anderen Stelle spricht er kritisch von einer „andächtigen" Beziehung zu

53 Eine dieser Verhältnisbestimmung ähnliche Verhältnisbestimmung finde ich, allerdings in anderen Worten, bei Theodor Strohm (2004): „Das ontische Paradigma, in dem Verantwortung evident herausgefordert wird, nennt Jonas dass Allervertrauteste: ‚das Neugeborene, dessen bloßes Atmen unwidersprechlich ein Soll an die Umwelt richtet, nämlich: sich seiner anzunehmen.' Hier komme das Sein eines einfach ontisch Daseienden ein Sollen für Andere immanent und evident zu. Das Sollen ist noch etwas anderes als ‚Mitgefühl, Erbarmen, oder welche Gefühle unsererseits ins Spiel kommen mögen'; sogar von der Liebe sei hier nicht die Rede. Diese Gefühle kommen zwar zur Hilfe, aber sie sind noch etwas anderes als die Evidenz des Sollens. Jonas nennt dies ‚die archetypische Evidenz des Säuglings für das Wesen der Verantwortung' (Jonas, 1984, 391 R.M.) Jonas findet hier den ethischen Ansatzpunkt für jede Art der fürsorglichen Zuwendung und Verantwortung für die der Hilfe bedürftige und um Hilfe bittende Mitkreatur, wodurch das eigene ‚Ich' zugleich die engen – zuvor abgesteckten – Grenzen erweitert und sich einübt in Verantwortung" (ders., 2004, 34).

54 Wenn man Bas Kasts kurze Darstellung von der Verwandlung des Herrn K. liest, die sich auf I. Kant bezieht, dann wird einem eher verständlich, warum Schopenhauer vom Fetisch „kategorischer Imperativ" spricht (vergl. B. Kast, 2007, 28-34; s.a. den Hinweis auf Biografien auf S. 186, Anm. 18-33). Und in Bezug auf die negativen Konsequenzen dieser „Leseart" des „kategorischen Imperativs" ist auf Henning Luthers Rezeption von Goethes „Leiden des jungen Werthers" zu verweisen, wo Werther, darauf weist H. Luther sehr treffend hin, die bürgerliche Gleichgültigkeit, Kälte, und Beziehungslosigkeit kritisiert. Ich vermute, dass die von Goethe gemachten Ausführungen eine Hintergrundfolie für Schopenhauers Überlegungen zum Mitleid sind. Ich zitiere H. Luther mit einem Zitat aus dem „Werther" etwas ausführlicher (ders., 1992b, 97f.): „Werther erfaßt hier hellsichtig das kalkulierend-berechnende und sich selbst disziplinierende Wesen der bürgerlichen Gesellschaft. Als Bürger kann der einzelne sich nur behaupten um den Preis der Un-

einer „Idee des Guten" (vergl. ders., 264). Wenn der Fetisch des Kategorischen Imperativs wirksam wird, dann wird nach Schopenhauer Hilfe lieblos, dann ist Wohltat gleichgültig. Und dann ist der klassische und immer wieder zitierte Satz – „Alle Liebe (agápe, caritas) ist Mitleid" (Schopenhauer, Werke Bd. II, 1938, 443) – auch verständlich. Und das kann sehr radikale Konsequenzen haben: „und wo *viele* Andere zu retten sind, wird das eigene Ich ihnen gänzlich zum Opfer gebracht, indem der Einzelne für Viele sein Leben hingiebt" (Schopenhauer, Werke Bd. IV, 266, Herv. i. Orig.; s.a. ders., Werke Bd. II, 447). Fazit seiner Überlegungen zur Verhältnisbestimmung von Mitleid und Gerechtigkeit – die Orientierung am Mitleid „beschämt den Genialsten und Gelehrtesten, wenn dieser durch sein Thun verräth, daß jene große Wahrheit ihm doch im Herzen fremd geblieben ist" (ders., 270). Dies bemerkt zum Beispiel in Bezug auf den Düsenjägerpiloten, der höchstwahrscheinlich die Entscheidung fällte, nicht den Schleudersitz zu betätigen und damit sein Leben zu retten und stattdessen das Flugzeug weiter zu steuern, um zu verhindern, dass es in ein Wohngebiet stürzt und

---

terdrückung seiner inneren Natur, der Disziplinierung seiner Liebeswünsche und der Beschneidung seiner kreativ-künstlerischen Fähigkeiten. Werther erkennt die Lebensfeindlichkeit bürgerlicher Vernunft, die in ihrer begrenzenden Enge allen nichtdisziplinierten Lebenswillen ausgrenzen muß, als Wahnsinn diffamieren. (Absatz herausgenommen R.M.) In Auseinandersetzung mit Albert, der gegen die Leidenschaften für die strikt moralisch-gesetzliche Regulierung menschlichen Handelns plädiert, ruft Werther aus: «‚Ach ihr vernünftigen Leute!' rief ich lächelnd aus. ‚Leidenschaft! Trunkenheit! Wahnsinn! Ihr steht so gelassen, so ohne Teilnehmung da, ihr sittlichen Menschen! Scheltet den Trinker, verabscheut den Unsinnigen, geht vorbei wie der Priester und dankt Gott wie der Pharisäer, daß er euch nicht gemacht hat wie einen von diesen. Ich bin mehr als einmal trunken gewesen, meine Leidenschaften waren nie weit von Wahnsinn, und beides reut mich nicht: denn ich habe in meinem Maße begreifen lernen, wie man alle außerordentlichen Menschen, die etwas Großes, etwas Unmöglichscheinendes wirkten, von jeher für Trunkene und Wahnsinnige ausschreien mußte. Aber auch im gemeinen Leben ists unerträglich, fast einem jeden bei halbweg einer freien, edlen, unerwarteten Tat nachrufen zu hören: ‚Der Mensch ist trunken, der ist närrisch! Schämt euch, ihr Nüchternen! Schämt euch, ihr Weisen!'» Werther entlarvt hier neben der normierenden und rationalisierenden Herrschaft der Vernunft über Gefühle und Leidenschaften ein weiteres Merkmal bürgerlicher Gesellschaft: das der Teilnahmslosigkeit am Anderen, die Kälte einer Beziehungslosigkeit, der es an Sympathie mit dem Anderen mangelt. ‚Ihr steht so gelassen, so ohne Teilnehmung da, ihr sittlichen Menschen!'".

großen Schaden anzurichten, dabei aber sein Leben aufs Spiel setzte.

– Vertiefung: Mitleid, Gerechtigkeit, Menschenliebe und die Gender-Perspektive: Schopenhauer spricht nun von zwei Tugenden, „die der Gerechtigkeit und die der Menschenliebe". Er nennt sie Kardinaltugenden, weil aus ihnen alle übrigen praktisch hervorgehen und theoretisch sich ableiten lassen. Beide wurzeln in dem natürlichen Mitleid (Schopenhauer, 1839, 594) von dem es zwei Grade gibt. 1) Zunächst hält das Urphänomen des Mitleid den Menschen davon ab „egoistischen oder boshaften Motiven entgegenwirkend", „dem Anderen ein Leid zu verursachen, (…) selbst Ursache fremder Schmerzen zu werden" (Schopenhauer, 1839, 593; s.a. 594ff.). 2) Schließlich treibt das Mitleid „positiv wirkend" den Menschen zu „thätiger Hülfe" (vergl. ders., 593) an, vor allem dann, wenn die Maxime der Gerechtigkeit ins Wanken gerät. Beide Aspekte beinhalten auch den Appell, dass auch zukünftiges Leid als Folge bestimmter Handlungen zu vermeiden sei (vergl. Wöhrle-Chon, 2001, 118). Ad 1) Aus diesem ersten Grade des Mitleids entspringt der Grundsatz der Gerechtigkeit (s.a. Schopenhauer, 1839, 597). Dieser besagt, dass es nicht erforderlich ist, dass in jedem einzelnen Fall für das Handeln Mitleid erregt werden muss, sondern dass aus der über Situationen des Mitleids ein für alle Mal erlangten Kenntnis von dem Leiden, ein für alle Mal der Vorsatz gefasst wird, die Rechte eines anderen zu achten (vergl. ders., 595). Die Gerechtigkeitsgrundsätze sind für Schopenhauer das Gefäß rsp. das Reservoir, von denen her das Mitleid nur noch indirekt fließt. Nach Wöhrle-Chon entkräftet Schopenhauer mit diesen Aussagen „den zu Anfang genannten Einwand, dass das Mitleid als unmittelbares affektives Erlebnis, wie alle Gefühle launisch sei, abstumpfen, ausbleiben oder zu spät kommen könne und so eine adäquate Hilfeleistung behindere" (Wöhrle-Chon, 2001, 117). Ad 2) Aus dem zweiten Grade des Mitleids entspringt der Grundsatz der „Menschenliebe", den er mit den Begriffen der caritas und agape ergänzt. Hier geht es darum, dass Mitleid mich nicht nur davon abhält, den Anderen zu verletzen oder Leid zuzufügen, sondern mich sogar antreibt, ihm zu helfen (vergl. Schopenhauer, 1839, 608)[55]. Dazu erläutert Schopenhauer näher: „Je nachdem nun theils jene unmittelbare Theilnahme lebhaft und tiefgefühlt, theils die fremde Noth groß und dringend ist, werde ich durch jenes rein moralische Motiv bewogen werden, ein größeres oder geringeres Opfer dem Bedürfnis oder den Noth des Anderen zu bringen (…)“ (ders.)[56]. Ad 3) Gerechtigkeitsorientierung und Menschenliebeorientierung sind für Schopenhauer zwischen den Geschlechtern unterschiedlich stark ausgeprägt: „Das Festhalten und Befolgen der Grundsätze, den ihnen entgegen wirkenden Motiven zum Trotz, ist *Selbstbeherrschung*. Hier liegt auch die Ursache, warum die Weiber, als welche, wegen der Schwäche ihrer Vernunft, allgemeine *Grundsätze* zu verstehen, festzuhalten und zur Richtschnur zu nehmen, weit weniger als die Männer fähig sind, in der Tugend der Gerechtigkeit, also auch Redlichkeit und Gewissenhaftigkeit, diesen in der Regel nachstehen; (…) hingegen übertreffen sie die Männer in der Tugend der *Menschenliebe*: denn zu dieser ist der Anlaß meistens *anschaulich* und redet daher unmittelbar zum Mitleid, für welches die Weiber

55 Damit es zu dieser Bewegungsdynamik zum Helfen kommt, beschreibt er die instinktartige Teilnahme an Leiden (also das Mitleid) (vergl. Schopenhauer, 1839, 608) sehr empathisch: „Dies aber setzt voraus, daß ich mich mit dem Anderen gewissermaßen identifiziert habe, und folglich die Schranke zwischen Ich und Nicht-Ich, für den Augenblick, aufgehoben sei: nur dann wird die Angelegenheit des Anderen, sein Bedürfnis, seine Noth, sein Leiden unmittelbar zum meinigen: dann erblicke ich ihn nicht mehr, wie ihn doch die empirische Anschauung giebt, als ein mir Fremdes, mir Gleichgültiges, von mir gänzlich Verschiedenes (…)“ (Schopenhauer, 1839, 610f.; vergl. auch Wöhrle-Chon, 2001, 118-120).

56 Zeitgemäß formuliert findet sich bei Schopenhauer eine Art von Empathie-Altruismus-These, die er allerdings als Mitleid-Menschenliebe-These formuliert. Hier unterscheide ich mich an dieser Stelle von J. Koffler, der seine Überlegungen etwas anders positioniert. Wenn er schreibt „die Pointe des jesuanischen Liebesgebotes liegt gerade darin, nicht nur diejenigen zu lieben, die durch ihre Nähe und Verbundenheit Mitleid erwecken, sondern darüber hinaus sogar die Feinde, die natürlicherweise eher Hassgefühle erzeugen“ (2001, 101), so würde ich hingegen schreiben: „Die Pointe von dem schoppenhauerschen Mitleids-Begriff ist die, dass ein fein-fühlender Mensch eine Form von Mitleid, jetzt gedacht als Empathie, aufbringt, die ihn dazu bringt nicht nur den Nächsten im unmittelbar Nächsten (als Mitmensch) zu entdecken, sondern auch Mitmenschen in Menschen zu entdecken, die ihm fremd sind oder sogar Feinde sind. Und so ist Menschenliebe eine Folge des Mitleids“ (siehe das Zitat von Schopenhauer bei J. Koffler [2001, 108], welches Koffler nicht als Bezeichnung von Empathie ausdeutet).

entschieden leichter empfänglich sind. Aber nur das Anschauliche, Gegenwärtige, unmittelbar Reale hat wahre Existenz für sie: das nur mittelst der Begriffe erkennbare Entfernte, Abwesende, Vergangene, Zukünftige ist ihnen nicht wohl faßlich. (…) Gerechtigkeit ist mehr die männliche, Menschenliebe mehr die weibliche Tugend" (ders., 1839, 596).

– Problemfassetten der Mitleidskonzeption: 1) Zunächst wäre auf die Frage zu antworten – kann man das Konzept von Schopenhauer als Begründung für das Argument heranziehen, dass Leidbewältigung durch die Vernichtung des Leidenden gewährt werden kann? Da gibt es zunächst den Satz „jedoch weint er auch, wann diesem, nach langem, schweren und unheilbaren Leiden, der Tod eine wünschenswerte Erlösung war" (Schopenhauer, Werke Bd. II, 446). Es wird vom Tod als einer wünschenswerten Erlösung nach schwerem Leiden gesprochen; zugleich aber vom „Selbstmord", der „keine Rettung" vor den Irritationen im Leben ist, wenn das Innerste des Menschen hervorbricht (vergl. Schopenhauer, Werke Bd. II, 433). Gleichzeitig weiß er auch davon, dass eine „That" nachträglich als Mord empfunden werden kann, wenn man das ganze Ausmaß der „That" realisiert (vergl. ders., Werke Bd. IV, 242). Von daher habe ich meine Zweifel, ob man Schopenhauer als Begründung für Sterbehilfe heranziehen kann. Viel eher legen seine Ausführungen sehr energische Rückfragen zur Gewissenserforschung nahe, ob die Absicht zur Sterbehilfe nicht vielleicht dem „principio individuationis" verfangen sein könnte rsp.einem „principio individuationis", das in einen Egoismus umgekippt ist. 2) Kennt Schopenhauer nicht die Feindesliebe als Ausdruck der Nächstenliebe? Dazu möchte ich auf seine Ausführungen in den Werken, Band II, im „Vierten Buch. Der Welt als Wille zweite Betrachtung:", § 63-§ 65, hinweisen. Wenn ich seine Ausführungen richtig lese stellen seine Ausführungen zunächst Anfragen an Vergeltungshandeln und Rachegefühle dar, dahingehend, dass man sich fragen sollte, ob man dabei nicht vielleicht dem „principio individuationis" verhaftet ist. Er spricht auch vom „Schein des Rechts" (vergl. ders., Werke Bd. II, 1938, 431) und fragt sich, ob eine gewisse Form der Rechtssprechung vielleicht auch ein Ausdruck von Rache ist. Schließlich zitiert er auch teilweise aus der Lutherbibel (Röm 12,19), allerdings ohne

Verweis auf das Buch Moses (vergl. ders., 423) und äußert sich hier zustimmend zur christlichen Ethik, dass Menschen, die nicht mehr im „principio individuationis" befangen sind, nicht mehr der Vergeltung des Bösen mit Bösen folgen. Ich denke, er ist hier in Bezug auf die Frage der Feindesliebe nüchtern – zur Feindesliebe ist man nur soweit fähig, wie man sich nicht selbst zum Feind ist, wozu auch gehört, dem Fremden in sich selbst nicht feindlich gegenüber zu stehen. In seinen weiteren Ausführungen im § 68 verdeutlicht er schließlich, dass die „thätige" Liebe, worunter er caritas rsp. Barmherzigkeit versteht und wozu die konsequente Feinesliebe[57] gehört, für den größten „Theil der Menschen" deswegen nicht realistisch ist, denn das würde das „gänzliche Vergessen der eigenen Person" und das „Versenken in die Anschauung Gottes" voraussetzen (ders., 457, modifiziertes Zitat R.M.). Dabei ist anzumerken, dass er mit Wertschätzung von den Vorbildern christlicher Heiliger und Mystiker, z.B. Franz von Assisi oder Meister Eckhard, spricht (vergl. ders., 454 und 456f.; s.a. Bd. III, 728f.)[58]. 3) Übersteigerte Mitleidsethik bei Schopenhauer? In diesem Zusammenhang wäre auf die weiter vorne schon hingewiesene Rezeption des indischen Kulturraumes aufmerksam zu machen, die auch eine unterschwellige Wertschätzung des Buddhismus beinhaltet (vergl. Schopenhauer, Werke Bd. III, 693,697, 705, 716, 728f.). Im Buddhismus findet er sehr viel ausgeprägter und kultivierter („frei von jener strengen und über-

57 „Liebe zum Nächsten, der Selbstliebe gleichwiegend, Wohltätigkeit, Vergeltung des Hasses mit Liebe und Wohltun, Geduld, Sanftmuth, Ertragung aller möglichen Beleidigungen ohne Widerstand (...)" (Schopenhauer, Werke Bd. II, 1938, 456).

58 „Ein klärendes und informierendes Wort sei zunächst über den vor allem im deutschen Sprachgebrauch hervortretenden Unterschied der Begriffe Nächstenliebe und Menschenliebe gesagt. Der Begriff der Menschenliebe stammt aus der Zeit der Aufklärung; er ist 1743 von Gottsched eingeführt worden und sollte die säkulare, auf die ‚vernünftige' Erkenntnis der Gleichheit und Mitmenschlichkeit gegründete Liebe im Unterschied zur christlichen Nächstenliebe bezeichnen, die als Gebot Gottes und Jesu Christi aufgefaßt wird. Doch hat sich im ethischen und sprachlichen Bewußtsein diese Unterscheidung nicht recht durchgesetzt. Schopenhauer schreibt das, was er Menschenliebe nennt, ohne weiteres dem Christentum zu: ‚Praktisch und faktisch ist zwar zu jeder Zeit Menschenliebe dagewesen, aber theoretisch zur Sprache gebracht ... wurde sie zuerst vom Christentum', und er nimmt nicht Anstand, unmittelbar darauf ‚die unbegrenzte Liebe des Nächsten ... schon tausend Jahre früher' (als Lehre der Veden und Buddhas) zu datieren" (Hamburger, 1985, 24f.).

triebenen Askese"), was, wie zuvor angedeutet er auch bei christlichen Heiligen und Mystikern (vergl. hier Schirmacher, 1982, 62) entdeckt hat. Es geht um sterbliches Handeln, das Zurücklassen des „Willen zum Leben", um ein Leben, das das Leiden, Sterben und den Tod nicht unnötig überhöht, aber würdigt – es geht um Gelassenheit. Und deswegen hält Schopenhauer fest, dass übertriebene Versuche, Leiden in der Welt durch intensivere Anstrengungen zu beseitigen, bloß dazu führt, dass eine Hölle auf Erden entsteht. Erst aus einer Haltung der Gelassenheit kommt das Mitleid zu seiner vollen Entfaltung (vergl. dazu Schirmacher, 1982, 56)[59].

4.3. Todorov

Wenn man die vorangegangenen Überlegungen liest, dann wird hier ein Scheitelpunkt zu dem nun folgenden Durchgang deutlich. Im Horizont der aufklärerischen Philosophie stehend, bleiben alle drei Philosophen (nämlich Shaftesbury, Rousseau und Schopenhauer) mehr oder weniger einer „Subjektorientierung" verhaftet. Letztlich laufen alle drei Mitleidskonzeptionen darauf hinaus, dass das „Ich" die alles entscheidende und eventuell auch letzte Instanz darstellt, die darüber entscheidet, ob ein Mitleid-Verhalten in einer konkreten Situation angebracht ist. Und indem das „ich" über das „Mit-Leid-Haben" das entscheidende und letzte Urteil fällt, kann das Mitleid-Haben das Leiden des Anderen letztlich verfehlen, der „Exteritorität" des Anderen, wie Levinas[60] sagen würde, eigentlich nicht gerecht werden, weil dem An-

59 Zu den geistigen Verbindungslinien zwischen Schopenhauer und Buddhismus/Zen vergleiche die Promotion von Roland Wöhrle-Chon (2001) einerseits und die Hinweise von Volker Zotz (2000, 74ff) andererseits, die zeigen, wie intensiv sich Schopenhauer mit dem Buddhismus auseinandersetzte.

60 Die Ausführungen von E. Levinas sind schwierige Ausführungen, für manche Menschen sind sie schier unerträglich. Wenn man den „Archetyp" des Narzissten betrachtet, wie er sich oft in Metaphern zum Menschen im Naturzustand findet, dann wird hier deutlich, dass er an E. Levinas scheitert oder zutiefst der Tragik seines Lebens gegenübersteht; denn Levinas erklärt nämlich das zum Kernbestand ethischen Verhaltens, wozu der Narzisst eigentlich nicht fähig ist. Dieser schaut nämlich in Spiegel, Wasseroberflächen etc. und bleibt dabei in einem Ich-Ich-Zirkel stecken. Der Narzisst erträgt nur sehr schwer den Blick des Anderen; und wenn er sich kräftezehrend die Fähigkeit des Blickkontaktes antrainiert hat, bleibt ein

deren, dem leidenden Anderen, letzlich kein Kommentar zum entschiedenen und geäußerten Mitleid-Haben möglich ist. Es bleibt ihm nur noch die Möglichkeit eine geduldige Haltung des Empfangens und des Erduldens einzunehmen. Aber die Forschung zeigt, dass zum Beispiel bei Menschen, die Wünsche in Bezug auf die konkrete Qualität der Hilfe äußern dürfen, eine höhere Gesundheitsqualität aufweisen.

Todorov würdigt in seinem Werk Levinas, aber geht auch kritisch über Levinas hinaus, insofern er versucht, den Anerkennungsprozess so zu konfigurieren, dass dieser nicht in eine Schlagseite zu einer „liturgischen" Verehrung des Anderen gerät. So problematisierte er schon 1985 das Extrem der „Versuchung, der Stimme dieser Personen als solcher Gehör zu verschaffen, also selbst gänzlich in den Hintergrund zu treten, um dem anderen besser zu dienen" (Todorov, 1985, 295). Auch wenn Todorov die Begriffe Für(Sorge), Mitleid, Mitgefühl, Sympathie und Barmherzigkeit nicht für sich explizit (rsp. exklusiv) beansprucht, sondern nur referrierend verwendet bzw. indirekt berücksichtigt (vergl. Todorov, 1993, 80-101; 1996, 28)[61], so machen doch seine Ausführungen in den Büchern „Angesichts des Äußersten" (1993) sowie „Abenteuer des Zusammenlebens" (1996) deutlich, dass Aspekte des Grundverständnis dieser Begriffe bei seinen Ausführungen zum Begriff der Anerkennung mitgedacht sein könnten. Dieser Begriff der Anerkennung („la reconnaissance") ist für Todorov der Arbeitsbegriff zur Beschreibung einer ethisch und moralisch akzeptablen Umgangsweise im Zwischenmenschlichen, auch als Reaktionen auf Notsituationen und

---

ständiges Zwinkern und Zittern der Augenlieder, was zuweilen fälschlicherweise als neurotischer Tick interpretiert wird. Mit einem Begriff wie „Antlitz" kann ein Narzisst eigentlich nicht so richtig etwas anfangen, weil ein „Antlitz", wie es Levinas deutlich macht, widerständig ist, weil es Fragen anbietet und weil es Achtsamkeit verlangt, was ein hochkomplexer aktiver ästhetisch-aisthetischer Vorgang ist.

61 „Ce qu'il admire particulièrement chez Rousseau est la place réservèe à la *pitié*, et donc à la socialité; il est heureux de trover en lui un allié dans son combat contre les théories asociales de Hobbes, La Rochefoucauld ou Mandeville. Smith luimême considère que la vision hobbesienne ne peut rendre compte de la *sympathie*, pierre angulaire de son propre Système, qu'il définit très largement comme notre faculté de partager *les sentiments d'autrui*, qu'ils soient; or il s'agit là, pense-t-il, d'une catégorie dont l'existence est confirmée par l'expèrience quotidienne de chacun" (Todorov, 1995, 30, Herv. R.M.)

ähnliches. Welche Grundaussagen für ein in diesem Zusammenhang stehendes Verhalten trifft er?

- Gegen ein obszönes Verständnis von Barmherzigkeit: In seiner Analyse des Irak-Krieges, im Jahr 2003, federführend durch die USA, kritisiert Todorov die Verwendung des Begriffes „Barmherzigkeit" in Bezug auf die Bewertung des Kriegsverlaufes durch General Jay Garner, der vermutlich das Proportionalitätsprinzip des „ius in bello" im Horizont der „bellum iustum"-Lehre im Hinterkopf habend, zur Einschätzung kam, dass nicht so viele Menschen getötet wurden, wie man hätte töten können. Weil der Krieg also offensichtlich weniger grausam war als es möglich gewesen sein könnte schien nach diesem General das Wort „barmherzig" („miséricordieuse") angebracht zu sein (vergl. Todorov, 2003a, 48; 2003b, 53). Dass Todorov darin eine obszöne Verwendung des Begriffes „Barmherzigkeit" liest, schließe ich aus seinen Ausführungen, 2 Seiten vorher, wo er es als obszön empfindet, dass im Kriegsdenken und -vokabular das menschliche Leiden ausgeblendet wird, auch in Hinblick auf die Hinterbliebenen der Todesopfer. Er empfindet es ebenso obszön, dass unter den Zahlen von Todesopfern in strategischen Kalkülen die Einzigartigkeit, Unersetzbarkeit und Unbezahlbarkeit jedes Individuums in der Wahrnehmung verschwindet[62]. Er schreibt: „Diese Individuen sind keine isolierten Wesen, sie haben liebende Angehörige, deren Leben nie wieder so

62 Im französischen Text spricht Todorov substantivisch von „einer Obszönität": „Chaque individu est unique et irremplaçable, la vie de chaque être humain est sans prix; intégrer le nombre de victimes que l'on cause dans des calculs stratégiques est une obscénité" (Todorov, 2003a, 46f.). Die deutsche Übersetzung verhält sich sachlich korrekt, wenn sie die ungefähre Größenordnung der Todesopfer in Worten ausschreibt. Allerdings sticht die in Ziffern geschriebene Größenordnung der Todesopfer (was ja normalerweise auf eine exakte Zahl hinausläuft) eher ins Auge. Das wurde mir beim Lesen des deutschen und französischen Textes deutlich – ich nahm die in Worten vermittelte Größenordnung nicht so deutlich wahr (vergl. Todorov, 2003a, 48).
Susan Neiman (2005), Michael Moore (2001/2003) und Ulrich H.J. Körtner (2003) geben Hintergrundinformationen, die zum Teil helfen, den obszönen Gebrauch von Barmherzigkeit zu erklären: 1) Neiman's Ausführungen zu den Rahmenbedingungen unter denen die politisch-militärische Entscheidung zum Irak-Krieg in den USA zustande kamen und wie Päsident Bush die damit verbundenen Probleme kommentierte, indem er den Witz „to win the trifecta" auf die Dreier-Problematik

sein wird wie vorher: Männer und Frauen, Väter und Mütter, Söhne und Töchter, denen bis zu ihrem eigenen Tod der Tod eines nahen Menschen nicht mehr aus dem Kopf gehen wird, den sie mehr als alles auf der Welt geliebt haben und der nie mehr zurückkommen wird" (Todorov, 2003b, 51; s.a. 2003a, 47). Von dieser Kritik her gewinnt man einen guten Einblick in sein Verständnis von „Barmherzigkeit", wozu er in einer anderen Veröffentlichung (vergl. Todorov, 1993, 94ff.) in Abgrenzung zu seinem Verständnis von „Solidarität", die er überwiegend als ethnozentrische Solidarität begriff (vergl. Todorov, 1993, 92ff.) und in Abgrenzung zur „Sorge", die er als eine Form der zwischenmenschlichen Zuwendung begriff, die nicht nur auf menschliche Leidens- und Bedrohungssituationen

---

„Krieg, Rezession und Notstand" „parodierend-witzig" anwandte, zeigten ein „Klima" in der US-Führung auf, die man als „hysterisch" und zugleich anfällig für „obszöne" Sprache betrachten konnte. Diese obszöne Sprache rsp. der Gebrauch des Wortes Barmherzigkeit war eingebettet in eine zutiefst obszöne Entscheidung zur Kriegsführung (unverholen herbeigezerrte Gründe zur Kriegsführung) im Horizont eines gnadenlos zynischen Machtkalküls, wo auf Schulden und die Verarmung Amerikas einerseits und auf das Ansehen des amerikanischen Volkes andererseits überhaupt keine Rücksicht genommen wurde (vergl., dies., S. 92-96). 2) Das Buch von Michael Moore „Stupid White Man" gibt einen guten Einblick, welche Dynamik ein Kulturraum entwickeln kann, wenn dieser mit einem säkularen Sendungsbewusstsein agiert. Das Buch von Moore zählt in Bezug auf die Vereinigten Staaten von Amerika die Schattenseiten dieser Entwicklung auf und macht an Überschriften (z.B. „Das Heilige Land") deutlich, dass religiöse „Formel-Begriffe" verbrämt gebraucht werden und inhaltlich falsch besetzt werden. Mit (negativen) „Nummer eins"-Aufzählungen (vergl. ders. S. 211ff.) macht er deutlich, dass die Vorstellung rsp. das Selbst-Verständnis von den USA als „Heiligem Land" obszön ist. Ebenso verdeutlicht er, dass Grundvollzüge christlicher Religiosität völlig verkehrt besetzt und genutzt werden, wie z.B. das Beten sowie die Formulierung von Gebeten (vergl. ders., 273-280). 3) Und hier schließen die Ausführungen von Ulrich H.J. Körtner sinnvoll an, der den Missbrauch von Religion zur Legitimation kriegerischer Gewaltanwendung und ein messianisches Sendungsbewusstsein mit einem Hinweis auf eine fragwürdige Instrumentalisierung christlicher Grundvollzüge des Betens und Fastens kritisiert: „Höchst fragwürdig in Sprache und Inhalt war z.B. auch der Aufruf des amerikanischen Präsidenten, einen nationalen Tag des Fastens und des Gebets anzusetzen, den das US-Repräsentantenhaus am 27.3.2003 mit 346 gegen 49 Stimmen verabschiedet hat. Darin hieß es laut Presseberichten: ‚Ein Tag des Fastens und des Gebetes ist notwendig, um den Segen und den Schutz der göttlichen Vorsehung für das Volk der Vereinigten Staaten und unsere Streitkräfte während des Konfliktes im Irak und der Bedrohung durch den Terrorismus zu Hause zu sichern'. Der US-Senat hatte eine ähnliche Resolution beschlossen" (Körtner, 2003, 15, Anm. 37).

eingeht, sondern auch dazu da ist das „Alltagsleben" (soweit man von einem Alltagsleben in Bezug auf das Leben in KZ's und Lagern überhaupt sprechen kann) des Anderen erträglicher zu machen (vergl. Todorov, 1993, 80ff.), folgende Feststellung machte: „Im Unterschied zur Solidarität wird die Barmherzigkeit im Hinblick auf alle ausgeübt. Sie schließt niemanden aus (...). (...), daß sie sich gerade an alle richtet und nicht an einzelne Personen" (Todorov, 1993, 94)[63], und das ohne Ansehen der Person (vergl. Todorov, 1993, 95). Barmherziges Verhalten ist nicht mit utilitaristischen und instrumentellen Verhalten in Verbindung zu bringen. Im Mittelpunkt barmherzigen Verhaltens steht für Todorov das Verlangen im Vordergrund „zu erhalten und zu bewahren" („d'avoir besoin de les préserver") (Todorov, 1991, 95; 1993, 95)[64]. „Die Sorge kann nicht universell werden, weil sie das beinhaltet, was man an persönlicher Sympathie für denjenigen verspürt, der sie genießt. Ginsburg konnte sie nie für die gewöhnlichen Häftlinge um sie herum aufbringen. Sie kümmerte sich also nicht um sie. Ihnen unter diesen Umständen zu helfen, hätte eine Haltung der Barmherzigkeit offenbart" (Todorov, 1993, 95). Die Mitleids-Dimension im barmherzigen Verhalten besteht darin, dass man in der Zuwendung den „individuellen Menschen" (vergl. Todorov, 1993, 173) würdigt.

– <u>Empathie – kein ungebrochen positiver Begriff:</u> Todorov weist darauf hin, dass man den Begriff Empathie nicht ungebrochen positiv besetzen darf – Empathie kann auch instrumentell benutzt werden, um den eigenen Interessen zu dienen. „Dieses Verhalten, könnte man schematisch sagen, gliedert sich in zwei Phasen. Die erste ist die des Interesses für den anderen, sogar um den Preis einer gewis-

---

63 Er wählt in dieser Veröffentlichung das Wort „charité", das mit Barmherzigkeit und Nächstenliebe übersetzt werden kann: „Il convient de préciser aussi une seconde frontière, celle entre souci et *charité* (ou l'un de ses synonymes). A la différence de la solidarité, la charité s'exerce à l'égard de tous (n'exclut personne) et ne s'adresse qu'aux êtres souffrants ou menacés; pas de danger, ici, de la voir détournée en moyen d'assurer de meilleurs avantanges à un groupe. (...) Elle diffère du souci en ce qu'elle est orientée, justement, vers tous, et non vers des personnes particulières: (...)" (Todorov, 1991, 95).

64 Die französische Formulierung macht eher deutlich, dass es darum geht, der Bedürftigkeit des Menschen gerecht zu werden; also auf seine Bedürfnisse einzugehen.

sen Empathie oder vorläufigen Identifikation. Cortés schlüpft in seine Haut, aber nur metaphorisch und nicht buchstäblich: Dieser Unterschied ist sehr wesentlich. Er stellt auf diese Weise sicher, daß er die Sprache versteht und die politischen Verhältnisse kennenlernt (daher sein Interesse für die internen Zwistigkeiten der Azteken), er meistert sogar die Aussendung von Botschaften in einem angeeigneten Code: Er gibt sich als der auf die Erde zurückgekehrte Quetzalocoatl aus. Doch dabei hat er nie von seinem Gefühl der Superiorität Abstand genommen; ganz im Gegenteil, seine Fähigkeit, den anderen zu verstehen, ist ja eine Bestätigung dafür. Dann kommt die zweite Phase, in deren Verlauf er nicht nur seine eigene Identität (die er nie wirklich aufgegeben hat) wieder festigt, sondern auch die Assimilation der Indianer an seine eigene Welt in Angriff nimmt. Genauso übernehmen auch, wie wir gesehen haben, die Franziskanermönche die Sitten der Indianer (Kleidung, Ernährung), um sie besser zur christlichen Religion bekehren zu können. Die Europäer legen eine bemerkenswerte Wendigkeit und Improvisationsfähigkeit an den Tag, wodurch es ihnen um so leicher gelingt, ihre eigene Lebensweise überall durchzusetzen. Diese Fähigkeit sich anzupassen und gleichzeitig zu absorbieren ist wohlgemerkt keineswegs ein universaler Wert, und sie hat eine Kehrseite, die beileibe nicht positiv einzuschätzen ist“ (Todorov, 1985, 292f.)[65]. Die Erfahrungen in der Geschichte zeigen; so kann scheinbar em-

---

65 Der Originalwortlaut ist: „Celui-ci, pourrait-on dire schématiquement, s'organise en deux temps. Le premier est celui de l'intérêt pour l'autre, au prix même d'une certaine *empathie*, ou identification provisoire. Cortés se glisse dans sa peau, mais de façon métaphorique, et non plus littérale: la différence est de taille. Il s'assure ainsi la compréhension de la langue, la connaissance de la politique (d'où son intérêt pour les dissensions internes des Aztèques), et il maîtrise même l'émission des messages dans un code approprié: voilà qu'il se fait passer pour Quetzalcoatl revenu sur terre. Mais, ce faisant, il ne s'est jamais départi de son sentiment de supériorité; c'est même le contraire, sa capacité de comprendre l'autre la confirme. Vient alors le deuxième temps, au cours duquel il ne se contente pas de réaffirmer sa propre identité (qu'il n'a jamais vraiment quittée), mais il procède à l'assimilation des Indiens à son propre monde. De la même façon, on s'en souvient, les moines franciscains adoptent les mœurs des Indiens (vêtements, mourriture) pour mieux les convertir à la religion chrétienne. Les Européens font preuve de remarquables qualités de souplesse et d'improvisation qui leur permettent d'autant mieux d'imposer partout leur propre mode de vie. Bien entendu, cette capacité d'adaptation et en même temps d'absorption n'est en rien une valeur universelle, et elle amène avec

pathisch-barmherziges Verhalten mittel- und langfristig zu einer Qualität der Zuwendung führen, die gerade nicht den Bedürnissen des Anderen gerecht wird. Anschließend an die ausführlich zitierten Überlegungen von Todorov, ist auf das Problem hinzuweisen, dass Menschen und Kulturen in ihrer Zukunftsfähigkeit verhindert werden, wenn keine durch Eigen-Sinn getragene sowie kultureigene Entwicklung ermöglicht wird bzw. nicht an den Ressourcen und der Lebensweise der Betroffenen wertschätzend angeknüpft wird. Bezeichnend hierfür sind die wiederholten Berichte von Missionaren, dass „Einwohner" sich zwar auf die Angebote der Missionare einlassen, aber hinter dem Rücken dieser dann doch die eigene Tradition pflegen. Auch Sozialarbeiter und Betreuer berichten immer wieder von ambivalenten Verhaltensstilen bei Menschen, die sie unterstützen – von einem offiziellen, unter der Aufsicht der Sozialarbeiter und Betreuer stehenden Verhalten und schließlich von einem abweichenden Verhalten, das in den unkontrollierten Spielräumen der Lebenswelt erfolgt.

– Das Missverständnis des Dualismus von Egoismus/Altruismus: Ausgehend von einer Kritik an einer völlig falschen Opposition im Diskurs zwischen Egoismus und Altruismus etc.[66] stellt er fest, dass diese Diskussion das verfehlt, was das Faktum der „conditio humana" ausmacht. Der Mensch ist ein Wesen, das als Individuum und Subjekt auch ganz eigene Bedürfnisse hat – unter anderem nach Selbstachtung, nach spezifischen Glücks-Erlebnissen (was von beim Hedonismus-Diskurs und der Diskussion der Lust verfehlt rsp. zum Teil falsch interpretiert wird [vergl. Todorov, 1996, 55-61]) sowie nach persönlichen Liebeserfahrungen hat. Und zweitens macht er deutlich, dass der Mensch sich durch Sozialität auszeichnet, wozu auch Formen des prosozialen Verhaltens gehören. Aber er referiert auch Balints Konzept der „primären Liebe"[67] und macht damit deutlich, dass das Gestalten der Sozialität des Men-

elle son revers, qui est beaucoup moins apprécié" (Todorov, 1982, 251f.; Herv. R.M.).

66 Vergl. z.B. seine Diskussion von Adam Smith auf den Seiten 30f. (Todorov, 1996).

67 Vergleiche hierzu die Verweisstellen in der französischen sowie deutschen Ausgabe seines Buches: (Todorov, 1995) – S. 44,56,58,60,74,80,86, 89 und 92; (Todorov, 1996) – 43, 54f., 59, 74, 79f., 86, 92, Quellen 183. Und sein Fazit dazu: „Der

schen über prosoziales Verhalten hinausgeht und auch das Handeln im Horizont der „Liebe" umfasst. Dabei verdeutlicht er, dass das eine mit dem anderen in Beziehung steht, beides aber zugleich seinen Selbstwert hat – er schreibt: „Der Mensch ist aus den Beziehungen zu Mitmenschen gebildet und zugleich fähig, ganz allein in der Welt zu wirken; das menschliche Wesen ist gleichsam ein Kollektivsingular" (Todorov, 1996, 167)[68]. Und schließlich ergänzt er, um noch einmal deutlich zu machen, dass es unsinnig ist, die Diskussion zwischen Egoismus und Altruismus aufzumachen: „Aber noch einmal: die menschliche Geselligkeit hat einfach kein Gegenteil" (Todorov, 1996, 172)[69].

Mit Blick auf die mögliche Fähigkeit zu Mitleid und Barmherzigkeit sollte man nun aber darauf hinweisen, dass nach Todorovs Einschätzung ein Zusammenhang zwischen diesen beiden Dimensionen der „conditio humana" besteht. So weist er auf eine Beziehung zwischen einer Selbstachtung und einem Selbstvertrauen und der Fähigkeit zu tugendhaftem Verhalten hin (vergl. ders., 1996, 153), was auch auf die Frage nach Barmherzigkeit und Mitleid erweitern lässt. Liest man vorausgegangene Überlegungen, dann stellt in Bezug auf tugendhaftes Verhalten eine aufgrund von fehlendem Selbstvertrauen entstehende Angst das wesentliche Problem dar (vergl. ders., 74). Angst ist also Gift für tugendhaftes Verhalten. Die

---

Mensch wird nicht aufgrund eines Kampfes, sondern vielmehr aus Liebe geboren. Und das Ergebnis dieser Geburt ist nicht das Paar Herr-Knecht, sondern prosaischer die Verbindung von Eltern und Kind" (ders., 1996, 38; vergl. 1995, 39, 3. Absatz).

68 In der deutschen Übersetzung ist das Wort „Kollektivsingular" ein Schöpfung des Übersetzers; im Original liest sich das Zitat so: „L'être humain est fait des relations qu'il entretient avec ses semblablables et il est en même temps capable d'intervenir, lui tout seul, dans le monde; il est double, non un" (Todorov, 1995, 165). Der Befreiungstheologe Scannone hatte darauf hingewiesen, dass „der Arme" „nicht nur individuell im Schoß eines privat-ethischen Ich-Du-Verhältnisses" gedacht werden darf; er sollte auch auf eine gemeinschaftliche und soziale Weise erfahren und reflektiert werden. „Es geht um (…) Völker, Klassen, Kulturen und Rassen" (Scannone, 1992, 96), die sich begegnen und eine tiefe Beziehungskultur pflegen können. Für ihn ist es also bedeutsam den „Armen" auch als kollektives Subjekt wahrzunehmen.

69 Vergl. auch hier die deutsche Übersetzung, die insistierender wirkt als der französische Originaltext: „ (…) mais la socialité humaine, une fois de plus, n'a tout simplement pas de contraire" (Todorov, 1995, 170).

Bedeutung dieses Aspektes einer sympathischen Beziehung zu den eigenen Bedürfnissen unterstreicht Todorov noch einmal mit dem Zitieren von Rousseau aus dem Émile: „Ich kann mir nicht vorstellen, daß jemand, der keine Bedürfnisse hat, noch irgendetwas lieben kann“ (in: Todorov, 1996, 174). Mit anderen Worten – sich um das Erlebnis von Glücksgefühlen zu bringen, bringt auch einen Menschen um die Fähigkeit Mitleid und Barmherzigkeit zu üben. Allerdings kann ich im Kontext dieser Überlegungen nicht mit ruhigem Gewissen das von Todorov zitierte Zitat von Balint – „(...)Man wird schlecht durch Leiden“ (in: Todorov, 1996, 86) – heranziehen. Dieses lässt nach meiner Einschätzung möglicherweise ambivalente Interpretationen zu.

– Der Aspekt der Gewissensbildung: Mit Blick auf Ausführungen zur Gewissensbildung erscheint mir auch sein Selbstverständnis von Moral, in Konsequenz auf die vorausgegangenen Ausführungen bedeutsam – auch wenn er meint damit christliche Moraltheologie zu kritisieren (vergl. Todorov, 1996, 141, 173). Ich denke er kritisiert damit etwas, was Vertreter des Konstruktivismus als Kritik gegen „normative Konzepte“ (Siebert) einerseits vorbringen und was neuere, salutogenetisch orientierte „Sinn-Diskurse“, an eine Strategie des „Einpflanzens“ von Moral im Horizont klassischer „Wahrheitskonzepte“ anfragen (vergl. z.B. Spitzer, 2007, 1-19). Aber ich denke, diese Anfrage von Todorov trifft nicht die christliche Moraltheologie als Ganze.

Nach ihm ist Moral nicht etwas „Zusätzliches“, was an den Menschen heranzutragen ist und wohin der Mensch sich zu entwickeln hat, was also dazu beiträgt, dass der Mensch „kultiviert“ wird. Vielmehr ist für ihn moralische Bildung ein Beitrag zur Wahrnehmungsschulung, nicht umsonst macht er ästhetisch-aisthetische Ausführungen, und eine Hilfe zur Schatzsuche für die Realisierung dessen, was die „conditio humana“ ausmacht. Moral, das bedeutet für Todorov nicht auf „eine zu entwickelnde Qualität noch einen zu tilgenden Makel (zu R.M.) sehen“ (Todorov, 1996, 171), sondern auf das Heil, das Glück und die Freude halbwegs moralisch gelungener Sozialität zu verweisen. In diesem Sinne ist auch das Buch „Angesichts des Äußersten“ (Todorov, 1993) zu lesen. Und hier erhält der zweite Satz des von ihm zitierten Rousseaus seinen Sinn:

„Ebenso wenig begreife ich, daß jemand, der nicht liebt, glücklich sein kann" (in: Todorov, 1996, 174). Und was für das Lieben-Können gilt kann auch, möchte man hier anfügen, für die Fähigkeit zum Mitleid und zu Barmherzigkeit, gelten. Bedeutsam in diesem Kontext ist, dass bei ihm hier dann auch die Begriffe des Schönen und des Sinns eingeführt werden.

– Zur moralisch-ethischen Qualität von Anerkennung (im Horizont von Für(Sorge) und Barmherzigkeit): Obwohl er die christliche Moraltheologie kritisiert, kann er dennoch positiv auf das Neue Testament, nämlich auf das Evangelium von Lukas (vergl. Lukas 6, 34ff.)[70] sowie von Matthäus (vergl. Mt 6,1-6)[71] rekurrieren. Darin macht er deutlich, dass einem Anerkennungsprozess eine uneigen-

---

70 Diesen Hinweis auf Lukas kann man nicht dem französischen Originaltext, sondern nur den Anmerkungen in der deutschen Übersetzung entnehmen. Ich weise hier mit einem längeren Zitat von Lukas auf das Umfeld des Satzes hin, der sich bei Todorov findet. In der Lutherbibel steht (Lk, 34-38): „(34) Und wenn ihr denen leiht, von denen ihr etwas zu bekommen hofft, welchen Dank habt ihr davon? Auch die Sünder leihen den Sündern, damit sie das Gleiche bekommen. (35) Vielmehr liebt eure Feinde; tut Gutes und leiht, wo ihr nichts dafür zu bekommen hofft. So wird euer Lohn groß sein und ihr werdet Kinder des Allerhöchsten sein; denn er ist gütig gegen die Undankbaren und Bösen. (36) Seid barmherzig, wie auch euer Vater barmherzig ist. (37) Und richtet nicht, so werdet ihr auch nicht gerichtet. Verdammt nicht, so werdet ihr nicht verdammt. Vergebt, so wird euch vergeben. (38) Gebt, so wird euch gegeben. Ein volles, gedrücktes, gerütteltes und überfließendes Maß wird man in euren Schoß geben; denn eben mit dem Maß, mit dem ihr messt, wird man euch wieder messen."

71 In der deutschen Ausgabe wird hier Schopenhauer zitiert (vergl. Todorov, 1996, 179 Anm. 9); in der französischen Ausgabe gibt es den Hinweis auf Matthäus (6,1-6) (vergl. Todorov, 1995, S. 178). Ich zitiere deswegen hier ausführlicher die Stelle nach der Lutherbibel: „(1) Habt Acht auf eure Frömmigkeit, dass ihr die nicht übt vor den Leuten, um von ihnen gesehen zu werden; ihr habt sonst keinen Lohn bei eurem Vater im Himmel.(2) Wenn du nun Almosen gibst, sollst du es nicht vor dir ausposaunen lassen, wie es die Heuchler tun in den Synagogen und auf den Gassen, damit sie von den Leuten gepriesen werden. Wahrlich, ich sage euch: Sie haben ihren Lohn schon gehabt. (3) Wenn du aber Almosen gibst, so lass deine linke Hand nicht wissen, was die rechte tut, (4) damit dein Almosen verborgen bleibe; und dein Vater, der in das Verborgene sieht, wird dir's vergelten. (5) Und wenn ihr betet, sollt ihr nicht sein wie die Heuchler, die gern in den Synagogen und an den Straßenecken stehen und beten, damit sie von den Leuten gesehen werden. Wahrlich, ich sage euch: Soe haben ihren Lohn schon gehabt. (6) Wenn du aber betest, so geh in dein Kämmerlein und schließ die Tür zu und bete zu seinem Vater, der im Verborgenen ist; und dein Vater, der in das Verborgene sieht, wird dir's vergelten".

nützige und nicht berechnende Motivation zugrundeliegen sollte, damit dieser als Anerkennungsprozess auch wirklich gelingt: „Der Austausch zwischen den Menschen läßt sich nicht in die üblichen Rubriken der Kontorbücher aufteilen. Als Jesus zu seinen Jüngern sagte, ‚Leihet, ohne etwas zurückzuerwarten, und euer Lohn wird groß sein', erwies er sich als besserer Psychologe als Bataille" (Todorov, 1996, 53). Später schreibt er noch: „und schließlich, heißt es nicht im Evangelium, diesem zentralen Text der westlichen Kultur, ausdrücklich, wir sollten nicht handeln ‚vor den Menschen, um von ihnen gesehen zu werden', ‚um von den Menschen gelobt zu werden', sondern uns damit begnügen, daß unser Vater, ‚der ins Verborgene sieht', alles weiß und den Lohn gerecht verteilt?"(Todorov, 1996, 103f.).

Schließlich macht er deutlich, dass ein Anerkennungsprozess nur dann gelungen ist, wenn er offen gehalten wird für eine wechselseitige Anerkennung. Das bedeutet, wenn ich zu der anderen Person in eine Beziehung eintrete, indem ich z.B. Hilfe und Unterstützung gewähre, dann muss ich darauf achten, dass ich dabei die Person nicht zu einem Objekt verwandle. Axel Honneth war dann Jahre später in seinen Überlegungen zu „Verdinglichung" diesem Phänomen auf der Spur. Würde der Mensch sich in dem Zuwendungsprozess zu einem Objekt verwandeln, dann würde das dazu führen, dass diese Person „mich jedoch nicht mehr in meinem Dasein bestätigen" (Todorov, 1996, 72) kann. In diesem Zusammenhang gewinnt der „Blick" bei Todorov eine besondere Bedeutung, den er ergänzend gegenüber den Erkenntnissen von Harlow über „Lieben" in Anschlag bringt (vergl. Todorov, 1996, 78 und 84f.; siehe aber auch schon die Ausführungen in Todorov, 1993, 82)[72]. Das heißt, nur eine Hilfe und Unterstützung, die in einem Begegnen der Bli-

72 Vergl. zu den Versuchen von Harlow zur Liebe als erste Einführung die Ausführungen von Slater zum „Füttern", zum „Trost durch Berührung" sowie zu Bewegung und Spiel (vergl. Slater, 2005, 181-191), die aber Todorov ästhetisch-aisthetisch ergänzt mit dem Hinweis auf vertraute Düfte und Laute (vergl. Todorov, 1996, 84). Auch relativiert Todorov mit seinen starken Ausführungen zur Beobachtung der Entwicklung von Kindern die Aussagekraft der Primaten-Experimente für das Verständnis einer gelungenen zwischenmenschlichen Entwicklung und Beziehungskultur (vergl. Todorov, 1996, 84ff.).

cke gegründet ist (vergl. ders., 1996, S. 73 und 75)[73], beugt der Entwicklung vor, dass ich die Person zu einem Objekt verwandle und das wiederum hält die (helfende rsp. unterstützende) Beziehungsaufnahme für einen Anerkennungsprozess offen. Dieses Phänomen am Beispiel einer Spende macht eine Textstelle bei Marianne Gronemeyer über eine Begebenheit mit Ivan Illich sehr anschaulich: „‚Dissymmetrische Komplementarität' nennt I. Illich das Zusammenspiel von ebenbürtigem Fremden und Eigenem. Eine kleine Szene verdeutlicht, was es damit auf sich hat. Illich berichtet, wie er an einer Moschee in Dakar einem Bettler möglichst beiläufig ein Geldstück in die ausgestreckte Hand legt. Ein Freund, der bei ihm war, fordert ihn auf, die Beiläufigkeit der Geste zu widerrufen und dem Bettler in die Augen zu schauen und sich vor ihm zu verbeugen. Der Bettler segnet ihn darauf mit einem Koranspruch. ‚Was da vor sich ging ... war eine Feier der Unvergleichbarkeit von zehn Franken und Allah's Segen. Und gerade deshalb konnten wir einander in die Augen sehen als Du und Du. Die Unvergleichlichkeit der Spende hatte unsere Ebenbürtigkeit bezeugt.'(I.Illich, 1988/89, o.S.)" (Gronemeyer, 1996, 158). Damit charakterisiert Ivan Illich den Anerkennungsprozess angemessener, als dies Todorov selbst vollzieht, wenn er in der Formulierung einer „asymmetrischen Beziehung" („une relation asymétrique") (vergl. Todorov, 1996, 102)

73 „Das sind Beispiele für ein soziales Zusammenleben, das wie beim Menschen **durch den Blick vermittelt** ist. Doch sind diese Augenblicke der Koexistenz mit humanen Zügen zeitlich und in ihrer Bedeutung beschränkt. In der Tierwelt behält das Leben zumeist die Überhand gegenüber dem Dasein, bei den Menschen ist es umgekehrt" (Todorov, 1996, 73, Herv. R.M.). „Die Position des Fremden, des Randständigen, des Ausgeschlossenen läßt sie uns erfahren; die Armen, bemerkte schon Adam Smith, sind jene, die niemand bemerkt, denen es nicht gelingt, **in den Augen ihrer Mitbürger zu existieren**" (ders., 1996, 75, Herv. R.M.). Der Vollständigkeit wegen sei an dieser Stelle der Hinweis ergänzt, dass der Blick bei Jugendlichen mit Empathieverlust Gegenstand der Rivalität und der Konkurrenz sein kann (vergl. C. Koch, 2008, 119-121). Aber auch der Hinweis, dass Therapie und eine humane Sozialisation am Blick anknüpfen müssen und zwar so, dass den Kindern und Jugendlichen unter dem Blick nicht nur das Gefühl der Bedrohung genommen wird, sondern dass sie auch durch den Blickkontakt über erlittenen Schmerz und Verlust trauern dürfen.

begrifflich hinter seinen eigenen systematischen Überlegungen zurückbleibt (vergl. ders., 124f.)[74].
Schließlich weist Todorov darauf hin, dass Anerkennungsprozesse kontinuierlich erfolgen müssen. Anerkennung ist nach Todorov ständig im Leben der Menschen notwendig; man kann nicht besonders stark von vergangener Anerkennung zehren bzw. sich nur begrenzt von einer Anerkennungserfahrung über die nächsten Tage hinaus ernähren: „Die Anerkennung unserer Existenz, die Vorbedingung jeder Koexistenz, ist der Sauerstoff der Seele: ebenso wenig wie die Tatsache, daß ich heute atme, mich von der Atemluft des folgenden Tages abhängig macht, genügt mir heute die gestern erhaltene Anerkennung. Nur aus Naivität oder Gehässigkeit können wir versuchen, denjenigen, der über mangelnde Anerkennung klagt, damit zu trösten, daß wir ihm seine vergangenen Erfolge in Erinnerung rufen. Diese Erinnerung läßt ihn im Gegenteil um so bitterer ermessen, was ihm heute fehlt" (Todorov, 1996, 74)[75]. Das bedeutet, in Anschluss an Todorov weitergedacht, für barmherziges Verhalten, man darf nicht, vor dem Hintergrund einer aktuellen Notlage, auf eine zurückliegende schon gewährte Unterstützung

74 Eventuell hatte er sich die inhaltlichen Perspektiven eines Anerkennungsprozesses durch eigene Ausführungen in dem Buch „Angesichts des Äußersten" verbaut, wo er in seinen Überlegungen zur Barmherzigkeit schrieb: „Die Beziehung der Barmherzigkeit ist asymmetrisch, denn ich wüßte nicht, welche Hilfe mir ein Bettler leisten könnte, weshalb ich ihn gar nicht erst kennenlernen will. Deshalb ist auch der Akt der Barmherzigkeit oder des Mitleids für den, der ihn empfängt, vielleicht demütigend, denn er hat keine Gelegenheit, ihn auf der Grundlage der Gegenseitigkeit zu erwidern. Meine Sorge für ein Individuum führt normalerweise zu einer erwidernden Sorge, selbst wenn zwischen beiden Handlungen Jahre verstreichen, so wie es zwischen Eltern und Kindern der Fall ist" (Todorov, 1993, 95). In dem gleichen Buch aber erwähnt er, dass ein ehemaliger Lager-Insasse von ein Blick eines jungen Mannes am Rand der Straße auch noch nach vielen Jahren beeindruckt ist und kein Gefühl über eine asymmetrische Beziehung in dem Blickkontakt äußert (vergl. ders., 82).

75 „La reconnaissance de notre existence, qui est la condition préliminaire de toute coexistence, est l'oxygène de l'âme: pas plus que le fait de respirer aujourd'hui ne me dispense de l'air de demain, les reconnaissances passées ne me suffisent dans le présent C'est seulement par naïveté, ou par malveillance, que nous pouvons tenter de consoler celui qui déplore l'absence de reconnaissance en lui rappelant ses succès d'hier; ce rappel, au contraire, fait mesurer dáutant plus cruellement leur manque aujourd'hui" (Todorov, 1995, 74).

verweisen, sondern muss erneut prüfen, ob und wie man unter erneuten Herausforderungen sich verhalten muss und kann. Barmherzigkeit, das heißt auch, man darf den Armen deswegen auch nicht die Lebenslage zum Vorwurf machen, dass deren Representanten ständig „vor der Tür" mit der Bitte um Hilfe stehen.
Aber nicht nur kontinuierlich sollte Anerkennung gewährleistet werden, sondern auch komplex sollte Anerkennung erfolgen – jeder Bereich und jede Dimension des menschlichen Daseins ist anerkennungs-bedürftig und fehlende Anerkennung in einem Segment kann nur über ein anderes Segment nur unzureichend kompensiert werden: „Die Anerkennung betrifft alle Bereiche unseres Daseins. Ihre verschiedenen Formen können einander nicht ersetzen, die eine bietet höchstens einen gewissen Trost für eine andere, die fehlt. Ich habe das Bedürfnis, im Beruf und in meinen persönlichen Beziehungen anerkannt zu werden, in der Liebe und in der Freundschaft. Die Treue meiner Freunde kompensiert nicht wirklich den Verlust der Liebe, ein erfülltes Privatleben kann das Scheitern im politischen Leben nicht vergessen machen. (…)" (Todorov, 1996, 96)[76]. D.h. zum Beispiel für barmherziges Verhalten in Bezug auf die Armutsfrage, dass sich dieses nicht zu stark auf eine Kon-

76 „La reconnaissance atteint toutes les sphères de notre existence, et ses différentes formes ne peuvent se substituer l'une à l'autre: tout au plus parviennent-elles à apporter, le cas échéant, quelque consolation. J'ai besoin d'être reconnu sur le plan professionnel comme dans mes relations personnelles, dans l'amour et das l'amitié; et la fidélité de mes amis ne compense pas vraiment la perte de l'amour, pas plus que l'intensité de la vie privée ne peut effacer l'échec dans la vie politique" (Todorov, 1995, 96). Dass jeder Bereich und jede Dimension des menschlichen Daseins anerkennungs-bedürftig ist, wird in seiner sehr scharfsinnigen und extrem nuancierten Analyse von Anerkennungssphären des Daseins in den Konzentrationslagern deutlich (vergl. Todorov, 1993). Besonders interessant ist in diesem Zusammenhang der Abschnitt, der in der deutschen Übersetzung mit „Sorge" überschrieben ist (vergl. ders., 1993, 80ff.), der aber vom „Umsorgen", von der „Fürsorge", von dem das „Leben teilen" usw. handelt. Einige dort aufgeführte Beispiele sind im Kontext des Anliegens des Buches von Todorov bedeutsam. Würde man sie aber aus dem Buch von Todorov zitierend herausnehmen, wären sie problematisch, weil sie in der gegenwärtigen Sterbehilfe-Diskussion in das Fahrwasser einer fahrlässigen Interpretation geraten könnten. Ich zitiere einige von Todorov genannte Beispiel, weil sie auch für die Gegenwart anregend sein können: 1) „Als ein junger Mensch zu schwach war, um die Arbeit wieder aufzunehmen, legte sich auch sein Vater neben ihn, um den Tod gemeinsam zu erwarten" (S. 80; 1991, 80). 2) „Ein alter

zentration auf eine nur-materiell-notwendige Versorgung der Armen erschöpfen darf, sondern das gesamte Dasein der Armen im Auge behalten muss.
Da eine komplexe Praxis der Anerkennung aber nicht allein von einzelnen Institutionen und Strukturen zu leisten ist, ist es nur konsquent, wenn Todorov in seinen weiteren Überlegungen andeutet, dass die Zuwendung, die man anderen Menschen gibt, offen auf eine kooperative Zuwendung rsp. Anerkennung sein sollte. Dies wird daran deutlich, dass er „exklusive" Mutter-Kind-Beziehungen problematisiert: „(...) etwa die Mutter, die ihr Kind umsorgt und ihm Anerkennung gewährt, aber nicht will, daß irgendein anderer dies auch tun kann. Sie möchte ganz allein alle ‚sozialen' Bedürfnisse befriedigen und läßt dabei keiner dritten Person Raum. Diese Versuchung ist ganz besonders stark bei alleinerziehenden Eltern, die sich an der eigenen Allmacht berauschen" (Todorov, 1996, 93). Damit knüpft er an seinen im Prinzip wertschätzenden Überlegungen zur mütterlichen Sorge an anderer Stelle an (vergl. Todorov, 1993, 86-90), wo er aber am Ende kritische Anfragen formulierte, unter anderem auch diese: „Die Sorge kann Formen annehmen, die denen des üblichen mütterlichen Schutzes zuwiderlaufen" („Et le souci peut prendre des formes contraires à celles de la protection maternelle habituelle: [...])" (Todorov, 1991, 91; 1993, 91)[77].

Zuchthäusler brachte ihr Hafergrütze, die liebevoll zubereitet war und die er nicht allein genießen wollte. Es reichte ihm, Ginsburg beim Essen zuzusehen. ‚Er sah mir zu mit Augen, aus denen Güte und Glück leuchteten'(...) [‚Il fixait sur moi des yeux étincelants {strahlende Augen} de bonté et de bonheur']" (S. 82; 1991, 82). 3) „Eine der Verantwortlichkeiten Malas bestand in der Verteilung der Kranken auf verschiedene Arbeiten, wenn sie das Krankenrevier verließen. Sie versuchte immer, die noch von ihrer Krankheit geschwächten Frauen zu den leichtesten Arbeiten zu schicken. Und sie warnte immer die Patienten, wenn eine Selektion bevorstand, indem sie sie ermunterte, das Krankenrevier so schnell wie möglich zu verlassen" (S. 84; 1991, 84). 4) „In den Gaskammern, so erzählen Müller oder Gradowski, streichelten sie noch die Haare der Kinder, um sie beruhigen" (S. 86; 1991, 86). 5) „In Auschwitz fürchtete sich Isabella davor, Leichen anzufassen, aber sie mußte eine hochheben. Ihre Schwester Chicha schob daraufhin ihre Hände zwischen die Hände Isabells und den Leichnam (...)"(S. 86; 1991, 86).

77 Interessant ist es, dass er ähnlich wie Horst Eberhard Richter sich fragt, ob die Emanzipation der Frauen im Sinne der Aufgabe der Kompetenz von „mütterlicher Sorge" der richtige Weg ist. Gleichzeitig legen seine Formulierungen den Eindruck

Schließlich weisen seine Überlegungen zur möglichen Intensität, dem Ausmaß und einem möglichen aufopferungsvollen Verhalten für andere Menschen (in Form von Hilfe, als Akt der Nächstenliebe, der Fürsorge etc.), bis hin zum möglichen Zulassen des eigenen Todes, darauf hin, dass er im Prinzip den Gedankengang von Schopenhauer zu diesem Aspekt teilt, allerdings jenen stärker mit „christlicher" Substanz ausstattet und damit einer nekrophilen Leseart der Christusnachfolge vorbeugt. Ausgehend von seiner Rezeption der Überlegungen von Las Casas zu den Menschenopfern der Atzteken scheint er positiv aus der Argumentation von Las Casas herauszulesen, dass durch eine Ausrichtung auf Gott, durch ein theonom orientiertes Verhalten, es möglich ist, dass Menschen in ihrem Engagement (für Andere) auch den eigenen Tod in Kauf nehmen können (vergl. Todorov, 1982, 194f.; ders., 1985, 224ff.; vor allem Punkt 3 der Argumentation von Las Casas)[78]. Dabei versucht er in einer später erfolgenden Publikation einem Missverständnis vorzubeugen, wenn er in Bezug auf den Heiligen festhält: „selbst wenn er sich entsagungsvoll aufopfert, sucht dieser Heilige nicht das Dunkel des Todes" („Même s'il se dévoue avec abnégation, ca saint-là ne vit pas à l'ombre de la mort") (Todorov, 1991, 96; 1993, 56). Daran anschließend kann man im Sinne Todorovs festhalten: Er macht mit diesem Satz einen Unterschied zwischen Helden und Heiligen, dahingehend, dass Helden durchaus den Tod suchen können, Heilige hingegen werden infolge ihres barmherzigen Engage-

nahe, dass er „mütterliche Sorge" nicht exklusiv für Mütter reserviert betrachtet sieht (vergl. Todorov, 1993, 91).

78 Vergleiche aber auch die Bewertung der „rituellen Menschenopfer" durch Las Casas bei Gillner (1997, 229ff.). Der Horizont von Gillners Argumentationsweise ist der, dass Las Casas in Bezug auf die Menschenopfer von einem „probablen Irrtum" bei den indianischen Völkern ausgeht (vergl. ders., 230). Allerdings machen die weiteren „opfertheologischen" Ausführungen schließlich deutlich, dass es aus der Religiosität der Opfernden dazu kommen kann, dass diese meinen eine besondere Wertschätzung in Bezug auf Gott zum Ausdruck zu bringen, wenn sie sich auf die „Opferung menschlichen Lebens" (vergl. ders., 231) einlassen können. Gillner diskutiert dann allerdings nicht mehr Todorovs Hinweis, dass Las Casas bei seiner Argumentation vergleichend auf die christlichen Märtyrer der Frühzeit eingegangen sein soll (vergl. Todorov, 1982, 196; 1985, 226). Wollte er dem Argument aus dem Weg gehen, dass das Thema des Probabilismus auf christliche Märtyrer angewendet werden müsste?

ments „verwundet" (siehe die Wundmale von Franziskus) oder verhalten sich durch barmherziges Verhalten „illegal" und auch „strafbar" – im Fall von Jesus führte das in den Tod. Dadurch gewinnt die Vorstellung von „Opfer" eine ganz unterschiedliche Bedeutung. Todorov macht indirekt deutlich, dass man in Anschluss an Jesu Tod, weil er der Sohn Gottes ist, nicht in den Umkehrschluss verfallen sollte, das aufopferungsvolle Engagement so zu gestalten, dass es den eigenen Tod provoziert. Seine Ausführungen weisen eine gewisse Skepsis gegenüber Diskurskulturen auf, die eine Sehnsucht nach Märtyrertum wecken könnten oder auch sollen. Ich glaube seine Ausführungen weisen hier auch eine gewisse Skepsis gegenüber vielen Lebensbiografien auf, die mit dem Gütesiegel „Heilige/Heiliger" versehen wurden. Wenn Todorov in der Diskussion zur „verhinderten Weltmacht" USA von der „stillen Macht" („une puissance tranquille") Europa spricht (vergl. Todorov, 2003a, 75ff. und 102; 2003b, 82ff. und 112 zu „still"), dann nimmt er mit dem Hinweis auf „still" das Thema auf, was er zu einem christlichem Verhalten ausgeführt hat (vergl. Todorov, 1996, 53 und 104). Als Beispiel für das „stille Moment" in barmherzigen Verhalten kann bei ihm nicht nur der Hinweis auf Maximilian Kolbe gelten (vergl. Todorov, 1993, 63)[79], sondern auch die vielen anderen Beispiele stiller Für(sorge) für Andere wie auch von einem stillen Teilen des Lebens (vergl. ders., 1993, 80ff.) sowie des stillen wiederholten Rettens anderer (vergl. Todorov, 1991, 275ff.; 1993, 266ff.)[80]. Die Differenz ist die, jetzt meine an Todorov anschließende Interpretation; sendungsbewusstes Handeln *sucht* die Stigmatisierung, die Heldentat und die Opferrolle für die Opfer der Gesellschaft – es ist ein Handeln, das eher im Horizont der Vorstellungswelt von Helden-

79 Vergleiche in diesem Zusammenhang die Hintergrundinformationen zum Heiligsprechungsverfahren von Maximilian Kolbe (Woodward, 1991, 177-181). Diese Ausführungen machen sehr schön die Spannungen zwischen dem Märytrer-Begriff/Verständnis und einem (stillen) Handeln im Horizont von Barmherzigkeit deutlich.

80 „Une deuxième grande différence entre héros et sauveteurs est que ceux-ci ne combattent pas pour des abstractions, mais pour des individus" (Todorov, 1991, 276). „Du coup, les sauveteurs ne se voient pas, à la différence des héros, comme des êtres exceptionnels. Ils n'aiment pas qu'on les loue; ils ont fait ce qu'ils ont fait car c'était pour eux la chose la plus naturelle du monde" (ders., 1991, 277).

tum steht. Armutsfrömmigkeit, die nicht mit einer asketischen Haltung verwechselt werden darf, hat die Tendenz, dass man eventuell oder auch zwangsläufig infolge barmherzigen Handelns zum Opfer *wird*, dass man bei seinem barmherzigen Engagement für die anderen strafbar wird oder die Erfahrung machen muss, das Stigma „abweichenden, illoyalen oder nonkonformen Verhaltens" zu erhalten. Wie Heldentum in den Augen von Todorov problematisch ist (vergl. Todorov, 1993, 58), weil man eher auf den Sieg spielt und dabei das Menschliche übersehen kann und damit zwar die Schlacht gewinnt, aber den Kampf verliert („si l'on veut non seulement emporter la victoire mais aussi rester humain") (vergl. Todorov, 1991, 120; 1993, 120) so passt sendungsbewusstes Verhalten nicht zum barmherzigen Verhalten, weil es zum „Richten" neigt, auch wenn man den Wert einer gründlichen Tatsachenanalyse im Horizont eines Anerkennungsprozesses im Auge behalten sollte (vergl. Todorov, 1993, 149-154)[81].

4.4. Nachtrag zu T. Todorov: Philip Zimbardo zu Heldentum

Auch wenn P. Zimbardo in der Veröffentlichung „Der Luzifer-Effekt" (2008) von dem Heldentum spricht, so dann doch nicht in der Form, wie bei T. Todorov Heldentum kritisiert wird, sondern in der Form,

81 Ob Todorov für diese Positionierung durch Simone Weil inspiriert wurde, war nicht zu ermitteln. Für die Darstellung der Position von Simone Weil in Bezug auf diesen Aspekt vergleiche bei R. Wimmer (2009, 140f.). Sie problematisierte, dass der Kampf um das Rechte nicht auf Kosten der Gerechtigkeit gehen darf. Sie sieht in manchem Streit um die Rechte die Gefahr, dass ein Sieg des Rechts zugleich auch zu einem Sieg des Unrechts werden kann. R. Wimmer weist in diesem Zusammenhang auch darauf hin, dass es bei S. Weil zu einer Verschiebung in der Semantik kommt. Sie argumentiert eher im Horizont der Menschenpflichten statt im Horizont der Menschenrechte (dieser Pflichtbegriff steht im Horizont der Care-Ethik R.M.). Ähnlich das Anliegen bei J. Müller, der kritisiert, wenn Werte so absolut gesetzt werden, so dass sie ohne Rücksicht auf menschliche Schwächen verwirklicht werden bzw. auch mit Gewalt verwirklicht werden, was ja dann auch wieder neues Leid schafft (vergl. 1994, 212, Punkt 5.). Siehe deswegen auch G. Soros (2001), der einen Wertfundamentalismus als problematisch für die offene Gesellschaft betrachtet.

wie T. Todorov positive Aspekte in Bezug auf Märtyrer oder opferbereites Handeln zu verdeutlichen versucht.

Zimbardo versucht, am Ende seines Buches „Der Luzifer-Effekt“ eine Taxonomie des Heldentums im Dialog mit dem Psychologen Zeno Franco zu erarbeiten. Interessant an dieser Taxonomie ist, dass er darauf hinweist, dass in Bezug auf Heldentum das „Risiko oder Opferbereitschaft nicht auf unmittelbare Gefahr für Leib und Leben beschränkt werden sollten. Immerhin könnte Heldentum auch ein unverzagtes Verhalten angesichts bekannter, langfristiger Gesundheitsrisiken oder schwerwiegender finanzieller Konsequenzen, drohenden Verlustes von gesellschaftlichem oder wirtschaftlichem Status oder Ächtung umfassen“ (Zimbardo, 2008, 427). Auch ist es für Zimbardo wichtig, Heldentum zutiefst altruistisch zu konzipieren: Das heißt; es darf aus der heldenhaften Tat kein sekundärer Gewinn erwartet werden und muss „dem Wohle eines oder mehrerer anderer Menschen oder der Gesellschaft insgesamt dienen“ (ders., 428). Schließlich lösen Zimbardo und Franco das Selbstverständnis des heldenhaften Tuns aus der engen Zeitperspektive einer punktuellen Opferbereitschaft sowie einem impulsiv-affektiven Einschreiten heraus. Heldenhaft kann für sie auch ein Leben geführt werden, welches sich in den kleinen Taten des Alltagshandelns bewährt – bleispielsweise werden Nelson Mandela, Albert Schweitzer (vergl. ders.., 428) sowie Mahatma Gandhi und Mutter Teresa (vergl. ders., 448) erwähnt. Mit deren Verhalten bringt er auch den Begriff der Zivilcourage in Verbindung. Bedeutsam ist, dass die Gefährdung der Familie als Bestandteil heldenhaften Handelns gesehen wird und somit die Heldentat zu einem Kollektivgut werden kann. Schließlich ist auch noch einmal seine Erinnerung an die „Banalität des Heldentums“ unter dem Rückblick auf die Nazi-Herrschaft bedeutsam. Zimbardo schreibt: „Ein Thema, das sich wie ein roter Faden durch die Berichte über europäische Christen zieht, die während des Holocaust Juden geholfen haben, könnte als die ‚Banalität der Güte‘ zusammengefasst werden. Es ist erstaunlich, immer wieder festzustellen, wie viele dieser Retter das Richtige getan haben, ohne sich als Helden zu fühlen; sie handelten lediglich aus dem Gefühl ihres schlichten Anstandes heraus. Die Gewöhnlichkeit ihrer Güte ist besonders erstaunlich angesichts der unglaublichen Bösartigkeit des systematischen Völkermordes der Nazis, (…)“ (ders., 447f.).

Im Horizont des Titels dieses Beitrages – „Compassion" – ist es interessant, dass Zimbardo und Franco compassion als Bestandteil heldenhaften Handelns begreifen. Unter der Kategorie „Soziales Heldentum – Standhaftigkeit, Mut, Unerschrockenheit" erwähnt er diesbezüglich fünf relevante Subtypen. Ich referriere aus den taxonomischen Zuordnungen ausschnitthaft (vergl. ders., 430-433).

1. Subtyp: Religiöse Persönlichkeiten:
   Definition: Hingebungsvoller lebenslanger Dienst nach hochstehenden Grundsätzen oder auf neuen religiösen/spirituellen Wegen.
   Risiko/Opfer: Asketische Selbstaufopferung/Störung orthodoxer Religionslehre.
   Vorbilder: Z.B. Franz von Assisi und Mutter Teresa.
2. Subtyp: Politisch-religiöse Persönlichkeiten:
   Definition: Religiöse Führer, die sich der Politik zugewandt haben, um tiefgreifendere Änderungen bewirken zu können.
   Risiko/Opfer: Tod durch Attentat, Inhaftierung.
   Vorbilder: Z. B. Martin Luther King Jr., Nelson Mandela.
3. Subtyp: Märtyrer:
   Definition: Religiöse oder politische Persönlichkeiten, die wissentlich (manchmal absichtlich) im Dienste einer Sache ihr Leben aufs Spiel setzen.
   Risiko/Opfer: Sicherer oder fast sicherer Tod im Dienst einer Sache oder eines Ideals.
   Vorbilder Z.B. Jesus oder Steve Biko.
4. Subtyp: Barmherzige Samariter:
   Definition: Personen, die Hilfebedürftigen helfen; die Situation birgt viele Hemmnisse für Altruismus; sie muss nicht unbedingt unmittelbare physische Gefährdung mit sich bringen.
   Risiko/Opfer: Sanktionen durch Autoritäten, Festnahme, Folter, Tod, Opportunitätskosten, Ächtung.
   Vorbilder: Z.B. Hans und Sophie Scholl und Albert Schweitzer.
5. Subtyp: Whistle-Blower:
   Definition: Personen, die von illegalen oder unmoralischen Aktivitäten in einer Organisation wissen, die sie melden, ohne dafür eine Belohnung zu erwarten.

Risiko/Opfer: Gefährdung sorgfältig verfolgter Laufbahn, berufliche Ächtung, sozialer Statusverlust, finanzielle Verluste, Glaubwürdigkeitsverluste, Physische Racheakte.
Vorbilder: Siehe zum Beispiel beim BSE-Skandal (R.M.).

4.5. Ergebnissichtung

Shaftesbury wie Schopenhauer betonen die Bedeutung eines *„intrinsischen-motiviert-Seins“* bei der Frage nach Empathie, Mitleid oder Mitgefühl. Diese „Kompetenzen“ sind nicht, so Shaftesbury, in vollem Umfang angeboren bzw. man reift bzw. entwickelt sich bei seinem eigenen „intrinsisch-motiviert-Sein“. Dabei muss man, wenn diese Entwicklung gelingen soll, wenn man Schopenhauers Ausführungen zur „Eudämonologie“ in der Abgrenzung zur „Kantschen Pflichten-Kultur“ würdigen will, in einem Dialog mit der eigenen „mentalen Verfassung“ stehen und den „organs of sense“ (vergl. Shaftesbury) auf der Spur bleiben. Ob es um die „Empfindsamkeit“ geht, oder um den „Geschmack“ geht, oder um das „instinktive Bewusstsein“ und so weiter, es wird deutlich, dass das „intrinsisch-motiviert-Sein“ mit einer „Empathiekompetenz“ verknüpft ist. Todorovs Rückfrage an eine möglicherweise instrumentell eingesetzte Empathie macht hierbei indirekt deutlich, dass sich der Menschen dabei verfehlen kann.

Schopenhauers Begriff von einem „instinktiven“ Verhalten, als Begriff für die „Intuition“ und zum Teil als Begriff für „Affekte“ spiegelt eine wertschätzende Einstellung in „westlichen Kulturen“ für die *„Natur“ gegenüber der „Kultur“* wieder. Er folgt damit Rousseau. Die Natur beziehungsweise der natürliche Mensch ist der wertvollere Mensch bzw. der „echtere Mensch“, während man bei kulturellen Prozessen das Problem sieht, dass diese das Natürliche entstellen. Aus jener Perspektive ist seine Rede vom weiblichen Geschlecht ambivalent. Indem er die „Frau“ unter dem „gender“-Aspekt ausdrücklich in den Überlegungen reflektiert, im Unterschied zu Shaftesbury, verweigert er sich dem Frauen neutralisierenden Sprechen vom Menschen. Auch ist es wertschätzend hinsichtlich der „Frau“, wenn ihre Mitleids- bzw. Empathie-Kompetenz betont wird. In der Diskussion des Mitleids und der „Empathie“ im Gegenüber zur Frage nach der „Gerechtigkeit“ ist er dann aber doch sehr viel mehr „kantischer“ als es seine Kritik an Kant vermuten lässt. Er vermag die „Palaverethik“ der Frauen nicht wertschätzen, weil er „asiatisch“ und nicht „afrikanisch“ kultiviert war. Todorovs kritische Anmerkungen unter anderem zur „Sorge-Kompetenz“ von Frauen und Müttern weisen gegenüber den das Natürliche zu stark positiv wertenden Positionen im Westen eine kritisch-emanzipative Einstellung zur „Natur“ auf. Aber durch die Betonung der „natürlichen“ Dimension des Mensch-Seins ist es Schopenhauer möglich, den „natürlichen“ Menschen stärker wertzuschätzen, wo es nötig ist, nämlich bei seiner Reflektion zur „Eudämoniologie“ und auch zum „intrinsisch-motiviert-Seins“. An der Skizze eines schroffen Gegensatzes zu Kants „Pflichtenethik“ (als bürgerliche Kultur) und dessen „kategorischen Imperativ“ durch Schopenhauer wird nun eine Ablehnung von Kultur durch Schopenhauer deutlich, und worin sich vermutlich auch Shaftesbury wiederfinden könnte, die eine kulturelle Fehlentwicklung der Shaftesbury'schen/englischen Vorstellung von „moral taste“ und „moral sense“ kritisiert, wo sich „Ethik“ auf ein Verhalten reduziert, dass „Äußerlichkeiten“ gerecht werden will. Der Shaftesbury'sche „Geschmack“ findet sich im Bürgertum nur noch als „Stil“, als „Pflichtgehorsam“ usw. – und hier hat Kultur dann auch wirklich einen entstellenden Effekt auf die Natur.

Alle drei Philosophen zeigen, dass sie die christliche Kultur wertschätzend rezipierten. In diesem Kontext ist es bemerkenswert, dass Shaftesbury eine anfanghafte Vorstellung von dem „anonymen Christ“ (vergl. K. Rahner) hat. Alle drei Philosophen zeigen viel Sympathie für den „Altruismus“, der im Verhalten der Menschen liegt, wenn die Menschen „christlich-sind“ und grenzen dieses so motivierte Verhalten, wo die intrinsische Motivation und der *Altruismus (verstanden im Sinne eines sehr uneigennütztigen Verhalten)* stark ineinander fallen, von dem sogenannten „tugendhaften Verhalten“ ab. Sie kritisieren den Aspekt des „tugendhaften“ (bürgerlichen) Verhaltens, indem sie mögliche Verhaltenstendenzen daraufhin befragen, ob darin eine gewisse Form des berechnenden, kalkulierenden und verwertenden Verhaltens sichtbar wird. Was Mandeville sehr scharfzüngig und rhetorisch extrem zugespitzt als Frage mit seiner Bienenfabel in die Diskussion einbrachte, wurde bei diesen Philosophen systematischer verarbeitet und erhielt dadurch eine produktive Kraft für die Reflektion – Mandeville produzierte eher (eine emotionale) Abwehr und verunsicherte die Leserschaft dahingehend, dass man sich nicht sicher war, ob er einen epistemologischen Beitrag leisten wollte. Auch Zimbardo vermag einen Zusammenhang zwischen uneigennützig sprich einem altruistisch gelebten Mitgefühl, Mitleid, Barmherzigkeit usw. und christlichsein herzustellen. Dies ist insofern interessant, wird doch damit etwas diskutiert, was im christlichen Kontext als Ausdruck eines bezeugenden und bekennenden Verhaltens reflektiert wird. Der Beitrag von T. Todorov ist insofern noch bedeutsam, insofern er verdeutlicht, dass ein so gelebtes Mitgefühl, eine so gelebte (Für)Sorge, eine so gelebte Barmherzigkeit nicht marktschreierisch, nicht sendungsbewusst usw. daherkommend, sondern ein eher „stilles" und „unaufgeregtes" Verhalten ist. Und, das wird ebenfalls deutlich, vor allem bei den Ausführungen von Todorov und Zimbardo, Menschen, die so verortet und gefestigt sind, opfern sich auf, wenn es nötig ist, was auch dazu führen kann, dass man den eigenen Tod aus Mitleid und Barmherzigkeit in Kauf nimmt.

Schließlich das Problem des Leidens. Wenn Mitleid, Mitgefühl, Fürsorge und Barmherzigkeit sich auf das Leiden beziehen, dann muss man für den Umgang mit diesem Problem bei der Wahl der Wissenschaftsabteilung zum Teil die philosophische rsp. die religionsphilosophische Reflektion zurücklassen, um sich die Kritik zu sparen, die Schopenhauer (ganz richtig und ganz falsch) traf. Es ist wohl richtig, wenn Schopenhauer viel Leid (in der Welt) wahrnahm, es ist aber völlig unzureichend, wenn er das von ihm wahrgenommene Leid nicht als Ergebnis aus einem „religiösen, sprich einem buddhistischen Wahrnehmungsprozess" heraus kennzeichnet und dieses Wahrnehmen als das Resultat eines „meditativen-spirituellen Prozesses" qualifiziert. Auch war dann sein Über-Sprung in das „Philosophische" kategorial problematisch, hätte er doch in vielen Fragen sehr viel mehr historischer und auch sozialwissenschaftlicher argumentieren müssen – nun ja, die Soziologie stand ihm noch nicht zur Verfügung. Todorov's Darstellung ist hier ein gutes Beispiel, um zu zeigen, wie bei der Darstellung und Reflexion der Fragen jeweils die Wissenschaftsabteilung gewechselt werden muss, um kategorial nicht ins Schlingern zu geraten. Wenn man Schopenhauer vorwirft zu „depressiv" zu sein bzw. zu stark am „Leid" orientiert zu sein, dann nur weil man nicht genug wissenschaftskritisch tiefer Schopenhauer betrachtete und so oberflächlich betrachtet feststellte, dass er von sehr viel Leid sprach. Aber, wenn man soziologischer an Schopenhauer herangeht, dann kann man sagen, er hat richtig sehr viele leidvolle Verhältnisse in der ihn damals umgebenden Gesellschaft festgestellt, er hat allerdings, was sein Fehler war, diese philosophisch behandelt und reflektiert und so dazu beigetragen, dass die Leiden der Menschen zu sehr zu anthropologischen Fragen wurden, wo diese hingegen vielleicht auf diverse Gerechtigkeitslücken hinwiesen. Hier trifft Schopenhauer eine Kritik die wissenschaftstheoretisch nicht so gerechtfertigt ist und wo Todorov die richtigen Vektoren aufspannt.

4.6. Literaturverzeichnis

AHRENS, Theodor: Mission nachdenken. Studien, Frankfurt am Main 2002

DERS.: Das Kreuz mit der Gewalt. Religiöse Dimensionen der Gewaltproblematik, S. 199-232 in: ders., 2002

ARISTOTELES: Die Nikomachische Ethik, Zürich 1951

BARTMANN, Peter: Das Gebot und die Tugend der Liebe. Über den Umgang mit konfliktbezogenen Affekten, Stuttgart/Berlin/Köln 1998

BOPP, Karl: Barmherzigkeit im pastoralen Handeln der Kirche. Eine symbolisch-kritische Handlungstheorie zur Neuorientierung kirchlicher Praxis, München 1998

BRUMLIK, Micha (Hg.): Ab nach Sibirien? Wie gefährlich ist unsere Jugend, Weinheim/Basel 2008

DÖRNER, Klaus: (Mit Beiträgen von Fredi Saal [1988] und Rudolf Kraemer [1933]): Tödliches Mitleid. Zur Sozialen Frage der Unerträglichkeit des Lebens, Neumünster 2002/2007

EUCHNER, Walter: Versuch über Mandevilles Bienenfabel, S. 7-55 in: MANDEVILLE, 1968/1980

GILLNER, Matthias: Bartolomé de las Casas und die Eroberung des indianischen Kontinents. Das friedensethische Profil eines weltgeschichtlichen Umbruchs aus der Perspektive eines Anwalts der Unterdrückten, Stuttgart/Berlin/Köln 1997

GRONEMEYER, Marianne: Das Leben als letzte Gelegenheit, Darmstadt 2(1996)

GRONEMEYER, Reimer/ROMPEL, Matthias: Verborgenes Afrika. Alltag jenseits von Klischees, Frankfurt/Main 2008

HABISCH, André/PÖNER, Ulrich (Hg.): Signale der Solidarität. Wege christlicher Nord-Süd-Ethik, Paderborn 1994

HAGER, Fritz-Peter: Aufklärung, Platonismus und Bildung bei Shaftesbury, Bern/Stuttgart/Wien 1993

HAMBURGER, Käte: Das Mitleid, Stuttgart 1985

HANISCH, Helmut/SCHMIDT, Heinz (Hg.): Diakonische Bildung. Theorie und Empirie, Heidelberg 2004

HARBACH, Heinz: Altruismus und Moral, Opladen 1992

von HAYEK, Friedrich A.: Dr. Bernard Mandeville, S. 31-62 in: HAYEK/PERLMAN/KAYE, 1990

DERS./PERLMAN, Mark/KAYE, Frederick B.: Bernhard de Mandevilles Leben und Werk. Vademecum zu einem Klassiker der Ökonomie und Ethik, Düsseldorf 1990

KAST, Bas: Wie der Bauch dem Kopf beim Denken hilft. Die Kraft der Intuition, Frankfurt/Main 2007

KECK, Andreas: Die Philosophie des Helfens. Von karitativ motivierten Almosen des Mittelalters zur säkularen Armenpflege, S. 50-54 in: Sozialmagazin 7-8/2008

KLEIN, Lawrence E.: Introduction, S. VII – XXXI in: SHAFTESBURY 1999

KOCH, Claus: Kinder aus dem Niemandsland – Jugendgewalt und Empathieverlust, S. 105-131 und 225f. in: BRUMLIK (Hg.), 2008

KOFFLER, Joachim: Mit-Leid. Geschichte und Problematik eines ethischen Grundwortes, Würzburg 2001

KÖRTNER, Ulrich H.J.: Christliche Friedensethik in verantwortungsethischer Perspektive, MS 20 Seiten (Vortrag auf der 40. Bundestagung des Evangelischen Arbeitskreises der CDU/CSU vom 13.-14.6.2003 in Halle/Saale)

KULD, Lothar: Dimensionen der Compassion-Initiative, S. 89-94 in: METZ/KULD/WEISBROD (Hg.), 2000

DERS.: Compassion – Raus aus der Ego-Falle, Münsterschwarzach 2003

DERS.: Theologie der Compassion. Biblische Grundlagen und theologische Reflexion sozialen Handelns, S. 3-12 in: Forum Schulstiftung o.D.,

LUTHER, Henning: Religion und Alltag. Bausteine zu einer Praktischen Theologie des Subjekts, Stuttgart 1992a

DERS.: Das traurige Subjekt. Zum bürgerlichen Bewußtsein in der Literatur, S. 90-110 in: DERS., 1992 (a)b

LUTHERBIBEL (mit Bildern von Marc Chagall): Stuttgart 1984/2006

MANDEVILLE, Bernhard: Die Bienenfabel oder Private Laster, öffentliche Vorteile (Mit einer Einleitung von Walter Euchner), Frankfurt am Main 1968/1980

DERS.: Die Bienenfabel oder Private Laster als gesellschaftliche Vorteile (Mit einer Abhandlung über Barmherzigkeit und Armenschulen und einer Untersuchung über die Natur der Gesellschaft ....), München 1988

MARKS, Stephan: Scham – die tabuisierte Emotion, Düsseldorf 2007

METZ, Johann Baptist/KULD, Lothar/WEISBROD, Adolf (Hg.): Compassion. Weltprogramm des Christentums. Soziale Verantwortung lernen, Freiburg/Basel/Wien 2000

MOORE, Michael: Stupid White Men. Eine Abrechnung mit dem Amerika unter George W. Bush, München 2001/2003

MÜLLER, Johannes: Mit-Leiden als Grundlage mitmenschlicher Solidarität, S. 207-222 in: HABISCH/PÖNER (Hg.), 2004

NEIMAN, Susan: Fremde sehen anders, Frankfurt/Main 2005

PERLMAN, Mark: Die Bienen-Fabel. Eine moderne Würdigung, S. 65-107 in: Hayek/Perlman/Kaye, 1990

RAMMINGER, Michael: Mitleid und Heimatlosigkeit. Zwei Basiskategorien einer Anerkennungshermeneutik, Luzern 1998

RICHTER, Horst-Eberhard: Die Krise der Männlichkeit in der unerwachsenen Gesellschaft, Gießen 2006

SCANNONE, Juan Carlos: Weisheit und Befreiung. Volkstheologie in Lateinamerika, Düsseldorf 1992

SCHIRMACHER, Wolfgang: Gelassenheit bei Schopenhauer und bei Heidegger, S. 54-66 in: Schopenhauer-Jahrbuch 1982

DERS. (Hg.): Ethik und Vernunft. Schopenhauer in unserer Zeit. (Schopenhauer-Studien 5), Wien 1995

DERS.: Schopenhauers Mystik aus Erfahrung, S. 103-115 in: DERS. (Hg.), 1995(b)

SCHMIDT, Alfred: Die Wahrheit im Gewande der Lüge. Schopenhauers Religionsphilosophie, München/Zürich 1986

SCHOPENHAUER, Arthur (Nach der ersten, von Julius Frauenstädt besorgten Gesamtausgabe neu bearbeitet und herausgegeben von Arthur Hübscher): Sämtliche Werke (Band I – VII), Leipzig 1938

DERS.: Preisschrift über die Freiheit des Willens in: Bd. II (Sämtliche Werke in sechs Bänden), Reclam Leipzig, 1839

SCHRADER, W.H.: Ethik und Anthropologie in der Englischen Aufklärung, Hamburg 1984

SHAFTESBURY (By the Right Honourable Anthony Earl of Shaftesbury): Characteristicks, Volume I-III, London 1733

DERS. (Anthony Ashley Cooper, Third Earl of Shaftesbury) (ed. By Lawrence E. Klein):Characteristics of Men, Manners, Opinions, Times, Cambridge 1999

DERS.: A letter concerning entusiasm to my Lord, S. 4-28 in: DERS., 1707/1999

DERS.: Sensus Communis, an Essay on the Freedom of Wit and Humor in a Letter to a Friend, S. 29-69 in: DERS., 1709/1999

DERS.: An Inquiry Concerning Virtue or Merit, S. 163-230 in: DERS., 1699/1711/1999

DERS.: Mescelaneous Reflections on the Preceding Treatises and Other Critical Subjects. Miscellany II, S. 351-394 in: DERS., 1711?/1999

SLATER, Lauren: Von Menschen und Ratten. Die berühmten Experimente der Psychologie, Weinheim/Basel 2005

SOROS, George: Die offene Gesellschaft. Für eine Reform des globalen Kapitalismus, Berlin 2001

SPITZER, Manfred: Vom Sinn des Lebens. Wege statt Werke, Stuttgart 2007

SPRUTE, Jürgen: Der Begriff des Moral Sense bei Shaftesbury und Hutcheson, S. 221-236 in: Kant-Studien, Band 71, 1980

STROHM, Theodor: Soziales Lernen in der Perspektive der „Verantwortlichen Gesellschaft", S. 29-40 in: HANISCH/SCHMIDT (Hg.), 2004

TODOROV, Tzvetan: La conquête de l'amérique. La question de l'autre, Paris 1982

DERS.: Die Eroberung Amerikas. Das Problem des Anderen, Frankfurt am Main 1985

DERS.: Face à l'extrême, Paris 1991

DERS.: Angesichts des Äußersten, München 1993

DERS.: La vie commune. Essai d'anthropologie générale, Paris 1995

DERS.: Abenteuer des Zusammenlebens. Versuch einer allgemeinen Anthropologie, Berlin 1996

DERS.: Le nouveau désordre mondial. Réflexions d'un Européen, Paris 2003a

DERS.: Die verhinderte Weltmacht. Reflexionen eines Europäers, München 2003b

Hans-Joachim: Samariter der Menschheit. Christliche Barmherzigkeit in Geschichte und Gegenwart, München ca. 1977/1990 (??)

WALCH, Günter: Versuch über Philoprio, S. 401-428 in: MANDEVILLE, 1986/1988

WEISER, Christian Friedrich: Shaftesbury und das deutsche Geistesleben, Stuttgart 1916/1969

WIMMER, Reiner: Simone Weil. Person und Werk, Freiburg im Breisgau 2009

WÖHRLE-CHON, Roland: Empathie und Moral. Eine Begegnung zwischen Schopenhauer, Zen und der Psychologie, Frankfurt-Main/Berlin/Bern/Bruxelles/New-York/Oxford/Wien 2001

WOODWARD, Kenneth L.: Die Helfer Gottes. Wie die katholische Kirche ihre Heiligen macht, München 1991

ZIERTMANN: Beiträge zur Kenntnis Shaftesburys, S. 480-499 in: Archiv fÓr (für) Geschichte der Philosophie 1904

ZIMBARDO, Philip: Der Luzifer-Effekt. Die Macht der Umstände und die Psychologie des Bösen, Heidelberg 2008

ZOTZ, Volker: Auf den glückseligen Inseln. Buddhismus in der deutschen Kultur, Berlin 2000

5. Martin Luther Kings Reich Gottes – Theologie

Im Rahmen seiner Ausführungen zur Auseinandersetzungen in Montgomery (vergl. ders., 1982, 27f.) weist Martin Luther King darauf hin, dass das Reich Gottes (RG) unter Spannungen kommt. Es kommt, so Martin Luther King nicht einfach völlig spannungsfrei, sondern der alte negative Frieden bringt es mit sich, dass das Wachstum des Reich Gottes eingebettet ist in einen spannungsreichen Konflikt zwischen Altem und Neuen. Zu diesem spannungsreichen Wachstumsprozess schreibt er an anderer Stelle etwas ausführlicher: „Die gewaltlosen Direkt-Aktionen bemühen sich, ein so kritisches Spannungsverhältnis zu schaffen, daß eine Gemeinde, die sich bis dahin hartnäckig geweigert hat, Verhandlungen zu führen, sich nun gezwungen sieht, den Tatsachen ins Auge zu blicken. Die Direkt-Aktion will die Streitfrage so dramatisch herausstellen, daß man sie nicht länger ignorieren vermag" (ders., 1964, 101). Dabei weiß er, dass es eine fruchtbare und aufbauende gewaltlose Spannung gibt. „Die Aufgabe (des R.M.) Direkt-Aktions-Programms ist es eine Situation herbeizuführen, die so krisenschwanger ist, daß sie unvermeidbar die Tore zu Verhandlungen aufstößt" (ders., 1964, 101). Denn es ist für ihn eine Tatsache, „daß es auf dem gesamten Gebiet der Bürgerrechte keinen einzigen Schritt vorwärts gegeben hat, ohne entschiedene, gesetzliche und gewaltlose Druckausübung" (ders., 1964, 102). „Es ist nun einmal, (so Martin Luther King R.M.), eine betrübliche, aus der Geschichte sich ergebende Wahrheit, das privilegierte Gruppen nur höchst selten ihre Vorrechte freiwillig aufgeben" (ders., 1964, 102). Deswegen ist „die derzeitige Spannung eine notwendige Entwicklungsstufe (...) in dem Wandel von einem widerlichen negativen Friedenszustand (...) zu einem echten und positiven Frieden – worin alle Beteiligten die Würde und Wert der menschlichen Persönlichkeit ehren und achten" (ders., 1964, 109f.). In dem Brief aus dem Gefängnis aus Birmingham geht er auch noch einmal auf diesen Sachverhalt ein (vergl. ders., 1980, 60). Er schreibt: „Sie (d.h. die gewaltlose direct-Aktion R.M.) will diese Probleme so dramatisieren, daß man nicht mehr an ihnen vorbei kann. Es gehört, wie gesagt, zur Aufgabe dessen, der gewaltlosen Widerstand leistet, eine Spannung zu erzeugen. (...) (Es R. M.) gibt eine Art konstruktiver, gewaltloser Spanunngen, die für alles Wachstum erforderlich ist (...) So ist der Zweck der direct action, eine so krisengeladene Situation zu schaffen, daß sie die Tür zu Verhandlungen unweigerlich öffnet".

Bei der Reich Gottes-Theologie geht es nicht so sehr um die Bekehrung des Einzelnen bzw. von Persönlichkeiten rsp. die Seelsorge des Einzelnen, so Martin Luther King, sondern vieles dreht sich um die Gesamtgesellschaft. Er macht auf diesen Aspekt immer wieder aufmerksam, wenn er die amerikanische Nation daran erinnert, dass mit der Besserstellung der Neger bei Bürgerrechten, die Beseitigung der Armut und Arbeitslosigkeit bei Schwarzen und Weißen sowie die Verbesserungen im Wohnungsbau es auch zu einer Verbesserung der Lage der Nation insgesamt erreicht wird und auch das Seelenheil des Einzelnen erreicht wird. In seinen Ausführungen zu seinem Weg zur Gewaltlosigkeit macht er sehr prägnant deutlich: „Eine Religion, die sich um die Seelen der Menschen kümmert, aber nicht an die Slums denkt, in denen diese Seelen gefangen sind, an die wirtschaftlichen Bedingungen, durch die die Seelen beengt werden, an die gesellschaftlichen Verhältnisse, die Seelen verkümmern lassen, ist eine geistlich tote Religion" (1964/1980, 228). Das Überpersönliche rsp. das Überindividuelle steht im Interesse der RG-Verkündigung. Man darf die Rettung der Gesellschaft nicht vergessen. Allerdings darf sich die RG-Theologie nicht in politischen und sozialgesellschaftlichen Entwürfen erschöpfen bzw. man muss vorsichtig sein, politische und gesellschaftliche Entwürfe mit dem RG zu verwechseln. Hierzu macht er folgende Bemerkung zu Rauschenbusch: „Außerdem war er gefährlich nahe daran, das Reich Gottes mit einem besonderen sozialen und wirtschaftlichen System zu identifizieren – eine Tendenz, der die Kirche niemals unterliegen sollte" (ders., 1982, 1970). Deswegen kritisierte er auch an anderer Stelle, dass das Reich Gottes weder auf der These des individuellen Unternehmertums noch auf der Antithese des Kollektivismus beruht, sondern auf einer Synthese, die das Wahre aus beidem wiedergibt (vergl. 1964/1980, 158). Genausowenig man die Kirche mit dem RG verwechseln darf, nicht zuletzt deswegen, wenn sie wie in den USA zeitweise sichtbar wurde, es nur allzu viele gab, „die mehr vorsichtig als mutig waren und sich hinter der einschläfernden Sicherheit bunter Kirchenfenster nicht zu rühren wagten" (vergleiche hier auch seinen Brief aus dem Gefängmis aus Birmingham [1980, 70]). Diese ist allenfalls ein Werkzeug im Dienst des RG. Und dennoch muss mit der RG-Theologie der Einstieg in die Erkenntnis erfolgen, dass sozialer und politischer Protest nicht ausserhalb der christlichen Aufgabenstellung betrachtet wird. Ein Anliegen, auf das Martin Luther King nicht nur in seinen Ausführungen zu den Ereignissen in Montgomery hinwies.

Aber noch einmal zurück zu den Bemühungen zur Rettung der Gesamtgesellschaft. RG-Theologie, das bedeutet, dass Bemühungen im Vordergrund stehen sollten, die ökonomischen, sozialen Rahmenbedingungen des menschlichen Zusammenlebens so human umzugestalten, damit möglichst viele zum Gottesreich geführt werden können. RG ist eine gesellschaftlich bezogene Hoffnung. Für Martin Luther King kommt das darin zum Ausdruck, dass man den Schwarzen endlich den Anteil am Leben in der amerikanischen Gesellschaft zugestehen sollte, der ihnen seit hunderten von Jahren zusteht. Aber stattdessen ist die Bürgerrechtsbewegung mit einem weißen „backlash" konfrontiert gewesen, der alle Wege zu einer Befreiung zu blockieren versuchte (vergl. 1969, 27f.). Darüber hinaus litt die Bürgerrechtsbewegung darunter, dass man unter den Christen weder Eifer für Christus noch Begeisterung für sein Reich empfinden konnte. Vielen Christen bedeutete das Christentum eine Sonntagsbeschäftigung, die schon am Montag wieder vergessen ist. Er sagte, dass die Kirche für viele Christen wenig mehr als ein Club war mit einem religiösen Anhauch (vergl. ders., 1964/1980, 159).

Mit dieser Grundannahme wehrt sich die RG-Theologie gegen einen totalen Aktivismus (in dem Brief aus dem Gefängnis aus Brirmingham legt Martin Luther King dar, wie sorfältig die Aktionen in Birmingham geplant wurden), ist aber zugleich misstrauisch gegenüber jeder Wortmeldung, die die RG-Theologie in die zweite Reihe der theologischen Argumentation verbannen will und die individuelle Seelsorge in den Vordergrund stellen will. RG-Theologie bedeutet schon, dass es um das Anpacken, das Tun geht und zwar bei den ganz konkreten irdischen Probleme und unter ganz alltäglichen Entscheidungen. Zu erwähnen sind der Busstreik, die „sit-ins" an den Imbissstuben, die Friedensmärsche, die Arbeit an gesetzlichen Novellen usw.

RG-Theologie verkünden, das bedeutet das tätige Christsein wieder in Erinnerung zu rufen, wobei sich die Christen nicht individualistisch verkürzt angesprochen erfahren sollten, sondern als Glieder des Leib Christi tätig werden. Dieses Anpacken im Horizont der RG-Theologie bedeutet auch, dass man Hindernissse auf dem Weg zu seinem Reich aus dem Weg räumt bzw. allem ein Ende bereitet wird, was Leben in der Welt zerstört. Das kann revolutionären Charakter annehmen, wie Martin Luther King immer wieder für die Bürgerrechtsbewegung einräumt.

Jesus Christi Wort „Keiner, der die Hand an den Pflug gelegt hat und nochmals zurückblickt, taugt für das Reich Gottes“ war sehr bestimmend für sein Handeln. Immer wieder stand er vor der Frage nicht an Demonstrationen teilzunehmen, sah die Gefährlichkeit der Situation, entschied sich dann aber doch daran teilzunehmen, nicht zuletzt wegen der Vorbildfunktion. In Gesprächen mit seinen Kooperationspartnern wies er dabei darauf hin, dass der Schwung der Befreiungsbewegung gebremst werden könnte, wenn sich herumsprechen könnte, dass er zaghaft werden würde. Auch machte er deutlich, dass es dem christlichen Zeugnis widersprechen würde, jetzt bildlich gesprochen, die Hand vom Pflug zu nehmen. Dieses Bild sprach er nicht selten in Bezug auf sein Eintreten für die die Beendigung des Vietnam-Krieges an. Er empfand es als nur konsequent, gegen den Vietnam-Krieg zu sein, wenn 500.000 Dollar für die Tötung eines Vietcong und nur 53 Dollar für die Behebung der Armut ausgegeben wurde. Er musste zwangsläufig, so seine Meinung, gegen den Vietnam-Krieg sein, wenn das, was er im Rahmen der Bürgerrechtsbewegung gesagt hatte, noch glaubwürdig vertreten wollte.

Worum geht es der RG-Theologie bei Martin Luther King im Einzelnen?

- Es geht um die Einstiftung von Nähe in die sozialen Beziehungen, im ganz alltäglichen Leben und unter den ganz alltäglichen Beziehungen, damit Gemeinschaft und Solidarität statt Vereinzelung und Konkurrenz wieder stärker zum Tragen kommen. In seiner Bibelmeditation zum „barmherzigen Samariter“ weist darauf hin, wie wichtig es für die Gesellschaft ist, wenn „nachbarlich zu leben“ (S. 46) wieder mehr zum Allgemeingut wird, weil sonst zu viele

Opfer an den Rändern der Straßen liegen bleiben (vergl. ders., 1964/1980, 34ff.).

- Es geht nun auch um die Zurückweisung jedes menschlichen Absolutheitsanspruchs, der vor allem dann auftritt, wenn es zur „Vergötterung des Großen" (1964/1980, 26) kommt. In der „Vergötterung des Großen" ist dann kein Platz mehr für Gott beziehungsweise das Reich Gottes. Deswegen geht Martin Luther King kritisch gegen jedwede „Vergötterung des Großen" kritisch vor.
- Gegenüber den Spaltungen in der Gesellschaft geht es darum das in dem RG-Gedanken enthaltene Element der Einheit zur Geltung zu bringen. Im Busstreik von Montgomery wies er vor allem die Schwarzen immer wieder darauf hin, in den Weißen den Bruder und die Schwester zu sehen, die zu lieben sind. Selbst nachdem der Busstreik erfolgreich beendet wurde, machte er mit Trainings den Schwarzen deutlich, dass man nicht zu siegessicher eine neue Segregationslinie zwischen Schwarz und Weiß errichten sollte, sondern brüderlich mit den neugewonnenen „Freiheiten" umgehen sollte.
- Es geht um das Geschehen von etwas „Neuem" in der Geschichte, wobei politische Herrschaft hierbei nicht gemeint ist. Aber es geht wohl um die Veränderung von politischen und gesellschaftlichen Strukturen. Und dazu ist es nötig, das RG als Verheißung im „Hier" den Unrechtsstrukturen gegenüberzustellen. Deswegen kritisiert er in seinen Ausführungen zum Kommunismus: „Trotz aller edlen Versicherungen des Christentums hat es die Kirche oft an echter Sorge um soziale Gerechtigkeit fehlen lassen. Sie war oft so sehr mit dem besseren Jenseits beschäftigt, daß sie das schlechte Diesseits übersah" (1964/1980, 156).
- RG ist Horizont für eine umfassende Befreiung im Weltmaßstab, wobei die Befreiung bei Gott liegt und nicht letztlich als die Erfüllung menschlicher Pläne und Wünsche zu betrachten ist. Es geht um Zeugnisse auf den Gebieten Gerechtigkeit, Frieden und Bewahrung der Schöpfung, wobei seine Eine-Welt-Gedanken die Aspekte des Friedens und der Gerechtigkeit besonders herausstellten. Unter der Überschrift „Haus der Welt" kritisierte er den internationalen Rassismus (1968, 215f.), den internationalen Imperialismus (ders., 1968, 217), prangert die weltweite Armut an (219f.) und ruft zu

weltweiten Friedens-bemühungen auf (S. 227ff.). Er macht deutlich, wie alles Handeln und die weltweiten Warenströme miteinander verflochten sind (S. 224ff.).

- Ohne eine Befreiung von der Welt ist die Bekehrung zum Prozess zum RG nicht möglich.
- Im Lichte des Reich Gottes geht es um die Umverteilung von Macht, das hatte etwas Revolutionäres, ja etwas Gewaltsames, wogegen sich gewehrt wurde. Das wurde während den Demonstrationen in Birmingham immer wieder deutlich. Und Martin Luther King wies wiederholt auf das revolutionäre Element bei den Aktionen von Birmingham hin (ders., 1964).
- Zur Quelle von Menschlichkeit und Leben werden, indem man den Menschen eine allumfassende vorbildliche „Bill of Rights" zubilligt. Er schreibt: „Eine Freiheitsurkunde für die Unterdrückten und Geknechteten könnte den Beginn eines neuen Zeitalters darstellen, in dem die reichen Mittel der Gesellschaft dazu genutzt würden, gegen die anhaltende Armut zu kämpfen, die paradoxerweise inmitten des Überflusses noch ihr Unwesen treibt" (ders., 1964, 184f.; vergl.167ff.).
- RG-Hoffnungen treiben Veränderungen voran, die Unterdrückungen zu überwinden helfen. Es ist eine Befreiungshoffnung, die vor allem auf eine soziale Befreiung abzielt. Nirgendwo anders wurde dies deutlicher, als bei dem Befreiungskampf in Birmingham (vergl. ders., 1964, 55-142). An anderer Stelle sagte er, wir täuschen uns, wenn wir glauben, der Kampf würde nur durch das Gebet entschieden werden (vergl. ders., 1980 (Kraft zum Lieben), 194).

Welches Fazit kann man aus seinen Überlegungen zum Verhältnis von RG-Theologie und Kirche ziehen?

- RG – das bedeutet für die Kirche Verantwortung im öffentlichen Bereich zu übernehmen. Nur die Bekehrung der Herzen greift zu kurz. Die Verantwortung im öffentlichen Bereich bezieht sich auf Veränderungen der Strukturen der Gesellschaft insgesamt.
- Kirche muss sich an den weltumspannenden Befreiungsaktivitäten beteiligen.
- Es geht um eine sozialethisch relevante Ekklesiologie.

- RG-Theologie steht gegen eine christomonastische Frömmigkeitshaltung, die jeden Dialog mit Menschen anderen Glaubens versperre.

5.1. Kritische Anmerkungen

Ein Traditionsstrang der theologischen Reflektion zum Reich Gottes betont die Unverfügbarkeit des ganz Anderen. Das RG-Gottes kann durch das Tun der Menschen nicht eingeholt werden. Es geht im RG um Gottes Walten und nicht um das ethische Handeln des Menschen. Aber im Gehorsam Gottes Willen tun, kann auch ethisches Handeln umfassen.

Es gibt eine RG-Theologie, die zu stark an die menschliche Aktivität gebunden ist, so dass der eschatologische Vorbehalt des Wirken Gottes wegzufallen drohte. Aber das RG ist durch das Walten und Wirken Jesu Christ schon gegenwärtig. Gleichzeitig muss man aber auch anmerken, dass die Betonung des eschatologischen Vorbehaltes auch eine Ausflucht in Inaktivität sein kann. Aber der eschatologische Vorbehalt bedeutet den Hinweis auf ein Hoffnungspotential in Gottes Wirken, das man nicht der menschlichen Verfügung unterstellen sollte.

RG ist eine Gabe und dessen Vollendung liegt in den Händen Gottes. Aber als Gottes Mitarbeiter dienen die Menschen der Verwirklichung der Werte des Gottesreiches in der Welt.

- Man kann das Reich Gottes nicht mit einem Zustand diesseitiger Wohlfahrt gleichsetzen; wohl aber sind die Herstellung friedlicher und menschenwürdiger Zustände Zeichen für das baldige Kommen des RG.
- Ethik kann ein Eingreifen in Gottes Walten sein, kann Vermessenheit sein, kann eine Form von Absolutheitsanspruch sein
- RG ist eine Kritik an schwärmerischen Utopien einer vollkommenen Gesellschaft.
- RG – d.h. man darf sich nicht in weltlichen Themen verlieren.
- Es wird gewarnt vor einer Vorwegnahme des Reich Gottes durch menschliche Tätigkeiten. Es gibt keine Methoden und Maßnahmen in den Händen der Menschen für dieses Reich.

- RG – d.h. die Gefahr einer Überbetonung des Politischen zu sehen. Das Politische ist so zu betonen, dass dabei nicht zum Ausdruck kommt, dass das RG eine völlig andere Größe als das Politische ist, zugleich aber auch das Politische nur ein Merkmalsträger des RG sichtbar wird.
- RG – d.h. jede menschliche Errungenschaft in der Geschichte kann nur annähernd und relativ zum endgültigen Ziel sein .
- Wenn man den Armen in vorrangiger Weise die gute Botschaft vom Reich Gottes gelten lässt, dann darf man nicht der Gefahr laufen, RG dauerhaft für eine Gruppe zu vereinnahmen.
- Achtung vor einer Verkirchlichungstendenz
- Man muss das Problem verdinglichter Vorstellungen des RG sehen
- Der Reichtum der biblischen Bildworte von Reich Gottes darf nicht verloren gehen
- Könnte eine tiefgreifende Infragerstellung einer Kirche darstellen, die sich organisatorisch und soziologisch auf die bürgerliche Mittelschicht stützte

5.2. Martin Luther King noch einmal

Auf einer seiner letzten Reden vor seinem Tod sprach Martin Luther King davon: „Meine Augen haben die Herrlichkeit des kommenden Reich Gottes geschaut …“ (Coretta Scott King, 1982, 269). Damit sprach er davon, dass die Bürgerrechtsbewegung (im Verbund mit der Friedensbewegung) nahe am Ziel ihres Anliegens war, aber noch so weit entfernt, dass er womöglich nicht mehr selbst den Augenblick erleben wird, die Herrlichkeit des Reich Gottes zu erleben. Wann kann man den Augenblick festmachen, als er die Herrlichkeit des Reich Gottes geschaut hatte – ohne Zweifel in dem Augenblick, wo er von seinem Traum erzählte, am 28. August 1963, im Rahmen des Marsches nach Washington. Er sagte damals unter anderem: *„Heute sage ich euch, meine Freunde, trotz der Schwierigkeiten von heute und morgen habe ich einen Traum. Es ist ein Traum, der tief verwurzelt ist im amerikanischen Traum. Ich habe einen Traum, daß eines Tages diese Nation sich erheben wird und der wahren Bedeutung ihres Credos gemäß leben wird (…) Ich habe einen Traum, daß eines Tages auf den roten Hügeln* *von Georgia die Söhne früherer Sklaven und die Söhne früherer Sklavenhalter miteinander am Tisch der Brüderlichkeit sitzen können. Ich habe einen Traum, daß sich eines Tages selbst der Staat Missisippi, ein Staat, der in der Hitze der Ungerechtigkeit und Unterdrückung verschmachtet, in eine Oase der Freiheit und Gerechtigkeit verwandelt. (Absatz herausgenommen R.M.) Ich habe einen Traum, daß meine vier kleinen Kinder eines Tages in einer Nation leben werden, in der man sie nicht nach ihrer Hautfarbe, sondern nach ihrem Charakter beurteilen wird (...) usw.* (ders., 1981, 124).

5.3. Literatur

MARTIN LUTHER KING: Warum wir nicht warten können, Düsseldorf/Wien 1964

DERS.: Wohin führt unser Weg. Chaos oder Gemeinschaft, Düsseldorf 1968

DERS.: Aufruf zum zivilen Ungehorsam, Düsseldorf 1969

DERS.: Kraft zum Lieben, Konstanz 1964/1980

DERS.: Schöpferischer Widerstand. Reden, Aufsätze, Predigten, Gütersloh 1980

DERS.: Testament der Hoffnung. Letzte Reden, Aufsätze und Predigten, Gütersloh 1981

DERS.: Freiheit. Von der Praxis des gewaltlosen Widerstandes, Wuppertal 1982

DERS.: Ich habe einen Traum, Zürich/Düsseldorf 1999

HANS-ECKEHARD BAHR: Martin Luther King. Für ein anderes Amerika, Berlin 2004

GERD PRESLER: Martin Luther King, Hamburg 1999

CORETTA SCOTT KING: Mein Leben mit Martin Luther King, Gütersloh 1982

6. Sein in der Welt – religiös

Glauben und Religiosität, das zeigt sich am Sein-in-der-Welt. Verdinglichende Praxis wird hierbei zurückgelassen, stattdessen wird auf eine Lebendigkeit des Glaubens und auf ein existenzielles Tätigsein verwiesen. Glaube, d.h. es besteht eine Gefährtenschaft mit der Welt, es wird das So-Sein geteilt. Für Christen bedeutet es, dass sie hierbei in ihren Grundvollzügen transparent auf Christus hin werden, also als Liebende (vergl. Söding, 2013/2014), Teilende, sich-Aufopfernde, Gebende und Dienende sowie Barmherzige sichtbar werden. Drei Autoren reflektieren diese Aspekte. Sie lassen dabei ein (ekklesiologisch) verengtes Verständnis von Religion zurück und eröffnen dadurch das Potential für eine weite Ökumene, ein interreligiöses Gespräch und die Begegnung mit vermeintlichen Atheisten. Eine „indirekte Ökumene" der Religionen rückt in den Bereich des Möglichen (vergl. hierzu beim Dalai Lama, 2012), steht allerdings vor Vermittlungsproblemen, weil z.B. der Zen-Buddhismus keinen Gott kennt (vergl. Kügeler, 1985, 127).

6.1. Dietrich Bonhoeffer (religionsloses Christentum)

„Religionsloses Christentum", das bedeutet für Dietrich Bonhoeffer, dass man sich als Christ nicht von der Welt fernhalten soll. Ja man soll sogar aktiv Verantwortung in der Welt übernehmen – mit dem Risiko, dass man hierbei schuldig werden kann. Danach muss „religionsloses Christentum" ein Christentum sein, das mit beiden Beinen auf der Erde steht – nur dann ist die Möglichkeit gegeben, mit beiden Beinen im Himmel zu stehen. Das bedeutet wiederum, dass die Welt nicht vorschnell „fromm" zugunsten des „Jenseits" übersprungen wird, sondern man muss als Christ so leben, damit man „mit einem Stück wirklichen Lebens in Berührung" (Bonhoeffer in: Feil, 1971, 316) kommt. Dabei muss man nach seiner Einschätzung Religion zurücklassen: „(...) wie sind wir ‚religionslos-weltlich' Christen, wie sind wir ‚ek-klesia' (R.M.),

Herausgerufene, ohne uns religiös als Bevorzugte zu verstehen, sondern vielmehr als ganz zur Welt Gehörige?" (WE 180; DBW 8, 405).

Sabine Dramm geht den Spuren dieser „Formel" in früheren Veröffentlichungen von Dietrich Bonhoeffer nach. Sie weist damit zugleich darauf hin, dass sich das, was er in der Haft ausdrücklich zum Thema machte, schon zuvor ankündigte. Ihr erster Anknüpfungspunkt ist der *Vortrag „Jesus Christus und vom Wesen des Christentums", aus dem Jahr 1928* (vergl. auch Feil, 1971, 337f. mit Blick auf eine mögliche K. Barth Rezeption in dem Vortrag). In diesem Vortrag polemisierte er gegen eine „Salon-Religion", gegen einen „Zuckerguß-Glauben", gegen eine „Sonntags-Kirche", die Jesus von Nazareth verharmlost (Begriffe Dramm; vergl. dazu DBW 10, 302) und wo Religion nur noch in der guten Stube zu Hause ist, aber „mit Arbeit, Alltag und Normalität nichts (mehr R.M.) zu tun hat" (Dramm, 2001, 227). In diesem Vortrag wendet er sich gegen eine sanft-religiöse Aushölung der christlichen Botschaft: „Die Religion Jesu Christi ist nicht der Leckerbissen nach dem Brot, sondern sie ist Brot oder nichts" (DBW 10, S. 303). Bonhoeffer verwendet in dem Vortrag den Begriff der „Unreligion" und macht hierbei deutlich, dass man Jesu Christi unerwarteten Weg zum Menschen so sehen sollte wie er nun einmal war – ein sehr amoralischer und auch areligiöser Weg (vergl. DBW 10, 315). „Christus ist nicht der Bringer einer neuen Religion, sondern der Bringer Gottes, (…)" (DBW 10, S. 321). Dieses näher erläuternd schreibt er einige Seiten vorher: „Das ist eine runde Absage an jeden Kultus, der sich an seine individuelle persönliche Erscheinung knüpft. Der versteht Jesus nicht, der ihn als Genie, als faszinierende Persönlichkeit verehrt, sondern nur der, der sich von seiner Botschaft treffen lässt, der ihn als Gottgesandten annimmt" (DBW 10, 310). Die Botschaft von Jesus Christus ist deswegen „Unreligion", weil es in dieser nicht um ein besserwisserisches Gegeneinander-Ausspielen der diversen Wege des Menschen (in Religionen R.M.) zu Gott geht – „Nur wieder eine andere Religion, eine neue Kulturidee, (…)"(vergl. DBW 10, 319), sondern um ein Zeugnis der Liebe Gottes zum Menschen. Er sieht mit M. Luther, dass Religion ein Stück menschlicher Fleischlichkeit ist und meint damit, dass in der Religion der Keim zur Hybris steckt bzw. der Turmbau zu Babel möglicher wird (vergl. DBW 10, 315). In einem *Vortrag in Potsdam, aus dem Jahr 1932, mit dem Titel „Dein Reich komme: Das*

Gebet der Gemeinde um Gottes Reich auf Erden" (vergl. DBW 12, 264) sieht er das Problem, dass das Reich Gottes nicht geglaubt wird. „Christsein handelt von Gott *und* der Welt, von Gott *in* der Welt. Das meint: weltliches Christentum, religionsloses Christentum. Bonhoeffer versteht christliche Existenz und christliche Kirche als Gefährtenschaft mit der Welt, denn das Reich Gottes ‚kommt dort, wo die Kirche in der Solidarität mit der Welt verharrt und allein von Gott das Reich erwartet' (DBW 12, S. 270)" (Dramm, 2001, 228; Herv. i. Orig.). Bonhoeffer ergänzt noch „Gott will von uns auf Erden, will im Bruder geehrt sein, nirgends anders [...]. Tun wir die Augen auf, werden wir nüchtern, gehorchen wir ihm hier" (DBW 12, S. 276 in: Dramm, 2001, 229). In dem Buch *Nachfolge* insistiert er vehement, dass das Christentum nicht dafür herhalten darf, dass „ein unerträglicher Zwiespalt in das Dasein des in der Welt arbeitenden Menschen und Christen getragen werde" (DBW 4,23). Stattdessen muss „Nachfolge Jesu (...) mitten in der Welt gelebt werden. (...) Der vollkommene Gehorsam gegen das Gebot Jesu mußte im täglichen Berufsleben geleistet werden. (...) Nur sofern der weltliche Beruf des Christen in der Nachfolge Jesu ausgeübt wird, hat er vom Evangelium her neues Recht empfangen" (DBW 4, 35). Später schreibt Bonhoeffer noch (vergl. DBW 4, 299): „Gott sendet seinen Sohn – nur darin kann die Hilfe liegen. Nicht eine neue Idee, nicht eine bessere Religion vermöchte das Ziel zu erreichen. Es kommt ein Mensch zum Menschen". In einem *1939 entstandenen Artikel mit dem Titel „Protestantismus ohne Reformation*" bemerkt er, dass die amerikanische Kirche und Theologie bis zuletzt nicht die Botschaft Jesu verstanden hat. „Die amerikanische Theologie und Kirche als ganze haben niemals zu verstehen vermocht, was ‚Kritik' durch Gottes Wort bedeutet in ihren ganzen Umfang. Daß Gottes ‚Kritik' auch die Religion, auch die Christlichkeit der Kirchen, auch die Heilung der Christen trifft, daß Gott seine Kirche jenseits von Religion und Ethik begründet hat, das bleibt zuletzt unverstanden. (...) Christentum ist in der amerikanischen Theologie noch wesentlich Religion und Ethik. Darum aber muß Person und Werk Jesu Christi für die Theologie in den Hintergrund treten und schließlich unverstanden bleiben, (...)" (DBW 15, 459; s.a. Seite 225). In der *Ethik* finden sich fünf Aussagen rsp. Intentionen, die Vorboten der Formel „religionsloses Christentum" sind. 1) Wie die Liebe Gottes zur Welt sich darin zeigt, dass er sich nicht aus der Welt zurückzieht, sondern die Wirklichkeit der Welt aufs härteste erleidet (vergl. E 16), so lebt der neue Mensch in der Welt wie jeder andere; „er unterscheidet sich oft nur in wenigem von den anderen Menschen. Er legt es auch nicht darauf an, sich herauszuheben, (…)" (E 25). „Christus war nicht wesentlich Lehrer, Gesetzgeber, sondern Mensch, wirklicher Mensch wie wir. Er will darum auch nicht, daß wir in unserer Zeit Schüler, Vertreter und Verfechter einer bestimmten Lehre seien, sondern Menschen, wirkliche Menschen vor Gott" (E 27). 2) Deswegen stellt er die Vorstellung vom Christentum als „eine Religionsgemeinschaft von Christusverehrern" (E 26) in Frage und merkt deswegen kritisch an: „Die Kirche kann ihren eigenen Raum auch nur dadurch verteidigen, daß sie nicht um ihn, sondern um das Heil der Welt kämpft. Andernfalls wird die Kirche zur ‚Religionsgesellschaft', die in eigener Sache kämpft und damit aufgehört hat, Kirche Gottes und der Welt zu sein. So ist der erste Auftrag (…) nicht etwas für sich selbst zu sein, also etwa eine religiöse Organisation zu schaffen oder ein frommes Leben zu führen, sondern Zeugen Jesu Christi an die Welt zu sein" (E 66). 3) Im Zusammenhang dieser Ortsbestimmung opponiert er deswegen gegen den „Kulturprotestantismus" (E 64), weil der Raum der Kirche „nicht der Raum eines Kulturvereins ist, der um seinen eigenen Bestand in der Welt zu kämpfen hätte, (…)" (E 66). Auch verweist D. Bonhoeffer auf das Missverständnis des Kulturprotestantismus, dass jener nicht verstanden hat, dass Jesus Christus den Menschen zwar in die irdischen Pflichten hineingerufen hat, aber dass der Mensch „niemals in ihnen aufgehen" darf – „der Beruf im neutestamentlichen Sinne ist niemals eine Sanktionierung der weltlichen Ordnungen als solcher" (E 198). 4) Seine Kritik am mittelalterlichen Mönchtum im Horizont der Formel „religionslosen Christentums" ist als Widerspruch gegen jeden Schritt des Christentums zu verstehen, religiöse Bezirke zu etablieren (vergl. E 199). Er bemerkt, „(…) daß es kein wirkliches Christsein außerhalb der Wirklichkeit der Welt und keine wirkliche Weltlichkeit außerhalb der Wirklichkeit Jesu Christi gibt. Es gibt keinen Rückzugsort des Christen von der Welt, weder äußerlich noch in der Sphäre der Innerlichkeit" (E 64f.). 5) Schließlich erfährt, mit Blick auf das Element des „Für-andere-da-sein" im „Konzept (?!)" des „religionslosen Christentum" der Aspekt der Barmherzigkeit eine große Wertschätzung: „Während wir unterscheiden zwischen Frommen und Gottlosen, Guten und Bösen, Edlen und Gemeinen, liebt Gott unterschiedslos den wirklichen Menschen“ (E 17) im „barmherzigen Ja des Mitleidenden“ (E 17). Barmherzig durchleidet und trägt er selbst das Geschick der ganzen Menschheit, weit entfernt davon teilnahmslos und leidenschaftslos zu sein (vergl. E 17). „Die Annahme der Welt ist ein Wunder der göttlichen Barmherzigkeit“ (E 68). Deswegen kann Bonhoeffer kritisieren: „Sie (die Kirche R.M.) hat ihr Wächteramt und ihr Trostamt oftmals verleugnet. Sie hat dadurch den Ausgestoßenen und Verachteten die schuldige Barmherzigkeit oftmals verweigert. Sie war stumm, wo sie hätte schreien müssen, weil das Blut der Unschuldigen zum Himmel schrie (…)“ (E 49). Deswegen werden Kirche und Christen auch schuldig, wenn sie die „Nächsten-Liebe“ zu engrational auf „die Nächsten“ bezieht. „Auch das Gebot der Nächstenliebe bedeutet also nicht eine gesetzliche Beschränkung der Verantwortung auf den räumlich, bürgerlich, beruflich, familiär Nächsten, der mir begegnet. Der nächste kann gerade ein Fernster und der Fernste ein Nächster sein“ (E 201)[82].

82 Zum Aspekt der Barmherzigkeit innerhalb des „religionslosen Christentums“ vergleiche auch die Ausführungen im Buch „Nachfolge“ (vergl. DBW 4, 24 und 65f.) oder im Vortrag aus dem Jahr 1928 (vergl. DBW 10, 312-314). Für D. Bonhoeffer ist Barmherzigkeit weniger eine Herausforderung an das „ethische Fragen“, sondern eine Frage „der Nachfolge“ im Horizont des „Reich Gottes“. Er polemisiert gegen die „ethisch Fragenden“, dass ihr Fragen ein Fragen „Aufgeblasener“ ist, „die ‚immerdar lernen und können doch nimmer zur Erkenntnis der Wahrheit kommen‘“(DBW 4, 66), weil sie sich nicht grundsätzlich auf die Nachfolge mit Haut und Haar einlassen können, nicht Schritt für Schritt in die Nachfolge eintreten, sondern ständig zurückschauen. Konrad Raiser weist auf ein Fragment Bonhoeffers mit der Überschrift „Der Blick von unten“ hin, den Gustavo Gutierrez 1979 in einem Artikel der Zeitschrift „Concilium“ in Erinnerung brachte. Bonhoeffer machte mit diesem Fragment deutlich, dass man aus der Perspektive der Ausgeschlossenen einen völlig neuen Blick auf Barmherzigkeit gewinnt – er soll klarer, freier und unbestechlicher geworden sein. Ich zitiere den Text nach K. Raiser (2005, 54). Bonhoeffer: „Es bleibt ein Erlebnis von unvergleichlichem Wert, dass wir die großen Ereignisse der Weltgeschichte einmal von unten, aus der Perspektive der Ausgeschalteten, Beargwöhnten, Schlechtbehandelten, Machtlosen, Unterdrückten und Verhöhnten, kurz der Leidenden sehen gelernt haben. Wenn nur in dieser Zeit nicht Bitterkeit oder Neid das Herz zerfressen hat, dass wir Großes und Kleines, Glück und Unglück, Stärke und Schwäche mit neuen Augen ansehen, dass unser Blick für Größe, Menschlichkeit, Recht und Barmherzigkeit klarer, freier, unbestechlicher geworden ist, (..). Es kommt nur darauf an, dass diese Perspektive von unten nicht zur Parteinahme für die ewig Unzufriedenen wird, sondern dass

Wenn man in dem Band „Widerstand und Ergebung“ dem Verständnis vom „religionslosen Christentum“ nachspürt, dann kann es nicht um ein Christentum gehen, „das nichts mehr von dem aufzuweisen hat“, was bisher Ausdruck einer religiösen Praxis war – z.B. Gebet, Schriftlesung, Predigt usw. (vergl. Feil, 1971, 325; s.a. WE 180; DBW 8, 405). So hatte er es, wie er es in einem Brief aus dem Gefängnis berichtete, zu einer guten Gewohnheit werden lassen „sich ‚mit dem Kreuz zu segnen‘ beim Morgen- und Abendgebet“ (DBW 8, 197; Brief vom 21.11.43). Feil weist darauf hin, dass Bonhoeffer durch K. Barths scharf vorgetragene Kritik gegen die Religion zwar inspiriert wurde, es aber in Bezug auf das Religionsverständnis eine Differenz zwischen K. Barth und D. Bonhoeffer gab: „Konzipierte Barth das Verhältnis von Offenbarung und Religion in Analogie zur Dialektik vom Evangelium und Gesetz, so konzipierte Bonhoeffer Religion eher als Gegenspieler Jesu Christi und seiner Kirche“ (Feil, 1971, 344). Deswegen kann man „nicht eigentlich von einem dialektischen Religionsbegriff im Sinne der Barthschen Dialektik bei Bonhoeffer sprechen“ (ders., 344). Für Bonhoeffers Verständnis von einem „religionslosen Christentum“ sind nun die letzten Briefe aus der Haft von großer Bedeutung. Feil weist darauf hin, dass sie „nicht unmittelbar durch Karl Barth bedingt sein“ dürften, „tritt (die Religionsthematik R.M.) doch in dem neuesten Band der ‚kirchlichen Dogmatik‘, den Bonhoeffer im Gefängnis las, nur am Rande in Erscheinung“(Feil, 1971, 345). Hier fragt sich Bonhoeffer, „was es bedeuten würde, ‚wenn wir schließlich auch die westliche Gestalt des Christentums nur als Vorstufe einer völligen Religionslosigkeit beurteilen müßten‘ (WE 179)“ (Feil, 1971, 346). Religion ist eine Gestalt und Ausprägung des christlichen Glaubens aus einer vergehenden rsp. schon vergangenen Epoche. Deswegen sucht Bonhoeffer nach einer neuen Möglichkeit, von Gott zu sprechen „ohne Religion, d.h. eben ohne die zeitbedingten Voraussetzungen der Metaphysik, der Innerlichkeit etc. etc. (…)“ (WE 180). Für das Sprechen vom Christentum hat es zu Konsequenz das „Gewand“ (WE 179; DBW 8, 404) zurückzulassen und von einem „religionslosen Christentum“ zu sprechen. „Der Religionsbegriff Bonhoeffers ist nicht mehr systematisch im Sin-

---

wir aus einer höheren Zufriedenheit, die eigentlich jenseits von unten und oben begründet ist, dem Leben in allen seinen Dimensionen gerecht werden und es so bejahen“.

ne der Dialektik Barths, sondern ‚geistesgeschichtlich' im Sinne der Zugehörigkeit zu einer bestimmten Phase der Geschichte; Religion ist nun für Bonhoeffer ein ‚geschichtlich bedingtes und vergängliches' Phänomen" (Feil, 1971, 346). Der zweite Anlauf Bonhoeffers auf das Thema „religionsloses Christentum" geht in „Widerstand und Ergebung" von dem Religionsbegriff weg und geht auf den Aspekt der Weltlichkeit zu – er fragt: „Wie sprechen (oder vielleicht kann man eben nicht einmal mehr davon ‚sprechen' wie bisher) wir ‚weltlich' von ‚Gott', wie sind wir ‚religionslos-weltlich' Christen, wie sind wir ek-klesia (R.M.), herausgerufene, ohne uns religiös als Bevorzugte zu erstehen, sondern vielmehr als ganz zur Welt Gehörige?" (WE 180; DBW 8, 405; vergl. dazu in der „Nachfolge" – DBW 4, 46, 70f., 268 rückbezüglich auf 241ff.). Wie wichtig ihm das „weltlich"-Sein ist, wird schließlich dadurch unterstrichen, indem er darauf verweist, dass „die Kirche (...) mitten im Dorf" steht (WE 182; DBW 8, 408), was bedeutet, dass die Welt gerade nicht auf sich selbst gestellt und sich selbst überlassen ist (vergl. WE 185; DBW 8, 416). Religionsloses Christentum, das bedeutet also, dass Christen der Welt gegenüber nicht gleichgültig sind: „Nicht um das Jenseits, sondern um diese Welt, wie sie geschaffen, erhalten, in Gesetze gefaßt, versöhnt und erneuert wird, geht es doch" (WE 184; DBW 8, 415). Und so widerspricht er einer „Religion", die den Menschen daran hindert oder ihn darüber hinwegtäuscht, dass das irdische Leben, wie Jesus es tat, ganz auszukosten sei (vergl. WE 226f.; DBW 8, 500f.). Daraus resultiert schließlich die erste Herausforderung, dass die „Begriffe nun in einer Weise interpretiert werden müssen, die nicht die Religion als Bedingung des Glaubens (...) voraussetzt" (WE 221; DBW 8, 482; siehe die Eingangsfrage in: WE 180). So wendet er sich zunächst gegen ein Gottes-Verständnis, dass Gott (nur) zur Kontingenzbewältigung ins Gespräch bringt: „Die Religiösen sprechen von Gott, wenn menschliche Erkenntnis (...) zu Ende ist oder wenn menschliche Kräfte versagen (...) im also in Ausnutzung menschlicher Schwäche bzw. an den menschlichen Grenzen; (...)" (WE 181; DBW 8, 407). Seine Position ist hier – „ich möchte von Gott nicht an den Grenzen, sondern in der Mitte, nicht in den Schwächen, sondern in der Kraft, nicht also bei Tod und Schuld, sondern im Leben und im Guten des Menschen sprechen" (WE 182; DBW 8, 407f.). Die zweite Herausforderung, die sich nun für D. Bonhoeffer daraus ergibt, besteht darin, alle Versuche zurückzulassen, einen „homo religiosus" aus sich zu machen und stattdessen in der Fülle der Aufgaben zu leben. Dazu nimmt er zweimal Stellung. „Christsein heißt nicht in einer bestimmten Weise religiös sein, auf Grund irgendeiner Methodik etwas aus sich machen (einen Sünder, Büßer oder einen Heiligen), sondern es heißt Menschsein (…). Nicht der religiöse Akt macht den Christen, sondern das Teilnehmen am Leiden Gottes im weltlichen Leben" (WE 244; DBW 8, 535). „Wenn man völlig darauf verzichtet hat, aus sich selbst etwas zu machen – sei es einen Heiligen oder einen bekehrten Sünder oder einen Kirchenmann (…) – und dies nenne ich Diesseitigkeit, nämlich in der Fülle der Aufgaben, Fragen, Erfolge und Mißerfolge, Erfahrungen und Ratlosigkeiten leben, (…)" (WE 248f.; DBW 8, 542). Er weist aber auch Religiosität mit einem Vergleich zur Beschneidungsfrage zurück. So wird für ihn alles das zu einem Problem in Horizont von „Religion", wenn ähnlich der Beschneidungsfrage Argumente ins Feld geführt werden, als seien sie eine Bedingung der Rechtfertigung und des Heils (vergl. Feil, 1971, 348; s.a. WE 180f., 221). Die dritte Herausforderung besteht für Bonhoeffer nun darin, dass Kirche nicht mehr „um ihre Selbsterhaltung" kämpft, „als wäre sie ein Selbstzweck" (DBW 8; 435 – Gedanken zum Tauftag von D.W.R. Bethge vom Mai 1944), sondern vielmehr „Wagnis für andere" ist (DBW 8, 558 – Entwurf für eine Arbeit, vom 3.8.1944). Er schreibt: „Das ‚Für-andere-dasein' Jesu ist die Transzendenzerfahrung! Aus der Freiheit von sich selbst, aus dem ‚Für-andere-dasein' bis zum Tod entspringt erst die Allmacht, Allwissenheit, Allgegenwart. (…). Unser Verhältnis zu Gott ist kein ‚religiöses' zu einem denkbar höchsten, mächtigsten, besten Wesen – dies ist keine echte Transzendenz -, sondern unser Verhältnis zu Gott ist ein neues Leben im ‚Dasein-für-andere', in der Teilnahme am Sein Jesu" (DBW 8, 558).

In Bezug auf das, was Bonhoeffer mit „religionslosen Christentum" meinte, deutet Sabine Dramm noch weiter aus: „Religionsloses Christentum entspricht sicher nicht einer windschlüpfig gestylten und funktionsgerechten geistlichen Servicefirma, nicht einem dynamischen Dienstleistungsbetrieb in Sachen Religion, nicht einem alerten Allroundunternehmen auf dem Spiritualien-Markt, nicht einer Weihrauch-Religion in Höchstform und Höchstformat. Ein religionsloses Christentum würde eigensinniger und ärmer, stacheliger und widerständiger sein. Es wäre Sand und nicht Öl im Getriebne der Welt. Es würde das sperrige Potential eines Jesus von Nazareth in den glatten Weltabläufen zur Geltung bringen" (2002, 317 – also gegen Konzepte in Anschluss an N. Luhmann). Deswegen bedeutet es, wenn man sich auf den Weg zu einem religionslosen Christentum aufmacht und dabei das „goethesche Christentum" (Feil, 2002, 49) zurücklässt, dass die Verkündigung immer unberechenbarer in Bezug auf das wird, was „man" so von einer Religion erwartet; wie schon erwähnt bedeutet es eine Auflockerung der „funktionalen Verortung" der Kirche vor Ort (siehe dazu bei H.-J. Benedict weiter); das Aufwachen aus der allgemeinen gesellschaftlichen Stillegung des Christlichen als Religion kann durch ein Kirchenasyl bezeugt werden; wenn die Botschaft Christi allen Menschen, und nicht nur den von Religiosität und Sprituralität ergriffenen Menschen gilt, dann müssen Orte der Predigt stärker Werkhallen sowie die Straßen und Plätze der Stadt werden – z.B. in einer Begegnung mit einer Runde an der Straßenecke, wo die Bierflaschen kreisen; auf dem Weg zum religionslosen Christentum sein, d.h. auch eine „nur-milde" Emotionalität zurücklassen und auch mal den Affekt wagen; religionsloses Christentum, d.h. das sich-Sorgen der Christen muss alle Sorgen der Mitmenschen als gleich sorgenvoll respektieren lernen (vergl. Dramm, 2002, 315ff.). „Religionsloses Christentum realisiert sich heute z.B. mitten in Deutschland: bei ökumenischen Basisgruppen, deren Mitglieder sterbende Menschen und ihre Angehörigen begleiten, völlig unabhängig von Konfession, Nationalität, Hautfarbe. Oder bei den Aktionen der ‚Ordensleute für den Frieden', die nicht aufhören, mitten im Bankzentrum in Frankfurt a.M. schweigend und ohne Macht gegen die (Über-)Macht des Geldes zu demonstrieren (...)" (Dramm, 2002, 318). Ein anderes Beispiel „religionslosen Christentums" (vergl. dazu noch einmal DBW 8, 407f.) stellt beispielsweise das Projekt des Evangelischen Kirchenkreises Flensburg „Kirche geht ins Kino" dar. Hier werden im Jahresverlauf, seit 2003 verschiedene Filme im örtlichen Kino-Center gezeigt. Denen am Sonntag nach den Gottesdiensten gezeigten Filmen ist eine kurze Predigt/Ansprache/Einführung durch einen Pastor oder eine Pastorin vorangestellt; nach den Filmen treffen sich 5-15 Zuschauer mit einem Vertreter rsp. Vertreterin des Vorbereitungsteams zu einem Nachgespräch über den Film. Filme können verunsichert oder irritiert haben, aber auch Lebenserinnerungen geweckt haben – das gemeinsame Gespräch ist dazu da, dies aufzunehmen.

6.2. Karl Rahner (anonymer Christ)

Rahner sieht, dass ein „theoretischer" Atheist existenziell, „selbst gegen sein vermeintliches Wissen um sich" gar keiner sein kann (vergl. Rahner in: Raffelt, 1997, 568).

Mit dem Begriff „anonymer Christ" ist nach Rahner „nichts anderes gemeint, als daß ein Mensch nach der Lehre der Kirche selbst die heiligmachende Gnade schon besitzen kann, also gerechtfertigt und geheiligt sein, Kind Gottes, Erbe des Himmels, gnadenhaft auf sein übernatürliches ewiges Heil positiv hingeordnet sein kann, bevor er ein explizit christliches Glaubensbekenntnis angenommen hat und getauft worden ist" (Rahner, Anonymes Christentum und Missionsauftrag der Kirche in: Schriften IX, S. 502).

Rahner betont den „unbestreitbaren Vorrang der Gnade Gottes vor allem Tun des Menschen" (Hübner, 2004, 51). In ihrem konkreten sittlichen Handeln nehmen die Menschen die Gnade an oder lehnen diese ab (vergl. ders., 52). Aber es ist auch Gnade, diese Gnade in Freiheit anzunehmen. Der Hl. Geist „bewegt" und „erleuchtet" das Herz des Menschen, zur Annahme der Gnadenwirksamkeit. Alle Menschen stehen unter dem Gnadenangebot Gottes (vergl. ders., 52).

„Man sollte wohl nun zwar nicht so weit gehen und jeden Menschen, nehme er die Gnade an oder nicht, zum ‚anonymen Christen' erklären. Der, der wirklich in seiner Grundentscheidung seine Hinordnung auf Gott leugnen und ablehnen würde, der sich endgültig in Widerspruch zu seinem eigenen konkreten Wesen setzte, wäre nicht als ‚Theist', auch nicht als anonymer ‚Theist' zu bezeichnen, sondern vielmehr nur jener, der – sei es noch so ungeklärt – *Gott* die Ehre gibt. Unabhängig also von dem, was einer in seiner begrifflichen, theoretisch-religiösen Reflexion aussagt, ist der, der nicht in seinem *Herzen* spricht: Es gibt keinen Gott (wie der ‚Tor' des Psalms), sondern ihn durch die radikale Annahme seines Daseins bezeugt, ein Glaubender. Glaubt er aber so in Tat und Wahrheit an das heilige Geheimnis Gottes, hält er diese Wahrheit nicht nieder, sondern gibt ihr Raum, dann ist die Gnade dieser Wahrheit, von der er sich leiten läßt, immer schon die Gnade des Vaters in seinem Sohn. Und den, der sich von dieser Gnade hat ergreifen lassen, können wir mit vollem Recht als ‚anonymen Christen' bezeichnen" (Rahner, 1964/1968, 550; Herv. i. Orig.).

Was macht einen anonymen Christen aus?

- Zunächst wird anonymes Christentum darin deutlich, wenn noch nicht ein explizites Glaubensbekenntnis im Leben dazu gekommen ist, aber die Sinnspitze des christlichen Glaubens implizit von den Grundvollzügen des Lebens eingeholt wird.
- So lebt der anonyme Christ vor dem Gewissen ein wahrhaftiges Leben. Bedeutsam ist es, wenn man als Mensch verhängnisvolle und unbegreifliche Prüfungen und Schicksale besteht und man dabei einsam und unbelohnt zu Gewissensentscheidungen steht (vergl. Hübner, 2004, 61)[83].
- Und der Mensch ist ein anonymer Christ, wenn er ist, indem er sich radikal weggibt. Bedeutsam ist eine existenzielle selbstlose Hingabe der Nächstenliebe zu leben, ohne für sich Christ-Sein ausdrücklich zu beanspruchen (vergl. Hübner, 2004, 60; s.a. Schwerdtfeger, 1982, 375ff.)
- Redlich den Alltag zu gestalten und sich dabei für das Gute und die Nächstenliebe zu entscheiden, kann ein Zeichen sein, dass ein Mensch sich endgültig für das Gute und damit für den Gott der Offenbarung sich entschieden hat (vergl. Riesenhuber, 1964, 301).
- Anonymes Christ-Sein: Wenn man sein Leben, sein Menschsein, annimmt, wie es wirklich ist. Ohne seine ganze Wahrheit zu verkürzen oder zu verdrängen! Wenn man vertrauend zu seinem Leben ja sagt. Dann sagt man auch ja zu Gott (vergl. Hübner, 2004, 61).

83 „Waren wir schon einmal restlos einsam? Haben wir uns schon einmal zu etwas entschieden, rein aus dem innersten Spruch unseres Gewissens heraus, dort, wo man es niemand mehr sagen, niemand mehr klarmachen kann, wo man ganz einsam ist und weiß, daß man eine Entscheidung fällt, die niemand einem abnimmt, die man für immer und ewig zu verantworten hat?" (Rahner in: Schwerdtfeger, 1982, 366)

- Anonymes Christentum gibt es dort, wo es den „Gott eines fixen Begriffes" nicht gibt, aber mit Händen und Füßen aktiv gebetet wird, ohne ausdrücklich das Gebet zu suchen.
- Das Martyrium auf sich zu nehmen, indem man sich „auf nichts (beruft R.M.), was dem Christentum entgegengesetzt wäre" (Rahner) (vergl. Hübner, 2004, 53) ist auch ein Beispiel für anonymes Christentum. Dies kann seinen Anfang genommen haben in einer Bereitschaft zum Tode im Leben, im sich-Bewähren in einem vielfachem Sterben im Leben (vergl. Schwerdtfeger, 1982, 378).
- Der anonyme Christ handelt auch aus einer Hoffnung heraus, „in dieser Welt den Abstand zwischen der gegebenen Entfremdung und dem, was sein soll, zu verringern" (Schwerdtfeger, 1982, 378f.). Der anonyme Christ ist dort zu finden, wo er „die Welt einer heilen Zukunft näherzubringen sucht" (ders., 379).

Die katholische Diskussion der Rahner'schen Formel vom anonymen Christen hat eine zum Teil vereinnahmende Tendenz. Danach ist der anonyme Christ bei Rahner auf die katholische Kirche hingeordnet (vergl. Riesenhuber, 1964, 290), aber noch nicht in die sichtbare Kirche eingegangen (vergl. ders., 287). Weil er die Gnade existenziell angenommen hat, ist er in seinem Streben auf die Kirche hingerichtet (vergl. ders., 301). Aber Rahner selbst geht es nicht um subtile Vereinnahmungsstrategien, sondern er will den universalen Heilswillen mit dem Faktum des Unglaubens versöhnen (vergl. https://www.nzz.ch/article9F8TQ-1.223729 abgerufen am 11.9.2016).

Zukunftsweisend sind diese Interpretationen von dem anonymen Christen dort, wo die Kirche eine Freude zum Ausdruck bringt, dass es Menschen gibt, auch wenn sie (noch) kein ausdrückliches Bekenntnis zum christlichen Glauben gesprochen haben, die Nackte bekleiden, Arme speisen oder den Nächsten im Gefängnis besuchen. Bedeutsam ist die Freude daran, dass es Menschen gibt, die dort sind, wo Not besteht oder die Menschenwürde gefährdet ist.

Aber die Rede vom „anonymen Christen" wäre mißverstanden, schreibt Rahner, wenn man damit den verzweifelten Versuch unternimmt, „in einer Welt schwindenden christlichen Glaubens alles Gute und Menschliche im letzten Sinne – gegen alle Freiheit des Geistes – doch noch für die Kirche zu ‚retten'" (Rahner, 1964/1968, 551).

„Der Unterschied zwischen einem ‚anonymen Christen' und einem Christen ist nicht unbedingt an äußeren Fakten abzulesen. Aber die Gefahr, in Selbst- und Machtbehauptung abzugleiten, dürfte der ‚anonyme Christ' eher ausgeliefert sein als ein Mensch, dessen Leben in einem tiefen Vertrauen in die Gegenwart Gottes seine Erfüllung findet", so Herwig Büchele (2010, 31).

6.3. Erich Fromm (Haben oder Sein)

An dieser Stelle möchte ich nicht das gesamte Buch „Haben oder Sein" (1976 – 2006/2007) referieren, sondern nur die religiösen Aussagen.

Zunächst ist der Hinweis wichtig, dass es mit Blick auf den Menschen hin zu einer Existenzweise im „Sein", nicht einfach nur darum geht einfach ein paar religiöse Gebote zu erfüllen, sondern vielmehr darum, zu einer „radikalen seelischen Veränderung" zu finden (vergl. S. 23). Dabei zeigen verschiedene religiöse Traditionen, dass ein Verhaftet-sein am „Haben" einer radikalen seelischen Veränderung rsp. einem grundlegenden Wandel des Menschen im Wege steht (vergl. S. 28).

Sein zeigt sich in der Art und Weise des Glaubens. So sollte der Glauben etwas mit der persönlichen Erfahrung zu tun haben. Auch sollte ein Mut spürbar sein, nach der Sinnspitze des Glaubens zu suchen. Sein im Glauben, d.h. sich kein Abbild von Gott machen bzw. abschließende Aussagen über die Eigenschaften Gottes zu machen. Für den christlichen Glauben bedeutet Sein im Glauben, dass Christus ewig in uns selbst werde (vergl. S. 59).

Im christlichen Glauben ist ein tiefes Sein-Ethos enthalten, indem dieser am Willen mitwirkt „zu geben, zu teilen und zu opfern" (vergl. S. 118).

Nachfolgend nun etwas ausführlicher seine Darstellung zu der christlichen Tradition im Horizont eines Sein- Ethos.

– Altes Testament: Die Wüstenerfahrung des aus Ägypten hinausziehenden Volkes Israels wird als Seins-Erfahrung und daher als Schlüssel zur Befreiung interpretiert: Kein Zuhause, keine Städte, keine Reichtümer, nur das Lebensnotwendige, keine Besitztümer (vergl. S. 65). Er spricht vom „Leben in der Wüste als Vorbereitung für ein Leben in Freiheit“ (65). In der Wüste wird ein Gott verkündet, der vor dem Horten, der Habgier und dem Besitzstreben warnt (vergl. S. 66). Dann erwähnt er den Sabbat. Er ist mehr als ein Tag der Ruhe im weltlichen Sinn der Befreiung des Menschen von der Last der Arbeit. Dies ist er zwar auch. Aber es geht bei ihm um die Ruhe im Sinne „der Wiederherstellung vollständiger Harmonie zwischen den Menschen und zwischen Mensch und Natur“ (S. 67). „Am Sabbat lebt der Mensch, als *hätte* er nichts, als verfolge er kein Ziel außer zu *sein*, das heißt seine wesentlichen Kräfte auszuüben – beten, studieren, essen, trinken, singen, lieben.“ (67, Herv. i. Orig.). „Der Sabbat ist ein Tag der Freude, weil der Mensch an diesem Tag ganz er selbst ist“. Besitz und Geld sind tabu, die Zeit ist besiegt und es herrscht ausschließlich das Sein (vergl. S. 67). Propheten „erneuerten die Vision menschlicher Freiheit, der Ungebundenheit durch Besitz, und sie protestierten gegen die Unterwerfung unter Götzen, die das Werk von Menschenhand waren“ (S. 69). „Für die Propheten war die Vertreibung aus dem Land eine Tragödie, aber der einzige Weg zu endgültiger Befreiung – (…)“ (S. 69). Die Wüstenerfahrung war mit der messianischen Vision, die Friede und Überfluß versprach, verbunden (S. 69).

– Neues Testament: „Das Neue Testament setzt den alttestamentlichen Protest gegen ein am Haben orientiertes Leben fort“. Nach E. Fromm kann man aus der gemeinsamen Quelle des Matthäus und des Lukas-Evangeliums das zentrale Postulat entnehmen, „daß der Mensch aller Habgier und allem Verlangen nach Besitztümern entsagen und sich vollständig vom Haben befreien müsse“ (S. 71). „Alle positiven ethischen Normen wurzeln dementsprechend im Ethos des Seins, des Teilens und der Solidarität“ (S. 71). Es gibt in dem Neuen Testament ein Junktim zwischen der vollständigen Aufgabe aller Selbstsucht und der vollen Verantwortung für die Mitmenschen (vergl. S. 71). Auch in Bezug auf Dinge wird der totale Verzicht auf das Haben gefordert (S. 71) (vergl. Mt 6, 19f.; Lk 12,33f.). Diese Forderung stand in Verbindung mit der Reich Gottes-Verkündigung (vergl. S. 72). Wie wichtig die Abwendung vom Haben für die christliche Gemeinde ist, wird an der Erzählung von der Versuchung Jesu durch den Satan deutlich. Hier werden Besitz- und Machtgier als Manifestationen der Orientierung am Haben verurteilt (vergl. S. 73). E. Fromm schreibt dazu: „Jesus und Satan erscheinen hier als Repräsentanten zweier entgegengesetzten Prinzipien. Satan ist der Vertreter des materiellen Konsums und der Macht über die Natur und den Menschen. Jesus ist die Verkörperung des Seins und der Idee, daß Nichthaben die Voraussetzung des Seins ist" (S. 73f.). E. Fromm schreibt noch: Es waren „sich die frühen Denker der Kirche unleugbar in der scharfen Verdammung von Luxus und Habgier und der Verachtung des Reichtums einig" (S. 74) – er erwähnt hier Justin, den Diognetbrief, Tertullian, Basilius und Chrysostomus.

– Meister Eckhart: Meister Eckhart betont die „innere Armut". Das ist jemand, „Der nichts *will* und nichts *weiß* und nichts *hat*" (S. 76f., Herv. i. Orig.). Was bedeutet es nicht zu wollen? „Der Mensch, der nichts will, ist der Mensch, der keine Begierde nach irgend etwas hat" (S. 77). Was bedeutet es nicht zu wissen? Man soll sein Wissen nicht als einen Besitz ansehen, „der einem ein Gefühl der Sicherheit und Identität verleiht; man sollte von dem Wissen nicht ‚erfüllt' sein, man sollte sich nicht daran festklammern, nicht danach begehren" (S. 78). Was bedeutet es nicht zu haben? Der Mensch müsse so arm sein, „daß er keine Stätte sei noch habe, darin Gott wirken könne" (Meister Eckhart auf S. 79): Sein bei Meister Eckhart, d.h. die versteckten Regungen der Ichsucht, der Absichtlichkeit und des verzückten Schielens nach Dank und Gegengabe in den Blick zu nehmen (vergl. S. 81). Dann ist bei ihm Sein „Leben, Tätigsein, Geburt, Erneuerung, Ausfließen, Verströmen, Produktivität" (S. 81). Ein aktiver, lebendiger Mensch gleicht einem Gefäß, das wächst, wenn es gefüllt und doch nie voll wird (vergl. S. 82)[84].

84 Kügeler weist darauf hin, dass Fromm mit seiner Einschätzung von Meister Eckhart im Gefolge Suzukis jener Meister Eckhardt womöglich nicht ganz gerecht wird (vergl. ders., 1985, 136, Anm. 8).

6.4. Zusammenführung

Gemeinsam ist den drei Diskussionsbeiträgen, dass sie deutlich machen Glauben ist nur aktiv gelebter Glaube, konkreter Glaube als lebendige Hingabe zum Nächsten. Das was Religion manchmal sehr stark ausmacht, nämlich (starre) Gottesbilder, das Verharren in dogmatischen Lehrformeln (vergl. Quenzer bei der Diskussion von E. Fromm, 1980) und das Einsperren der Gottesbegegnung in festgemauerte Kirchenmauern lassen diese drei Gesprächsimpulse zurück.

Christentum ist wahrlich Christentum, wenn Beharrungstendenzen überwunden werden, wenn man sich weggibt, wenn man für andere da ist. Der aktiv gelebte Glauben wird deutlich, wenn man sich verschenkt, zur Gabe für den anderen wird, ja sogar wenn man das Martyrium wegen einer gerechten Sache auf sich nimmt.

Sich ein Gewissen machen, indem man das Leben an sich heranlässt, macht christlichen Glauben ebenfalls aus. Dazu gehört, beständig um ein waches Gewissen zu beten. Dann gilt es aber auch die Identität, das Eigene, die persönliche Tiefe und Abgründigkeit im Gewissen durch die Gottesbegegnung herausgefordert zu sehen[85].

Christlicher Glaube will im Alltag, auf der Straße und in der je konkreten zwischenmenschlichen Begegnung gelebt werden. Glauben soll gerade kein herausgehobener Akt, kein besonderes Ritual sein, sondern im So-Sein des Menschlichen erfahrbar werden. Dabei soll es zu einer wirklichen Begegnung angesichts des Antlitzes kommen.

Scheinbar nichtreligiöse Gegenstände werden durch den aktiv gelebten Glauben zutiefst religiös aufgeladen, damit sie existenziell von Bedeutung sind. Dinge, wo zunächst scheinbar Gott nicht darinnen ist, werden zu Herausforderungen für die Gottesbegegnung. Am Gebrauch einer Zeitung, des Einkaufswagens oder eines Kinofilms entscheidet sich, ob ich offen für das Transzendente bin resp. Gott in meine Wirklichkeit hereinbrechen darf.

85 Siehe die kritische Aufarbeitung des humanistischen Standpunktes in Bezug auf das Gewissen bei Fromm durch J. Neugebauer (2007). Dieser macht deutlich, „dass bei Fromm letztlich der Mensch an die Stelle Gottes gesetzt wird" (S. 189).

6.5. Literaturverzeichnis

BONHOEFFER; Dietrich (Hg. Eberhard Bethge): Widerstand und Ergebung. Briefe und Aufzeichnungen aus der Haft, München 1951/1962 (WE)

DERS. (zusammengestellt und herausgegeben von Eberhard Bethge): Ethik, München 3(1956) (E)

DERS. (Hg. von Martin Kuske und Ilse Tödt): Nachfolge, München 1989 (DBW 4)

DERS: (Hg. von Reinhart Staats und Hans Christoph von Hase in Zusammenarbeit mit Holger Roggelin und Matthias Wünsche): Barcelona, Berlin, Amerika 1928-1931, München 1991 (DBW 10)

DERS. (Hg. von Otto Dudzus und Jürgen Henkys in Zusammenarbeit mit Sabine Bobert-Stützel, Dirk Schulz und Ilse Tödt): Illegale Theologen-Ausbildung, Finkenwalde 1935-1937, Gütersloh 1996 (DBW 14)

DERS. (Hg. von Carsten Nicolaisen und Ernst-Albert Scharffenorth): Berlin 1932-1933, Gütersloh 1997 (DBW 12)

DERS. (Hg. von Christian Gremmels, Eberhard Bethge und Renate Bethge in Zusammenarbeit mit Ilse Tödt): Widerstand und Ergebung. Briefe und Aufzeichnungen aus der Haft, Gütersloh 1998 (DBW 8)

DERS. (Hg. Dirk Schulz): Illegale Theologenausbildung: Sammelvikariate 1937-1940, Gütersloh 1998 (DBW 15)

BRAKELMANN, Günter/JÄHNICHEN, Traugott (Hg.): Dietrich Bonhoeffer – Stationen und Motive auf dem Weg in den politischen Widerstand, Münster 2005

BÜCHELE, Herwig: Gewaltfrei leben. Die Herausforderung der Bergpredigt – Utopie oder Chance?, Regensburg 2010

DALAI LAMA: Das Herz der Religionen. Gemeinsamkeiten entdecken und verstehen, Freiburg im Breisgau 2012

DRAMM, Sabine: Dietrich Bonhoeffer. Eine Einführung in sein Denken, Gütersloh 2001

DIES.: Dietrich Bonhoeffers ‚religionsloses Christentum'- eine überholte Denkfigur, S. 308-320 in: GREMMELS/HUBER (Hg.), 2002

FEIL, Ernst: Die Theologie Dietrich Bonhoeffers. Hermeneutik. Christologie. Weltverständnis, Mainz/München 1971

FROMM, Erich: Haben oder Sein. Die seelischen Grundlagen einer neuen Gesellschaft, Hamburg 1976 – 2006/2007

GREMMELS, Christian/HUBER, Wolfgang (Hg.): Religion im Erbe. Dietrich Bonhoeffer und die Zukunftsfähigkeit des Christentums, Gütersloh 2002

HÜBNER, Siegfried: Die nichtchristliche Menschheit im Licht christlichen Glaubens. Karl Rahners Überlegungen zum Thema „anonyme Christen"; S. 47-64 in: Zeitschrift für katholische Theologie, Band 126, 1-2/2004

KÜGELER, Hermann: Religiöse Erfahrung – humanistisch und christlich. Die humanistische Religion Erich Fromms und die christliche Glaubenserfahrung, S. 125-136 in: Stimmen der Zeit 2/1985

NEUGEBAUER, Johannes: Das Gewissen in der Krise. Möglichkeiten und Grenzen der evangelisch-theologischen Bezugnahme auf das Gewissen, Diss. Uni-Berlin 2007

QUENZER, Wilhelm: Haben oder Sein. Die Frage von Erich Fromms „radikalem Humanismus", 20 Seiten (EZW-Information Nr. 80, Stuttgart IX/1980 http://www.ezw-berlin.de/downloads/Information_80.pdf abgerufen am 12.9.16)

RAFFELT, Albert: „Anonyme Christen" und „konfessioneller Verein" bei Karl Rahner, S. 565-573 in: Theologie und Philosophie, Band 72, 4/1997

RAHNER, Karl: Schriften zur Theologie, Band 6, Neuere Schriften – Die anonymen Christen, S. 545-554, Zürich/Köln 1994/2(1968)

RAISER, Konrad: Bonhoeffer und die ökumenische Bewegung. Historische Rekonstruktion und Bedeutung für heute, S. 35-57 in: BRAKELMANN/JÄHNICHEN (Hg.), 2005

RIESENHUBER, Klaus: Der anonyme Christ, nach Karl Rahner, S. 286-303 in: Zeitschrift für katholische Theologie, Band 86, 3/1964

SCHWERDTFEGER, Nikolaus: Gnade und Welt. Zum Grundgefüge von Karl Rahners Theorie des „anonymen Christen", Freiburg/Basel/Wien 1982

SIEBENROCK, Roman: Von der Mitte in die Weite. Karl Rahner – aus der Sicht der Generation danach", 4 Seiten in: Christ in der Gegenwart/Sept. 2016 (http://www.christ-in-der-gegenwart.de/archiv/artikel_druckversion_html?k_beitrag=474960# abgerufen am 11.9.2016)

SÖDING, Thomas: Das Liebesgebot. Eine ethische Orientierung an der Bibel (Neutestamentliche Master-Vorlesung im Wintersemester 2013/2014) (http://www.ruhr-uni-bochum.de/imperia/md/content/nt/nt/aktuellvorlesungen/vorlesungsskriptedownload/vl-skriptewas1314/skript_liebesgebot_ws_201314.pdf abgerufen am 25.1.2017)

7. Die rettende Liebe (Wichern I; Wichern II; Wichern III; Wichern IV)

Auf einer Stegreifrede[86] auf dem Wittenberger Kirchentag, am 22. September 1848, betonte Johann Hinrich Wichern, dass nicht soziale Reformen die bevorzugte Lösung der sozialen Probleme sind, sondern eine Regeneration der innersten Zustände des gesamten Volkes erforderlich ist[87]; und in diesem Kontext forderte er eine entschlossene Wendung zur tätigen Erneuerung der Kirche, wozu er Werke der Liebe als bevorzugten Kristallisationspunkt für den Wandel der Kirche und des Volkes betrachtete. „Diese Liebe muss in der Kirche als die helle Gottesfackel flammen, die kund macht, dass Christus eine Gestalt in seinem Volke gewonnen hat. Wie der ganze Christus im lebendigen Gottes*worte* sich offenbart, so muss er auch in den Gottes*taten* sich predigen, und die höchste, reinste, kirchlichste dieser Taten ist die ret-

---

86 Den Charakter einer Stegreifrede relativierend vergleiche Hans-Jürgen Benedict (2001, 457 und 459ff.). Dieser weist darauf hin, dass wesentliche Inhalte dieser Rede schon in den „Fliegenden Blättern des Rauhen Hauses", publiziert in der Zeit vom April bis September 1848, veröffentlicht gewesen waren. Dabei kommt den „Fliegenden Blättern" vom Mai 1848, die Benedict als „Wicherns antikommunistisches Manifest" apostrophiert, eine besondere Relevanz für die vermeintliche Stegreifrede zu (vergl. Benedict, 2001, 461ff.).

87 „Es ist notwendig, zunächst den Ansatz Wicherns herauszuarbeiten, der ihn zu seinem Vorschlag eines ‚christlichen Sozialismus' führt. Dieser Ansatz liegt in seiner Deutung des Pauperismus als eines doppelseitigen Phänomens. Einerseits handelt es sich dabei um ein materielles, dementsprechend volkswirtschaftlich zu behandelndes Problem, andererseits um eine Erscheinung, die ihre Wurzel in einer inneren Verarmung des Volkes hat. Beide Seiten des Pauperismus liegen ineinander und begründen und verstärken sich gegenseitig. Die äußere und die innere Massennot und Massenverelendung des beginnenden Industriezeitalters sind darum sehr wohl zu unterscheiden, aber nicht zu trennen. Einerseits führt die innere Verarmung breiter Volksschichten zur Unfähigkeit, die äußeren Lebensprobleme zu bewältigen, andererseits führt die Übermacht der äußeren Massennot dazu, daß die Voraussetzungen für ein geordnetes Leben in Haus und Gesellschaft immer mehr schwinden" (Janssen, 1961/1979, 155).

tende Liebe" (J.H. Wichern, 1948, Herv. I. Orig.)[88]. In der nach dem Kirchentag erstellten Denkschrift schreibt er nochmal zu diesem Aspekt: „Aber mehr noch als die Lehre gehört ihr (der Inneren Mission R.M.) die helfende, dienende Tat. Sie übt die Tat nur zur Erweisung der Barmherzigkeit und fragt nicht, wem sie dient, sondern hat schon gedient, ehe sie noch fragt – dem gestellten Vorbilde des großen Samariters getreu" (Wichern, 1849/1979, 155).

Auf diesen Kirchentag folgt die Gründung des „Central-Ausschusses für die Innere Mission der deutschen evangelischen Kirche" (CA), nachdem Wichern selbst am 23. September, einen Tag nach der Stegreifrede, die Gründung eines „Ausschusses für die Innere Mission" beantragt hatte. Damit wurde den vielen privaten und unkoordinierten Initiativen der Hilfe, die inzwischen entstanden waren „ein organisatorischer Rahmen gegeben und eine offizielle Vernetzung ermöglicht; es folgten Gründungen von Landes- und Provinzialvereinen; Reiseagenten sollten dem CA über die soziale Lage in Deutschland berichten" (Schäfer/Herrmann, 2005, 58). Damit erhielt die christliche Liebestätigkeit der damaligen Zeit mit dem Stichwort „Innere Mission" einen konzeptionellen Rahmen. Von der Inneren Mission sprach Wichern von einem „Organismus der Werke, freier, rettender Liebe" – dabei steht „rettende Liebe" für „Wichern I" und die „freie Liebe" steht für „Wichern III". Zu ergänzen ist noch die „gestaltende Liebe", die für „Wichern II" steht. Für die Gegenwart ist Wichern IV zu formulieren, womit gemeint ist, dass die Liebestätigkeit mit Anerkennungserfahrungen zu verknüpfen sei.

1849 erschien, noch während des Wittenbergers Kirchentag dafür beauftragt seine Gedanken in einer Denkschrift darzulegen, die umfangreiche Denkschrift „Die innere Mission der deutschen Evangelischen Kirche". Nach dieser hat für J.H. Wichern die „Innere Mission" die Entkirchlichung der Gesellschaft als Referenzrahmen; sie schließt zwar diakonisches Handeln nicht aus (im Sinne einer den Armen zugewandten Liebespflege, indem man ihnen geistliche und leibliche Hilfe bringt [vergl. Wichern, 1849/1979, 208. 215. 241ff.]), aber es geht

88 J.H. Wichern, Rede auf dem Wittenberger Kirchentag vom 22. September 1948, in: Ders., Sämtliche Werke, Bd. I, 155-165; hier S. 165 (zitiert nach Diakonisches Kompendium). Zur Situierung dieses Zitates vergleiche auch bei Benedict (2001, 468).

bei der Inneren Mission vor allem um ein Handeln auf alle soziale rsp. gesellschaftlichen Schichten hin und richtet sich darüber hinaus auf die Erneuerung aller Lebensbereiche. Das bedeutete, dass diese das ganze Kulturleben durchdringende religiös-sittliche Reformbewegung auch den Raum der Kirche überschreitet und deswegen sich auch nur teilweise im Rahmen der Ekklesiologie abbilden lässt (vergl. Schäfer, 2005, 101). „Bei der Beschreibung dieses Lebens hat Wichern immer wieder geschwankt. Gelegentlich hat er die vier sich gegenseitig durchdringenden Lebensformen der Familie, der Schule, der bürgerlichen Arbeit und der Kirche als Charakteristika genannt. Später hat er auf eine zu rasche und zu einfache Gliederung des Lebensgesamts immer mehr verzichtet. Die flutende Fülle des Lebens entzieht sich einer systematisierenden Darstellung" (K. Janssen, 1956/1979, 13; s.a. Wichern 1849/1979, 183).

Die Innere Mission dient der „Ausbreitung des göttlichen Reiches inmitten der verfallenden Christenheit" (Wichern, 1869)[89]. Er betrachtete die in Vereinen organisierte „Innere Mission" als Ergänzung zu den Pastoren-zentrierten Kirchengemeinden sowie auch als Ergänzung zu dem Wirken der kirchlichen Ämter: „Zugleich aber identifizierte er die freien Vereine – programmatisch – als Orte für die ‚geordnete Arbeit der gläubigen Gemeinde', als Räume der Verwirklichung des allgemeinen Priestertums und als Werkstätten der Liebe. Er entwarf damit ein Gemeindeleitbild, in dem das Einander-Priester-Sein als Kohäsionsprinzip mit dem Auftrag aktiver Weltgestaltung verbunden war" (Ruddat/Schäfer, 2005b, 209; s.a. Wichern, 1849/1979, 159f.). Damit wird deutlich, dass die „Innere Mission" nicht eine Lebensäußerung aktiver Liebestätigkeit neben der Kirche ist; und es ist auch keine Lebensäußerung ausserhalb der Kirche. Vielmehr ist die „Innere Mission" „eine Seite des Lebens der Kirche", die vom Geist der gläubigen Liebe getragen ist (vergl. Wichern, 1849/1979, 154). Das von Wichern entworfene Leitbild der „Inneren Mission" sah ein Tätigwerden der Inneren Mission nur dann vor, wenn die geordneten Ämter der evangelischen Kirche mit ihrer Wirksamkeit nicht imstande waren Lebensgebiete ausreichend zu bedienen (vergl. ders., 157 und 188).

89 Festpredigt gehalten am Jahresfest des Vereins für innere Mission in Hamburg, den 9.11.1869, Hamburg o.J. (1869), 14 (zitiert nach Diakonisches Kompendium)

Zu der Eignung als Mitarbeiter der Inneren Mission schrieb er: „Für einen recht geeigneten Mitarbeiter der Art würden wir den gelten lassen, der durch keinen nur äußeren Einfluß, durch keine Lockungen bürgerlicher Verheißungen, sondern allein durch den inneren Trieb der rettenden Liebe Christ sich ohne Selbsttäuschung veranlasst wüsste, sein Leben den verlorensten [...] christlichen Brüdern zu widmen und der um deswillen bereit wäre, teils allen zu dienen und ihnen zu helfen, teils alle, die ihn zu diesem Dienst berufen, zum Werk der Liebe so zu reizen, daß die Gemeinde in seinem Kreise ein Volk von Boten und Arbeitern würde, wenn und wo sie es noch nicht wären" (Wichern, 1847)[90].

Das Anliegen J.H. Wicherns, eine künftige Epoche der christlich-rettenden Liebesarbeit heraufzuführen, war in den Augen von Eugen Gerstenmaier, rund hundert Jahre nach dem Wittenberger Kirchentag, mit Blick auf die „Innere Mission" wie auch auf die evangelische Kirche gesehen, nahezu als vollständig gescheitert zu betrachten (vergl. Gerstenmaier, 1953, 499). Deswegen rief er „Wichern II" aus. „Es sollte ein Neuansatz der Kirche sein – weg von einer Kirche, die ausschließlich auf das Wort ausgerichtet ist, hin zu einer Kirche in Aktion, die ihr diakonisches Amt nicht mehr an privatrechtliche Vereine, wie die Innere Mission, delegieren, sondern selbst wahrnehmen würde. Damit würde sie dem unerledigten Vermächtnis Wicherns gerecht werden" (Witschke, 2005, 248f.; s.a. Winter, 2005, 292f.). So kam es 1945 zur Gründung des Hilfswerkes der Evangelischen Kirchen in Deutschland. Die Pointe war die stärkere Akzentuierung diakonischen Handelns im Horizont von Sozialpolitik – danach sollte christlich rettende Liebesarbeit neben dem Aspekte der Fürsorge, wofür „Wichern I" steht, sich auch als (gestaltende) Liebesarbeit in Form eines sozialen und politisch verantworteten Handeln entdecken, weil eine „echte evangelisch-kirchliche Legitimation für Wichern Zwei, d.h. für die organisierte, unmittelbar sozialpolitisch bzw. politisch wirksame christliche Kampf- und Tatgemeinschaft (...) im Verlauf der letzten 100 Jahre von der evangelischen Kirche Deutschlands nicht zu erlangen" war (Gerstenmaier, 1953, 501). „Wichern II ist der Ruf an die Christenheit Deutsch-

90 Wichern: Über Dilettantismus in der inneren Mission; Orden der römischen Kirche; die feste Beamtung im Dienst der inneren Mission [1847], in: Ders.: Sämtliche Werke (SW), Db I, Berlin/Hamburg 1962, S. 85-88) in: Diakonisches Kompendium

lands, sich den Aufgaben der ‚gestaltenden Liebe' zuzuwenden" (ders., 501). Für Gerstenmaier ist „Wichern II (…) bis jetzt im Bereich des deutschen Protestantismus ein Fragment geblieben, beides in theoretischer und praktischer Hinsicht. In praktischer: Im deutschen Protestantismus gibt es heute kaum eine jener von Huber und Wichern geforderten Assoziationen, die im öffentlichen Leben in der von Wichern gewiesenen Richtung wirksam, geschweige gar führend werden können. In theoretischer Hinsicht fehlt es unserer Kirche trotz aller Botschaften und ‚Worte' nicht nur an einem konkreten, geschlossenen Sozialprogramm, sondern es mangelt auch an einer gemeinsamen Überzeugung, daß so etwas überhaupt möglich, nötig und legitim sei in der Kirche des Evangeliums" (ders., 1953, 502). Das Problem ist nun aber, darauf weist Th. Strohm mit den Worten von K. Janssen hin, dass beide, Wichern wie Gerstenmaier, einen christlichen Gesellschaftsorganismus (vergl. Gerstenmaier, 1953, 503ff. und 513) wollten, wo eine echte geschwisterliche Solidarität blüht und nicht eine „patriarchale Herablassung" (vergl. Gerstenmaier, 1953, 506) beim Helfen und wo infolgedessen eine echte „Inkarnation" des heilsgeschichtlichen Geschehens durch das tathaft Konkrete sich vollzieht. Aber die Geschichte verlief in Deutschland dann so, dass aus diesen Impulsen ein imponierender Wohlfahrtsverband herauskam, mit dem 1975/1976 gegründeten Diakonischen Werk.

Deswegen ist nach Th. Strohm „Wichern III" auf der Tagesordnung: „Es erscheint heute an der Zeit, eine neue Balance zwischen den sozialstaatlichen Expertenkulturen und den auf freiwilliger Initiative und gemeinsamer Verantwortung beruhenden ‚Kulturen des eigenen Lebens' (Ulrich Beck) herzustellen" (Strohm, 1998/2003b, 172). Und hier kann man nach Strohm und K. Janssen an Gedanken Wicherns erinnern: „Wenn Wichern hoffte, christliche Assoziationen der Hilfsbedürftigen selbst für deren soziale (… R.M.) Zwecke zu veranlassen, so werden hier Selbsthilfepotentiale angesprochen, neue Zusammenschlüsse und Initiativen, die geeignet wären, das bestehende System zu transformieren" (Strohm, 1998/2003b, 170 – mit Bezug auf Wichern 1849/1979, 248). „Der Schritt von der Selbsthilfe scheint ihm der Grenzstein zwischen der bisherigen und einer künftigen Epoche der christlich rettenden Liebesarbeit" (Janssen, 1961/1978, 139f. – ebenfalls mit Bezug auf Wichern 1849/1979, 248)[91]. Im Kontext von Wichern III tauchte dann der Begriff der „freien Liebespflege" auf (vergl. Benedict, 2007/2008, 107). Liebe ist ohne Anerkennungserfahrungen nicht möglich bzw. durch fehlende Anerkennungserfahrungen werden die Akteure verunfähigt ihren Liebesdienst zu erbringen – dafür steht Wichern IV. In kirchlichen Einrichtungen (z.B. Altenheime) wird zu-

91 Bezüglich der Aussage von Janssen sind bei Wichern schon die Aussagen zur Vereinsfrauentätigkeit bedeutsam (vergl. Wichern, 1849/1979, 244ff.): „In diesen Frauenvereinen, zu deren einzelnen an achtzig tätige Mitglieder gehören, liegt einer der Anfänge des wirksamen *christlichen* Sozialismus (...)" (ders., S. 245). Weiter im Text bemerkt er noch ausführlich (mit Blick auf den Selbsthilfegedanken R.M.): „Diese Frauenverbindungen machen sich in diesem Geiste zu Aufgabe, den ihnen zukommenden Armen *Arbeit* zu bieten und zu verschaffen; sie alle sind zugleich christliche Gesellschaften zur freiwilligen, ungezwungenen Beschäftigung der Armen und wissen auch selbst da noch, wo fast alle Arbeitskraft verschwunden scheint, Stufen der Arbeit zu entdecken, wie sie nur die Erfindungsgabe der Liebe entdecken und vermitteln kann" (ders., S. 246). Und daran anschließend kommt es zu einer kritischen Bemerkung an die Adresse der Männer: „ (...) aber auch *die* Forderung wird nicht bestritten werden, daß die deutsche Männerwelt darüber klarwerden soll, wie es sich hier nicht um gutmütige, sentimentale Philanthropie, die man dem schwachen Geschlecht oder einzelnen Philanthropen überlassen könne oder nebenbei mit zu beachten habe, handle, sondern vielmehr um die Lösung einer der größten Aufgaben unserer Tage" (ders., S. 246f.). Darauf folgt dann der Textabschnitt, auf den sich Strohm wie Janssen beziehen – im Original liest er sich so: „Aber alle Verbrüderungen und Verschwisterungen dieser Art sind bis jetzt nur Verbindungen *für Hilfsbedürftige;* die Personen der unteren Klassen, die der Hilfe bedürfen, stehen jenen Verbindungen, die ihnen Dienst und Hilfe bringen, doch immerhin *vereinzelt* gegenüber. Ein neuer Schritt, der noch getan und verfolgt werden muß, ist: *christliche Assoziationen der Hilfsbedürftigen selbst* für deren soziale (... R.M.) Zwecke zu veranlassen. Begibt sich die innere Mission erst ernsthaft an die Verwirklichung *dieser* Aufgabe, *so ist der Grenzstein aufgerichtet zwischen der bisherigen und einer künftigen Epoche der christlich rettenden Liebesarbeit* (...)" (ders., S. 248). Wichern ergänzt noch zu diesem Gedanken erläuternd: „Bei dem Versuche der Verwirklichung solcher Verbrüderungen (gemeint ist die *Verbrüderung der Arbeiter zur Selbsthilfe* R.M.) wird sich sehr bald ergeben, daß diese Selbsthilfe nur eine sehr mangelhafte, völlig ungenügende bleiben wird. Zur Erreichung des gewünschten Zieles wird es einer *christlichen Assoziation der verschiedenen Arbeits- und Besitzstände*, einer freien, neuen Einigung derer, die viel oder doch mehr, und derer, die wenig haben, bedürfen. Durch solche Verbindung und gegenseitige Handreichung würde auf der einen Seite der Geiz und die Furcht, auf der anderen der Neid und der Zorn ersterben, nachdem Christus auf beiden Seiten die alles einigende Gestalt der Liebe gewonnen hätte, die alles vermag" (ders., S. 249 – alle Herv. i. Orig.). *Diese Vision von Wichern findet sich in der Gegenwart vor allem in Tauschbörsen etwas realisiert.*

weilen ein zu geringer Lohn gezahlt als bei vergleichbaren Arbeitsplätzen. Für Arbeitnehmer/-innen mit Familie sind dann ein Lohnunterschied von 200 Euro monatlich dann schon schmerzhaft. Hier wären gerechte Löhne, als Ausdruck von Wichern IV hilfreich. Und in der Sozialarbeit, im Zuge der neoliberalen Deregulierung haben die Professionellen immer weniger Zeit für einen achtsamen und wertschätzenden Umgang mit ihren Zielgruppen (vergl. Seithe/Wiesner-Rau, 2014). Auch hier hat der Ruf nach Wichern IV seine Relevanz, damit die Würde des Sozialarbeiters/der Sozialarbeiterin gewahrt bleibt und sie nicht zu Mittätern/-innen werden sondern echte Beziehungen zu den Bedürftigen resp. Klienten aufbauen können und nicht Druck ausüben müssen.

Bei all dem zu und von Wichern gesagten sollte man immer wieder ergänzen, wenn man Wicherns Grundanliegen gerecht werden will, dass die lebensweltliche Aneignung des Sozialen und der Solidarität, auch wenn sie sich unter den Bedingungen der Moderne vollziehen soll, dass dabei an die beeindruckende Haltung der Liebe, des Langmutes und der Güte von Wichern zu erinnern sei, wie er sie z.B. im „Rauhen Haus“[92] in Hamburg praktisch verwirklichte, vorlebte und für die Qualifizierung der Mitarbeiter in Anschlag brachte. Dazu gehörte auch seine Bereitschaft, sich auf die Suche von „verlorenen Schafen“ zu machen (vergl. Vonhoff, 1977, 142; s.a. Janssen 1956/1979, 12ff.). Für Wichern ist die rettende Liebe, die in der christlichen Liebestätigkeit zum Ausdruck findet, „das Abbild der urbildlichen Liebe und Gemeinschaft (...), die in dem dreieinigen Gott selber als ewiges Leben lebt“ (Wichern, 1856)“[93]. Im Sinne von Wichern ergänzt Benedict hierzu. „Mehr noch als durch den Glauben wird der Mensch gerechtfertigt durch die Liebe, ohne dass damit ein Problem der Werkge-

92 Uwe Birnstein weist in seiner Biografie von J.H. Wichern darauf hin, dass die Idee der Rettungshäuser von dem durch J. Daniel Falk errichteten „Lutherhof“, in Weimar, inspiriert wurde. Dabei beeindruckte das Erziehungskonzept, das ohne Gewalt auszukommen versuchte. Stattdessen wurden Liebe und Geduld zu den Hauptelementen der Falk'schen Pädagogik (vergl. Birnstein, 2007, 29f.). Weitere „Inspirationen“ für seine Rettungshäuser erhielt er von den „Franckeschen Stiftungen/Anstalten“ (Halle) sowie der „Kopfschen Erziehungsanstalt“ in Berlin (vergl. ders., 40 und 58).

93 Wichern, Gutachten über die Diakonie und den Diakonat (1856), S. 133 in: Diakonisches Kompendium

rechtigkeit auftritt" (Benedict, 2008b, 74). Die „rettende Liebe" im Sinne von Wichern ist ein kritischer Kommentar zu einer naiven Liebesreligiosität einerseits zu einer sterilen Liebestätigkeit andererseits. Birnstein schreibt zu dem „Rettungsaspekt": „Für moderne Ohren klingt das pathetisch. Es stammt aus dem Wortschatz der Erweckungsbewegung mit ihrer Einteilung in Gut und Böse, christlich und heidnisch, Gott und Welt. Wer diesem Dualismus folgt, weiß sich zwei Aufgaben verpflichtet: Zum einen dafür zu sorgen, selbst auf der richtigen Seite zu stehen, zum anderen dem Missionsauftrag Jesu zu folgen und möglichst vielen Menschen zu ermöglichen, das Heil zu erlangen und sie somit vor der ewigen Verdammnis zu erretten. Hinter diese geistliche Bedeutung zurück tritt der ganz praktische Aspekt des Rettens. Menschen können das Heil nur erlangen, wenn sie von widrigen Umständen wie Armut, Elend, Kriminalität und Sittenlosigkeit befreit sind. Eine programmatische Weichenstellung, die eine Gleichsetzung mit einer völlig zweckfreien Barmherzigkeit verbietet. Der Grundgedanke des Rettens, wie es Wichern und andere Gründer von Rettungshäusern verstehen, entstammt nicht einem sozialen, sondern einem missionarischen Impuls.(Absatz herausgenommen R.M.) Wichern selbst übersetzt das Wort „retten" mit „selig machen", einem Begriff aus der Bergpredigt. Ihm schwebt(e) (R.M.) vor, Kinder in einem eigenen Haus mit familiärer Atmosphäre „selig" zu machen, sie also dem Heil näher zu bringen" (Birnstein, 2007, 57f.).

Wichern qualifizierte die „rettende Liebe" wie folgt: *1)* Man <u>sucht</u> Elende, Hungernde, Nackte, Darbende <u>auf</u> und beginnt unter ihnen Werke der Barmherzigkeit zu errichten, schon bestehende zu fördern oder vereinzelte zu vermehren – der Knackpunkt hierbei ist, dass diese gesamten Betätigungen nicht mit einer heimlichen Gewinnlust und -sucht unterfüttert sind (vergl. zum Stichwort „Gehstruktur" bei: July, 2008). *2)* Mit der rettenden Liebe erbringt man in freier Liebe Opfer des Lebens , auch indem man „Barmherzigkeit in <u>Opfern von Gut und Blut</u>" lebt. *3)* <u>Taten des „Aufhelfens"</u> haben einen zentralen Stellenwert, auch wenn das sehr mühsam und langwierig sein kann; dazu kann z.B. gehören jemanden liebend zum Üben zu ermuntern. Dabei macht Wichern deutlich, dass hierbei kein Subjekt-Objekt-Verhältnis bestehen sollte, das hier den Helfer und dort den Hilfsbedürftigen sieht. Es ging darum, dass sich keine Aufsehermentalität zeigen sollte, sondern man sollte Mit-Arbeiter sein, also „mit dieser Jugend arbeiten, essen und spielen“ (Schreiner in: Krimm, 1953, 331). Trotz dieser Perspektive muss Benedict kritisch anmerken, dass die „rettende Liebe“ in der Praxis sich als Liebe zu Mängelwesen verstand und von daher von einer herabneigenden Barmherzigkeit zu den Armen begleitet wurde (vergl. Benedict, 2008b, 75). *4)* Mit der rettenden Liebe ist auch ein Bewusstsein verbunden, den Einzelfall bei dem Tun zu würdigen und Generalisierungen bzw. generalisiertes Handeln zu vermeiden. Der Nachteil dieses Aspektes war, dass dadurch sich ein Focus auf Notlagen ausbilden kann, wo „sozialstrukturelle Probleme primär in personalisierter Form wahrgenommen werden“ (Benedict, 2008b, 75). *5)* „Rettende Liebe“ ist, „wenn der Geist, die Kraft und der Ernst ungefärbter, uneigennütziger, sich aufopfernder und Gott vertrauender Liebe in dem Haus walten“ (vergl. Wichern, 1833/1979) – damit spricht er auch eine spirituelle Herausforderung für die Christen an, wenn er von der rettenden Liebe als dem alles durchdringenden Odem des belebenden Evangeliums spricht. Vermutlich sich darauf beziehend problematisiert Benedict: „So wie der Calvinist sich nicht sicher sein kann, ob er genug getan hat, um erwählt zu sein, so der protestantische Liebeschrist nicht, ob seine Liebestätigkeit ausreicht, um dem Reich der Liebe auf die Sprünge zu helfen und den Kampf mit den Mächten der Finsternis, dem Materialismus und dem Kommunismus, zu bestehen“ (ders., 2008b, 74).

7.1. Literaturverzeichnis

BENEDICT, Hans-Jürgen: Barmherzigkeit und Gerechtigkeit, S. 9-28 in: DERS., [1994] 2008

DERS.: Beruht der Anspruch der evangelischen Diakonie auf einer Missinterpretation der antiken Quellen? John N. Collins Untersuchung „Diakonie“, S. 114-128 in: DERS., [2000] 2008

DERS.: Gott ist barmherzig, nicht allmächtig, 2f. in: Junge Kirche 62(2001)

DERS.: „Der kommunismus und die Hilfe gegen ihn“. Das antikommunistische Manifest Wicherns als Grundlage der berühmten Wittenberger Stegreifrede Wicherns und als verhängnisvolles Erbe der Inneren Mission, S. 455-475 in: Evangelische Theologie 61(2001); zugleich in DERS, 2008, S. 77-100

DERS.: Gott als kooperative Macht der Barmherzigkeit und Gerechtigkeit, S. 29-41 in: DERS., [2004] 2008; Originalquelle, S. 66-78 in: SCHIBILSKY/ZITT (Hg.), 2004

DERS.: Diakonie als Dazwischengehen und Beauftragung. Die Collins-Debatte aus der Sicht ihres Anstoßgebers, S. 129-137 in: DERS., [2005] 2008

DERS.: Wicherns Familienerziehung – ein Mittel gegen die Zerstörung des Lebensweltlichen? Eine Erinnerung zum 125. Todestag Wicherns mit aktuellen Ausblicken, S. 101-113 in: DERS., [2007] 2008

DERS.: Barmherzigkeit und Diakonie. Von der rettenden Liebe zum gelingenden Leben, Stuttgart 2008a

DERS.: Was ist das Neue an Wicherns Liebesbegriff?, S. 73-76 in: DERS., 2008(a)b

DERS.: Die Liebestätigkeit der Alten Kirche. Eine Erfolgsgeschichte und ein wichtiger Grund für die Ausbreitung des Christentums – Uhlhorn, Troeltsch und Harnach wiedergelesen, S. 50-72 in: DERS., 2008(a)c

DERS.: Gott und Mensch als Akteure des Sozialen im Dienst von Barmherzigkeit und Gerechtigkeit, S. 42-56 in: HOBURG (Hg.), 2008(d)

BIRNSTEIN, Uwe: Der Erzieher. Wie Johann Hinrich Wichern Kinder und Kirche retten wollte, Berlin 2007

GERSTENMAIER, Eugen: „Wichern Zwei". Zum Verhältnis von Diakonie und Sozialpolitik, S. 499-546 in: KRIMM (Hg.), 1953

HILLER, Doris/KRESS, Christine (Hg.): Dass Gott eine große Barmherzigkeit habe. Konkrete Theologie in der Verschränkung von Glauben und Leben, Leipzig 2001

HOBURG, Ralf (Hg.): Theologie der helfenden Berufe, Stuttgart 2008

JANSSEN, Karl: Wichern Leben und Wirken, S. 9-19 in: WICHERN (Ausgewählte Schriften – Band 1), 1956/1979

DERS.: Einführung zu „Die Innere Mission der deutschen evangelischen Kirche", S. 135-145 in: WICHERN (Ausgewählte Schriften – Band 3), 1961/1979

JULY, Frank Otfried: Gehstruktur. Wichern und der Kern der Diakonie, S. 34-36 in: **zeit**zeichen 1/2008

KRIMM, Herbert (Hg.): Das diakonische Amt der Kirche, Stuttgart 1953

RUDDAT, Günter/SCHÄFER, Gerhard K. (Hg.): Diakonisches Kompendium, Göttingen 2005a

DERS./DERS.: Diakonie in der Gemeinde, S. 203-227 in: DERS./DERS. (Hg.), 2005(a)b

SCHÄFER, Gerhard K.: Evangelisch-theologische Konzeptionen und Diskussionslinien der Diakonie, S. 91-121 in: RUDDAT/SCHÄFER (Hg.), 2005

SCHIBILSKY, Michael/ZITT, Renate (Hg.): Theologie und Diakonie, Gütersloh 2004

SCHREINER, Helmuth: Wichern, Löhe und Stoecker, S. 315-349 in: KRIMM (Hg.), 1953

SEITHE, Mechthild/WIESNER-RAU, Corinna (Hg.): „Das kann ich nicht mehr verantworten!“ Stimmen zur Lage der Sozialen Arbeit, 2(2014)

STROHM, Theodor: Diakonie in der Perspektive der verantwortlichen Gesellschaft: Beiträge zur sozialen Verantwortung der Kirche II (Hg. Von Volker Herrmann), Heidelberg 2003

DERS.: „Wichern drei“ - auf dem Weg zu einer neuen Kultur des Sozialen, S. 168-173 in: DERS., 2003 [1998]

DERS.: Professionalisierung von Nächstenliebe – eine Anfrage an christliche Hilfsmotivation, S. 157-167 in: DERS., 2003 [2001] und S. 223-235 in HILLER/ KRESS (Hg.), 2001

VONHOFF, Heinz: „Geschichte der Barmherzigkeit“, S. 11-262 in: VONHOFF/ HOFMANN, 1977

DERS./HOFMANN, Hans-Joachim: Samariter der Menschheit. Christliche Barmherzigkeit in Geschichte und Gegenwart, München ca. 1977/1990 (??)

WICHERN, Johann Hinrich (Hg. von Karl Janssen und Rudolf Sieverts): Ausgewählte Schriften (3 Bände), Gütersloh 1979

DERS.: Die öffentliche Begründung des Rauhen Hauses am 12. September 1833, S. 25-49 in: WICHERN (Ausgewählte Schriften - Band 2), 1833/1979

DERS.: Die innere Mission der deutschen evangelischen Kirche. Eine Denkschrift an die deutsche Nation, S. 147ff. in: WICHERN (Ausgewählte Schriften – Band 3), 1849/1979

WINTER, Jörg: Diakonie im Spannungsfeld von kirchlichem und staatlichen Recht, S. 287-299 in: RUDDAT/SCHÄFER (Hg.), 2005(a)

WITSCHKE, Reinhard: Diakonische Handlungsebenen zwischen Kirchenkreis und EKD, S. 241-259 in: RUDDAT/SCHÄFER (Hg.), 2005

8. Jesus Christus – Vergewisserungen

Wenn über Jesus Christus gesprochen wird, dann gibt es unterschiedliche Akzente. Die Reich-Gottes-Verkündigung zum Beispiel wird dem historischen Jesus zugerechnet. Hingegen ist der Sohn-Gottes-Titel eine Zuschreibung an Jesus, die von der jungen christlichen Gemeinde gemacht wurde. Dazu ist unterschiedliches zu sagen.

8.1. Reich-Gottes-Verkündigung des historischen Jesus

Die Forschung ist sich über das „Dass" der Reich-Gottes-Verkündigung Jesu einig, nicht aber in Bezug auf das „Was".

8.1.1. Sprachgebrauch

Nach Ludger Schenke ist die basileia als „Königreich" zu lesen. Es ist ein fest umrissener Raum, ein Gebiet von einem bestimmten Herrscher (vergl. Gäckle, 2018, 46f.). Hier „Königsherrschaft" zu übersetzen ist zu unpräzise. Die Basileia in Jesu Verkündigung umschreibt einen Vollendungszustand, der dann eintreten wird, „wenn Gott allein und unbestritten als König herrscht und keine Macht ihm diese Herrschaft streitig macht" (Strotmann, 2015, 100).

Dieser Heilsraum ist nicht statisch, „sondern eine dynamische Wirklichkeit, die schon in der Gegenwart erfahrbar ist, sich immer weiter ausdehnt und schließlich die ganze Welt umgreifen wird" (dies., 101). Man soll durch die Übersetzung nicht dazu verleitet werden, sich das „Königreich Gottes" als irdischen Staat der Neuzeit vorzustellen, mit Wachposten usw. Dieser Heilsraum ist ein Raum von dem „alle gottwidrigen Mächte und Kräfte ausgeschlossen sind" (Gäckle, 2018, 54).

8.1.2. Wie Jesus die „Basileia Gottes" vor dem Hintergrund des jüdischen Verständnishorizontes verstand

„Jesus lebte wie sein Lehrer Johannes der Täufer ebenfalls in der Vorstellungswelt der Apokalyptik. Auch er erwartete das Ende der gegenwärtigen Geschichte und das Hereinbrechen einer neuen Weltzeit, in der nur noch Gott allein herrschen und alle Mächte des Bösen besiegt sein werden (…). Auch er ging von einem großen Gericht am Ende der Zeit aus und dachte in Dualismen: hier die Herrschaft des Satans – da die Königsherrschaft Gottes. Allerdings identifizierte Jesus die dämonischen Mächte nie mit einer tatsächlich existierenden imperialen Macht (wie z.B. Dan 7-12) oder mit den Nichtjuden an sich (wie z.B. PsSal 17,3), sparte also die menschliche Welt aus. (…) Eher ungewöhnlich für apokalyptische Literatur war jedoch die Gewissheit Jesu, dass die ›basileia Gottes‹ nicht nur unmittelbar bevorsteht, sondern schon begonnen hat, also schon in die gegenwärtige Weltzeit eingebrochen ist und sie zu verändern beginnt. Trotzdem war das paradoxe, typisch jesuanische ›Schon‹ und ›Noch nicht‹ der Gottesherrschaft keine Erfindung Jesu, sondern knüpfte an Vorstellungen an, die sich u.a. in Liturgien und Gebeten des zeitgenössischen Judentums finden. (…) Neu war jedoch Jesu Überzeugung, das zukünftige, die ganze Welt umfassende Königreich sei dabei, sich schon in der Gegenwart durchzusetzen" (Strotmann, 2015, 103).

8.1.3. Das zukünftige und schon gegenwärtige Königreich Gottes in der Verkündigung Jesu

Man kann sich auf kein Jesuslogion beziehen, wodurch belegt werden könnte, dass das Reich Gottes unlösbar mit der Person Jesu verbunden ist und wo die „zukünftige Gottesherrschaft … in Wort und Tat, in der Person Jesus bereits Wirklichkeit" und „in seiner Person bereits gegenwärtig" ist (Zitate von Klappert in: Gäckle, 2018, 59; s.a. 127). „Eine pauschale Deutung des Wirkens Jesu als Verwirklichung, Herbeiführung, Aktualisierung, Vorabschattung, Antizipation, Dämmerung, Anbruch oder Einstand der ›basileia‹ (abweichend vom Original lateinische Schreibweise R.M.) oder gar als *realized eschatology* und Vergegenwärtigung der Zukunft lässt sich von den Evangelien her nicht belegen“ (ders., 59f.; s.a. 132).

a) Gegenwärtigkeit des Gottesreiches

Die Wachstumsgleichnisse werden als Beispiele für die Gegenwärtigkeit des Gottesreiches genannt. Dazu gehören das Gleichnis von der selbstwachsenden Saat (Mk 4,26-29) oder das Gleichnis vom Senfkorn (Mk 4,30-32).

Die Pointe der Gleichnisse vom Senfkorn (Mk 4,30-32; Lk 13,18f.) oder vom Sauerteig (Mt 13,33) liegt in der Kraft und Unaufhaltsamkeit des einmal begonnenen Prozesses, wo der Anfang gemacht ist und das Reich Gottes sich nun unaufhaltsam die Bahn bricht (vergl. Wilk, 2012). Dabei lässt sich eine organische Verwandtschaft des „Anfangs“ (Senfkorn) und der Staude (Reich Gottes) kaum erahnen (vergl. Gäckle, 2018, 83). Deshalb darf man auch nicht so einfach die „basileia“ mit der Kirche identifizieren und daraus abgeleitet einen Wachstum der „basileia“ mit dem Wachstum der christlichen Kirche in Verbindung bringen (vergl. ders., 81).

„Die Gegenwärtigkeit des Königreiches Gottes betonen schließlich auch Jesusworte, die das Drängende der *basileia* in den Vordergrund stellen und ein entsprechend entschlossenes und schnelles Handeln in der Gegenwart fordern. Hierzu gehören die Gleichnisse vom Gastmahl (Lk 14, 26-24 par Mt 22,1-14 par EvThom 64), vom Schatz im Acker und von der Perle (Mt 13,44-46; EvThom 109.76). Der Gastgeber des Festmahls kann nicht warten, bis alle Geladenen wirklich Zeit haben und frei sind von ihren Verpflichtungen. Wenn Gott zum Fest ruft, müssen die Geladenen kommen, ansonsten feiert er ohne sie (Lk 14,16-24 par). Noch radikaler erscheint die angemessene Reaktion auf das Auffinden von Schatz und Perle, nämlich sofort alles zu verkaufen, um diese Schätze zu erwerben. Auch hier gehören Gegenwärtigkeit und Zukünftigkeit des Gottesreiches zusammen, ein eschatologisches Verständnis fehlt jedoch“ (Strotmann, 2015, 106f.).

b) Zukünftigkeit des Gottesreiches

Von der Zukünftigkeit des Gottesreiches spricht die zweite Vaterunserbitte: „dein Reich komme“ (Lk 11,2/Mt 6,10). Es ist eine beharrliche Bitte um die baldige und endgültige Durchsetzung dieses Reiches als Heilsraum. „Die Rede vom Kommen des Reiches ist wahrscheinlich eine Innovation Jesu, was ein gewichtiges Argument für die Authenzität ist“ (Gäckle, 2018, 53).

„Die Zukünftigkeit des Gottesreiches begegnet uns auch in den ersten drei, wohl auf Jesus selbst zurückgehenden *Seligpreisungen* der lukanischen Fassung (Lk 6,20f.), die den Armen, Hungernden und Weinenden das Reich Gottes verheißen“ (Strotmann, 2015, 107).

c) Gegenwärtigkeit und Zukünftigkeit des Reiches Gottes

„Auf Grund der dargestellten Quellenlage ist es äußerst unwahrscheinlich, dass Jesus die Gegenwärtigkeit des Gottesreiches isoliert ins Zentrum seiner Verkündigung gerückt hat“. Trotz herrschender Herrschaftsverhältnisse und familiarer Verwerfungen „konnte er in den kleinen, unscheinbaren Anfängen seiner Exorzismen und Heilungen, seiner Mahlsgemeinschaften, ja in der Schöpfung selbst die Gegenwärtigkeit der basileia spüren und sie anderen erfahrbar machen. Jesus war auch kein gottvergessener Macher, der glaubte, aus eigener Kraft die Welt verändern zu können. Er lebte aus einer inneren Gewissheit heraus, dass Gott selbst sein Königreich in allerkürzester Zeit herbeiführen und vollenden werde. Die in der Gegenwart sich Bahn brechende Herrschaft Gottes war nur den Anfang, (…)“ (dies., 108f.).

Die behandelten Texte liefern keine überzeugenden Beweise für einen apokalyptischen Jesus. Und dennoch ist es unwahrscheinlich, dass Jesus sich vollständig von den apokalyptischen Vorstellungen seines Lehrers, Johannes des Täufers, entfernt haben soll. Und wenn die junge Christengemeinde apokalyptische Vorstellungen vom Reich Gottes hatte, dann wird sie das nicht ganz vorbei an Jesus entwickelt haben (vergl. dies., 109).

8.1.4. Das Königreich als gesellschaftlicher Gegenentwurf zur erfahrenen irdischen Herrschaft

Für die Hörer Jesu war Jesu Rede vom Reich Gottes weder ein theologisches, noch ein spirituelles Königreich, „sondern eine Metapher für eine umfassende Wirklichkeit, die im Gegensatz steht zu jeder menschlichen Herrschaft und zur erfahrenen empirischen Wirklichkeit, die von Unterdrückung und Ungerechtigkeit, Krankheit und Tod geprägt war (...)" (dies., 110)

a) Adressaten und Adressatinnen der Reich Gottes Verkündigung (vergl. dies., 110-113)

- Menschen mit sozioökonomischen Defiziten: Arme, Hungernde, Chancenlose etc.
- Kinder
- Besessene, Kranke, Behinderte
- Menschen mit moralischen Defiziten: Zöllner, Prostituierte
- Im Zentrum, quasi als Bürger und Bürgerinnen des Gottesreiches, stehen Menschen, die in den irdischen Gesellschaften am Rande stehen, übersehen und ausgegrenzt werden, Menschen, die materielle, psychische, physische und soziale Not leiden (vergl. dies., 113)

b) Erwartungen an diejenigen, die ins Reich Gottes eintreten wollen (vergl. Wilk, 2012)

- „Sie müssen die Zuschauerperspektive aufgeben und im eigenen Leben umsetzen, was Jesus verkündet (...)";
- Es gilt sich von selbstsüchtigen Begierden zu befreien (vergl. Mk 9, 43-47) und von Bindungen, wie sie vom Reichtum ausgehen, zu lösen (vergl. Mk 10,25; Mt 6,24)

c) Metaphern für das Reich Gottes

- Festmahl ist als schöne Metapher für das Königreich Gottes (vergl. Gäckle, 2018, 48ff.) von ihm gebraucht worden. Es ist eine Herausforderung in einer Welt des Hungers und stets bedrohlicher Nahrungsknappheit. Die Speisung der Hungernden weist auch darauf hin (vergl. Strotmann, 2015).

- Wenn er sagte: „Bei euch aber soll dies nicht sein, sondern wer bei euch groß sein will, der soll euer Diener sein, und wer bei euch der erste sein will, soll Sklave aller sein", dann spricht er gegen anmaßendes und imperiales Herrschen (vergl. dies., 114f.). Den „Weisen und Verständigen" bleibt verborgen, worum es Jesus bei der Reich-Gottes-Verkündigung geht (vergl. Wilk, 2012).
- Das Reich Gottes ist eine Gabe des Heils, die man empfängt, wenn man offen wie die Kinder ist, diese Gabe zu empfangen (vergl. Mk 10,14f.) (vergl. Gäckle, 2018, 63f.). Diese Gabe des Heils kann also schon jetzt „bereits gegenwärtig gesucht, empfangen und besessen werden" (ders., 73) – wird ganz aber erst eschatologisch sichtbar/offenbar (vergl. ders., 130).

8.1.5. Bilder und Metaphern des Gerichts

„Auffallend oft besteht das Gericht in der Jesusüberlieferung in einem *selbstverschuldeten und selbstgewählten Ausschluss vom Königreich Gottes.* Besonders Personen, die sich weigern den letzten radikalen Schritt auf die basileia hin zu tun, müssen mit dieser Konsequenz rechnen. Das gilt für die Eingeladenen im Gleichnis vom Gastmahl (Lk 14,16-24 par EvThom 64), die sich mit >wichtigeren< Dingen entschuldigen, ebenso wie für den reichen Jüngling (Mk 10,17-23 par), der sein Vermögen nicht loslassen kann, oder für diejenigen, die erst noch ihre Familienangelegenheiten regeln wollen, bevor sie Jesus nachfolgen (Lk 9,57-62 par). Als Selbstausschluss dürfte auch das Wort vom Völkergastmahl (Lk 13,28f. par Mt 8,11) zu verstehen sein, wie überhaupt die Einlassworte (…). Dem selbstgewählten Ausschluss werden in den genannten Überlieferungen nicht selten Menschen gegenüber gestellt, die ursprünglich nicht für das Königreich Gottes vorgesehen waren bzw. die sich die Eingeladenen als Gäste nicht vorstellen können" (Strotmann, 2015, 116f.).

„*Fazit*: Festzuhalten ist mit Theißen/Merz (246), dass die Gerichtspredigt Jesu wie die des Täufers ihre AdressatInnen verunsichern will. Im Licht des anbrechenden Gottesreiches ist ganz Israel vor Gott schuldig geworden. Niemand, auch nicht die frommsten und gerechtesten Judäer und Judäerinnen können sich von vornherein und selbstgewiss sicher sein, im Gericht gerettet zu werden und in das Königreich Gottes einzugehen. Ärgerlich ist die jesuanische Gerichtspredigt auch für gut situierte Menschen und solche mit entsprechendem gesellschaftlichen und politischen Einfluss, insbesondere angesichts der Tatsache, dass Menschen, die an unterschiedlichsten Defiziten leiden und bisher unterprivilegiert waren, ja sogar Sündern und Sünderinnen, das Reich Gottes zugesagt wird. (Absatz herausgenommen R.M.) Die Gerichtspredigt Jesu zielt jedoch selbst in ihrer härtesten Variante (z.B. das Weisheitswort LK 11,49-51 par) nicht auf die Verunsicherung an sich, sondern durch die Verunsicherung hindurch auf die Umkehr ihrer AdressatInnen. Wie grundsätzlich jeder Gerichtsprophet Israels, einschließlich Johannes des Täufers, will auch Jesus durch die Ansage des Gerichts dieses gerade verhindern und die AdressatInnen zur Umkehr von ihrem bisherigen Lebensweg bewegen. Und schließlich noch ein Letztes: die Gerichtsbilder, die Jesus benutzt, sind zwar bedrohlich, bleiben aber in der Schilderung von Strafen sehr zurückhaltend" (dies., 118).

8.1.6. Wie und wo kann man sich das Reich Gottes heutzutage vorstellen (vergl. dazu Zager, 2002, 71-83 und 123, Punkt 4)

Wenn man ernst macht mit den Vorstellungen von „Raum" und „Festmahl" beim Reich Gottes, dann ist für mich ein vorzüglicher Anknüpfungspunkt für heute greifbare Anfänge des Reich Gottes die Sozialkirche Gaarden (St. Matthäus in Kiel). Sie beherbergt die Kieler Tafel und ein „Lädchen", in dem gespendete Kleidung und kleine Haushaltsgeräte kostenlos mitgenommen werden können. Während der Öffnungszeiten der Kieler Tafel sind Ehrenamtliche und die Pastorin Ragni Mahajan anwesend und haben ein offenes Ohr für die Sorgen und Nöte der Menschen. Die Stadtmission „stadt.mission.mensch" ist mit im Boot der Angebotspalette der Sozialkirche. Dadurch werden auch das Café sowie soziale und kulturelle Veranstaltungen in der Sozialkirche möglich. Im Café werden Speisen und Getränke zu einem günstigen Preis angeboten; es besteht die Möglichkeit zur professionellen Beratung. Jeden ersten Freitag im Monat gibt es Livemusik – der Eintritt ist frei, Getränke werden zu kleinen Preisen angeboten. Und es findet regelmäßig eine Andacht im Raum der Stille statt. Darüber hinaus findet ein Stammtisch für Menschen mit Assistenzbedarf hier Heimat. Die Bingo-Nachmittage sind sehr beliebt, bei Jung und Alt, sie kosten nichts und dennoch sind schöne Preise, die gespendet wurden, zu gewinnen. Dadurch bestehen in der Sozialkirche Beschäftigungsmöglichkeiten für Langzeitarbeitslose. Zur Sozialkirche Gaarden finden unterschiedlichste Menschen den Weg, nicht nur Arme oder Menschen aus anderen Religionen und Kulturen, auch Straffällige oder psychisch Kranke.

8.2. Anmerkungen zum Sohn-Gottes-Titel

8.2.1. Unser Blick auf Jesus Christus ist in großen Sätzen über Jesus Christus gefangen

Manchmal frage ich mich, ob unser Blick auf die Menschen gefangen ist durch große Sätze über Jesus Christus beziehungsweise eine zu verherrlichende Sprache. Das Sprechen und Deuten von Jesu Leben, Tod und Auferstehung wird durch Lehrsätze mit einem so hohen Wahrheitsanspruch betrieben, so dass der Effekt auftritt, dass so, wie Jesus Christus in seiner Art und Weise sprach, lebte und handelte ganz exklusiv als der Sohn Gottes erkannt und interpretiert wird – aber eigentlich ist er „nur“, jetzt in dem vom Sozialethiker A. Rich (1984) gewählten Begriff, ein „Prototyp“ dafür, wie tiefer Glauben Großes möglich macht. Dadurch dass der Blick auf Jesus durch ein extrem verherrlichendes Sprechen umklammert wird, herrscht ein zu ausschließender Blick auf das Attribut „Sohn“ oder „Tochter Gottes“, so dass andere Menschen in der Geschichte nicht mehr als Söhne oder Töchter Gottes erkannt und verstanden werden, die aber auch im Himmel an der Seite Gottes sitzen. „(…) ihr seid alle durch den Glauben Gottes Kinder (ergo: Töchter und Söhne)….“ (Gal 3,26). Ich frage mich, ob die in der Christologie erfolgende Differenzierung zwischen der WESENSgleichheit Jesu mit dem Vater und eine Gottessohnschaft/Gottestochterschaft der GNADE nach sinnvoll argumentativ zu vollziehen ist, wenn der „exklusive“ Sohn Gottes und die anderen Söhne und Töchter Göttes durch den Glauben der Gestalt nach gleich sein werden.

Es ist durchaus realistisch anzunehmen, dass es Menschen gibt, die auch ein ebenso wie Jesus Christus barmherziges, von Liebe durchtränktes, spirituelles, zutiefst gerechtes Leben führen, dass sie Jesus Christus gleich sind. Ich vermute sehr stark, dass es neben Jesus Christus, man muss nur ganz genau hinschauen, auch Menschen gibt, die in ihren Lebens- und Grundvollzügen umfassend transparent auf Gott hin sind. Und es können Menschen sein, die Lahme zum Gehen bringen, Blinde zum Sehen bringen und Tote auferwecken – „Wer an mich glaubt, der wird die Werke auch tun, die ich tue, und er wird noch größere als diese tun; (...)" (Joh. 14,12). Einem von der Angst durch und durch ergriffenen Menschen wieder die Freiheit zum Leben zu schenken, ist so als würde man einen Lahmen wieder zum Gehen bringen. Wie stark dürfen wir die von Jesus Christus berichteten Ereignisse physisch denken, um das mit der metaphorischen Sprache in der Bibel Gemeinte über Gebühr einzuengen beziehungsweise auszugrenzen. Es gibt Menschen, die Arzt im originären Sinne sind, ohne den Arztberuf auszuüben. Man kann auch die Wunder, die Menschen heute vollbringen, erkennen lernen, wenn man weg kommt von der engführenden Interpretationsfolie – das Ereignis ist biologisch, naturwissenschaftlich, soziologisch nicht erklärbar. Weil man das Wort Wunder nicht gern in Mund nimmt wird von Spontanheilungen gesprochen und doch sind es Wunder, angetippt durch Heilimpulse von Ärzten und Pflegekräften und liebevollen Besuchen. Und war es nicht ein Wunder der Nächstenliebe, als im Jahreswechsel 2015/2016 so viele Menschen sich für die Flüchtlinge engagierten – vergleichbar der Sättigung der 5000 durch die wunderbare Brotvermehrung?

Sohn Gottes ist man, wenn ich die Hinweise in der Bibel richtig deute, nicht „attributfrei". Es gehört zu der Identifizierung von jemanden als Sohn und Tochter Gottes eine Qualitätsaussage von sich selbst zeigenden Leben, sich bewährenden Leben, von einem besonderen persönlichen Fingerabdruck in den zwischenmenschlichen Bezügen hinsichtlich Liebe, Barmherzigkeit, Gerechtigkeit, Treue zu Gott dazu. Ich möchte nicht ein Junktim formulieren – hier wäre der Junktim-Gedanke fehl am Platz. Aber es muss doch mit jemanden für Gott erfahrbar bleiben, dass jener (also Gottes Sohn und Tochter Gottes) bei seinen Grundvollzügen auf der Erde so ist, was das göttliche Handeln qualitativ ausmacht, so wie es uns in der Bibel berichtet wird. Er muss dabei das menschliche allzu menschliche Mittelmaß transzendieren. Gott wird jemanden wohl nicht als Gottes Sohn oder Tochter Gottes annehmen, der das in der Bibel berichtete „Göttliche" des Lebens verrät oder nachlässig darauf Bezug nimmt. Ohne grenzenlose Liebe wird wohl kaum Gott jemanden als Sohn oder Tochter Gottes annehmen. Fehlende Liebe ist eine ganz entscheidende Scheidemarke (1 Kor 13) mit der sich jemand herauskatapultiert aus den Kreis der Söhne und Töchter Gottes. Und Liebe ist wahrlich nichts Einfaches, wenn sie sich bewähren muss.

Ich vermute ganz stark, dass Jesus Christus nicht der einzige Sohn, die einzige Tochter Gottes gewesen ist (vergl. hier den Hinweis auf die feministische Diskussion zur Christologie in Westeuropa und Nordamerika, insbesondere zu D. Sölle in: Zager, 2002, 116), dass es auch noch andere Menschen gab, die genauso wie er in ihrem Leben transparent auf Gott gewesen sind, dass sich wieder noch weitere Wunder ereigneten durch das Eingreifen dieser Menschen – man darf halt nur nicht enggeführt auf die Vorgänge auf dieser Erde durch die alles dominierende „Erzählung" von Jesus Christus schauen. Man muss auch die Geschichten von den anderen Menschen, die auf dieser Erde weilten, erzählen, damit deutlich wird, dass es über Jesus Christus hinaus auch noch ein im Angesicht Gottes zutiefst gelingendes Leben auf dieser Erde gibt. Ich denke an die Diakonisse, deren Liebe sich in unendlich viel Langmut und Treue zur geschundenen Existenz zeigt und dadurch dem gebrochenen Menschen wieder Lebensmut und Zukunftsschritte schenkt. Ich denke an den Diakon der zutiefst gerecht bei Mobbingfällen dazwischen geht und der dann ganz ohne Eitelkeit und Selbstherrlichkeit sich über gelungene Gerichtsprozesse für Mobbingopfer freut.

Sohn Gottes oder Tochter Gottes – es gab und gibt Menschen, die um der gerechten Sache verunglimpft und verfolgt wurden, die in die Enge getrieben einen sehr schmerzvollen Leidensweg gehen mussten und gekreuzigt wurden.

8.2.2. Ist nur Jesus Christus auferstanden?

Die Auferstehung von Jesus Christus war nur möglich, weil er ein durch und durch auf Gott hin transparentes Leben führte. Seine tiefste Barmherzigkeit, seine Liebe, seine unbestechliche Gerechtigkeit, sein durch die gesellschaftlichen Verhältnisse nicht besetzbarer Lebenswandel unter dem Lichte Gottes, seine Freiheit vor teuflischen Versuchungen waren so stark, dass Gott die Spur seines Lebens über den Tod hinaus weitergehen ließ. Die praktischen Aussagen seines Lebens zur Liebe, Barmherzigkeit, Gerechtigkeit und zur Freiheit waren so stark transparent auf Gott hin, so dass die Jünger glaubten, dass der gewaltsame Tod seiner Gestalt nichts anhaben konnte – obwohl am Kreuz hingerichtet, begleitete er sie über den Tod hinaus. Das ist die Auferstehung Jesu Christi. Das bringt das Bild „Unterwegs nach Emmaus" von Janet Brooks-Gerloff gut zum Ausdruck. Es macht die verklärte Gestalt des präsenten und gegenwärtigen Auferstandenen sehr gut deutlich.

Und ist nur Jesus Christus von den Toten auferstanden, gezeichnet mit den Wundmalen. Wie denken wir Auferstehung beziehungsweise stellen wir uns Auferstehung vor, gezeichnet mit Wundmalen? Könnte nicht auch eine Auferstehung bei einem zutiefst gerechten und barmherzigen Menschen vorliegen, der nach Monaten der Folter, seelisch tot und im Gehirn neurobiologisch mit einer Furchtnarbe gekennzeichnet aus einem Folterkeller auftaucht und nach 10 Jahren der langsamen Auferstehung wieder ganz frei mit Liebe zwischenmenschliche Beziehungen gestaltet, wieder beglückt die Vögel im Wald zwitschern hören kann und wieder ganz uneigennützig aktiv ein Helfender ist? Auf welche Auferstehung vom wem warten wir, bis wir uns eingestehen, dass es ein Sohn oder eine Tochter Gottes ist?

Und ist die Auferstehung von einer selbstbewussten, gerechten, attraktiven und fürsorglichen Frau im Mittelalter vorstellbar, die Opfer der Hexenverbrennung wurde und deren Asche in alle Winde verstreut wurde? Oder ist die Auferstehung des gerechten Mannes vorstellbar, der von der Militärjunta in den 70er Jahren des letzten Jahrhunderts verschwunden gelassen und über dem Meer herabgeworfen wurde und beim Aufprall auf das Meer in Stücke zerrissen wurde? Und ist die Auferstehung der leidenschaftlichen und unbeugsamen Christin möglich, die von Boko Haram geköpft wurde? Kann das Vorbild der Auferstehung Jesu hier den Blick verengen auf die mögliche und vielleicht stattgefundene Auferstehung dieser Menschen? Kann die Auferstehung darin bestehen, dass andere Menschen, den Leib beziehungsweise die Gestalt dieser Menschen nach ihrem Tod anzogen und das Zeugnis des Lebens dieser Menschen in ihrem Leben weiterführten, die praktischen Aussageintentionen und Ausrufezeichen der zu Tode Gekommenen verlebendigten und unter den Menschen weitertrugen? Ist es Auferstehung, wenn Worte, Zeugnisse, Lebensbeispiele uns weiterhin umtreiben und uns den Weg ins Leben weisen (vergl. Zager, 2002, 123)? Auferstehung – das ist für mich dann, wenn das Lebenszeugnis einer Person mit seinem Tod nicht am Ende ist und durch andere über den Tod hinaus in der Geschichte der Menschheit Gestalt annimmt, so als würde der Verstorbene noch leben – durch erinnert werden (vergl. Slenczka, 2018).

Es sind mehr Söhne und Töchter Gottes als nur Jesus Christus auferstanden. Es werden nur diese Ereignisse nicht erzählt, nicht tradiert und daher sind sie uns nicht bewusst. Wir sind zu sehr auf diese exklusive Auferstehungsgeschichte von Jesus Christus mit unserer Aufmerksamkeit konzentriert und können es uns, weil sie so exklusiv erzählt wird, nicht mehr vorstellen, dass sich weiterhin Auferstehungsereignisse unter uns ereignen. Wäre dies der Fall, dann würde man leichter an die Auferstehung glauben.

8.3. Literaturverzeichnis

GÄCKLE, Volker: Das Reich Gottes im Neuen Testament. Auslegungen – Anfragen – Alternativen, Göttingen 2018

RICH, Arthur: Wirtschaftsethik. Grundlagen in theologischer Perspektive, Gütersloh 1984

SLENCZKA, Notger. Wir werden erinnert. Warum die Frage nach dem leeren Grab überflüssig ist, S. 32-34 in: **zeit**zeichen 4/2018

STROTMANN, Angelika: Der historische Jesus: Eine Einführung, Paderborn 2(2015)

THEIßEN, Gerd/MERZ, Annette: Der historische Jesus. Ein Lehrbuch, S. 221-255, Göttingen 4(2011)

WILK, Florian: Drängen auf allen Ebenen. Das Evangelium vom Reich Gottes in der Jesusüberlieferung. (Nikolaus Walter zum 80. Geburtstag) Text erschienen im Loccumer Pelikan 1/2012) in: http://www.rpi-loccum.de/material/ausaetze/theo_wilk abgerufen am 17.5.2018

ZAGER, Werner: Bergpredigt und Reich Gottes, Neukirchen-Vluyn 2002

9. Schlussteil – Gott mit und unter den Benachteiligten

Diesen Schlussteil möchte ich unter das Thema Gott mit und unter den Benachteiligten stellen und damit deutlich machen, dass ein befreiungstheologischer Akzent deutlich wird. Gott ist mit und unter den Benachteiligten wie die Beziehungen mit den Benachteiligten von göttlicher Qualität sind – wenn sie zum Beispiel von einer so tiefen Anerkennungskultur geprägt sind, dass wir jeden Benachteiligten sehen und nicht aus den Augen verlieren, wie Tzvetan Todorov es verdeutlichte, um dann auch für sie einstehen zu können. Enrique Dussel forderte „Befreie den Armen!" Es gilt also so für den Armen so intensiv einzustehen, dass in ihm eine Kraft lebendig wird, aus dem Herrschaftssystem auszuziehen. Das Prekariat kennt individuelle Lebenslagen, die in den Suizid treiben – das Lamento Hiob von Jan Koblasa kann diese eventuell symbolisieren – aber die apokalyptische Theologie macht deutlich, dass der Ausweg nicht in dem Eingehen auf die individuelle Angst und Verzweiflung liegt, sondern nur im Zusammenhang der Heilung des Ganzen vorstellbar ist. Befreiungstheologisch gewendet steht eine befreiungstheologische Apokalyptik vor der Herausforderung, das Gewebe des Lebendigen, die relationalen Interdependenzen des Für- und Zueinanders, die Verwiesen- und Angewiesenheit mit (rettender) Liebe (vergl. J.H. Wichern), Zärtlichkeit, Achtsamkeit, Barmherzigkeit, Mitgefühl (vergl. A. Schopenhauer), Solidarität, Vertrauen, Fürsorglichkeit und Anteilnahme so stark und intensiv zu tränken und zu sättigen, damit es keinen Zweifel gibt, dass es Gott nicht gibt. Diese alle aufgezählten Beziehungsweisen müssen vielfache Hände, Füße und Augen bekommen – dann ist Gott lebendig und die apokalyptische Angst verschwindet. Befreiungstheologisch gedacht bedeutet die Reich-Gottes Verkündigung von Martin Luther King und Jesus, dass das Reich Gottes nicht für eine Gruppe, wie die Armen, Kranken, Hungernden und Benachteiligten, dauerhaft vereinnahmt wird – aber es ist wohl zu sehen, dass einige, weil sie den Nächsten nicht dienen können bzw. nicht Sklave aller sein wollen, sich nicht vom Reichtum lösen können, sich nicht von selbstsüchtigen Begierden befreien können und der Einladung zum Festmahl nicht nachkommen, Selbstausschluss vom Reich Gottes betreiben. Es kann zur Gewissenfrage werden, wie bei „anonymen Christen" (vergl. K. Rahner), mit und unter den Benachteiligten zu sein – das wird an den Publikationen von Kathrin Hartmann („Wir müssen leider draussen bleiben" [2012]; „Aus kontrolliertem Raubbau" [2015]) deutlich. Diese ist in meinen Augen eine „anonyme Christin" oder vielleicht eine „religionslose Christin".

10. Danksagung

Dadurch dass ich Nutzer der alten und neuen Flensburger Tafel sein konnte, war es möglich die wissenschaftliche Arbeit zu finanzieren – Kopien, Fernleihkosten, Druckerkartuschen, Bücherkauf usw. schlugen immer wieder mächtig zu Buche.

Die Mitarbeiter und Mitarbeiterinnen der Leih- und Ergänzungsbibliothek Schleswig-Holstein und der Stadtbibliothek Flensburg waren verlässliche Kooperationspartner/-innen bei der Bewältigung der Fernleihen und bei der Recherche nach Literatur.

Mein Bruder Alexander Mierzwa stellte mir seine umfangreiche Martin Luther King-Literatur zur Verfügung.

Zur teilweisen Finanzierung der Drucklegung trugen Sr. Susanne Henke, Pastor i.R. Wolfgang Stengel und eine ungenannte Pastorin i.R. aus der Rheinischen Kirche bei.

Zeitfracht Medien GmbH
Ferdinand-Jühlke-Straße 7
99095 Erfurt, Deutschland
produktsicherheit@kolibri360.de